AF367491

TRIANNUAL

Sara Téllez

Sara Téllez
TRIANNUAL

bubok
EDITORIAL

ÍNDICE

Introducción

Hola, he escrito artículos en distintas ocasiones porque son un medio que sirve para sugerir criterios sobre distintas cuestiones surgidas del transcurso de la vida ordinaria, contemplada paso a paso. A la vez, claro está, he trabajado en empleos sucesivos y exigentes, como cualquier miembro normal y corriente de la sociedad actual, con los matices personales propios distintivos de cada persona. He vivido, como todos, el período de la *crisis* socioeconómica reciente pero tuve suerte en conservar mi sueldo, por recortado que resultara, y mi casa, porque para entonces ya había terminado de pagar la inmanejable hipoteca. Pero he seguido atentamente, en los medios, las circunstancias por las que mucha gente perdió una o ambas cosas y los sucesivos desastres humanos consiguientes. Lo que me llevó un día, ya muy avanzado el año 2015, a ponerme de nuevo al teclado, tratando de controlar el pesimismo, analizar sus causas y concretar cómo los dirigentes políticos, de aquí y de allí, han dejado difuminarse los avances y los logros que habían surgido, prometedores, en el siglo pasado para desplomarse hasta mínimos en el presente.

Y según amanecían las noticias y mi día, así han ido surgiendo estos comentarios, procedentes de sucesos reales o de evasiones de ficción contemplativa (cinematográfica, literaria) con los que me permito filtrar, depurar, compensar y, en lo posible, resolver carencias, anhelos y dificultades personales y sociales y seguir observando con empeño, mezclando la realidad y la imaginación. Así he transcrito con asiduidad cronológica, desde finales de 2015 hasta finales de 2017, lo que mi curiosidad, mi protesta, mis aficiones y mi deber hacia el mundo me han urgido expresar por escrito, en un torbellino de distintos y en-red-ados ***Comentarios...***

... que se convertirán en opinión meditada sobre lo que acontece, de ordinario, en esta terrestre y mínima mota de polvo en el vacío, este pequeño Planeta perdido en una esquina del espacio que hemos convertido en «territorio» parcelado, como hacemos con cualquier bien patrimonial humano, objeto de lucha y reparto. Desde nuestro ínfimo lugar en un sistema estelar infinito, podría parecernos que el Universo será objeto de nuestra siguiente apropiación, asentamiento y sometimiento, ¿así de simple? Miren al suelo y al cielo... Piedras y estrellas.

Primer comentario: *Piedras y estrellas*

Al iniciar estos escritos, la primera intención era resumir, analizar y sacar conclusiones de algunas historias audiovisuales filmadas, según las fuera visionando, sin más intención que expresar lo mucho o poco que me hubieran sugerido en cada caso. Siempre desde el prisma de una pequeña vida, la mía, que es como la de cualquiera, pero si se trata de un «cualquiera» agobiado por las urgencias de la vida acelerada y por las obligaciones de los trabajos y los días, cuyo ayer ya transcurrió y por tanto es irrevocable, cuyo hoy está sucediendo ahora de un modo incontrolable y cuyo mañana es una pura anticipación sin garantías de permanencia. Pero enseguida la realidad cotidiana ha pedido paso, exigiéndome mezclar piedras y estrellas en el transcurso de los días y de los comentarios.

Sin embargo, me resultará imposible identificarme con cualquiera que practique la indiferencia extrema o, tanto menos, que esté mediatizado por su adhesión radical a superestructuras organizativas, ya sean la economía o la política, o desorganizadoras, como el enfrentamiento o la disensión. Esto es, que voy, e iré, moviéndome dentro de la difícil «normalidad» del día a día.

A la vista de las aventuras o desventuras que a algunas personas nos encallan en arrecifes sociales, confrontados con una existencia personal que, al principio, parece duradera pero que, al final, termina demasiado pronto y demasiado brusca, sitúenme en el medio, entre un 0 y un 10, de la rutina existencial y así el perfil se ajusta a la generalidad social pero, como es una valoración puramente subjetiva, puede ser real o no serlo. Como la vida misma y sus azarosas variaciones, según las circunstancias y las interpretaciones.

Así resulta que, por modesta que sea la percepción del mundo, es una mezcla inevitable de presiones sociales y preferencias privadas, sin pretenderlas ni escasas ni excesivas. Y de ahí surge un producto mestizo de lo que transcurre en el exterior (la vida real y sus vaivenes) y lo que está enraizado en el interior (la razón, la mente, la conciencia), como áreas vivas que iluminan el camino de la comprensión: para llegar a conclusiones necesito, por un lado, consultar la información existencial, real e instrumental en la continuidad de la prensa diaria; y, por otro lado, aceptar el valor esencial intrínseco de la literatura universal, el uso paralelo de mi propia imaginación creativa individual, hasta donde alcance y, posiblemente, admitir una intensa influencia de vivencias virtuales sobre el mundo y sus variaciones, obtenidas del visionado audiovisual, ya provenga del **cine** o de la televisión.

Estos últimos medios, evocadores de ilusiones y también de realidades perceptibles, se ajustan en cada caso a mis preferencias que, por afición, se enfocan, en cierta medida, hacia las creaciones de ciencia ficción (SF), preñadas tanto de posibilidades de futuro como de alternativas a la rutina, al actuar de relajación individual frente a la exigente pulsación de la vida real. Son una evasión temporal, un freno al discurrir cotidiano de los hechos comunes, esos que suelen provocar hastío involuntario cuando uno intenta aclarar puntualmente las *diatribas* partidistas, los *enredos* de la política y los políticos, los *errores* gubernamentales, la *complejidad* administrativa, el *exceso* fiscal, el *caos* del tráfico, la *presión* laboral, la *insuficiencia* económica y los *líos* ciudadanos.

Por suerte hay otra vida, y muchas más, en el mundo virtual. Elegirlo o rechazarlo, recurrir a su potencial o ignorarlo, es una cuestión —*por lógica*— exclusivamente personal pero, sin duda, habrá mucho que decir y concluir del reino de lo audiovisual, si lo consideramos atentamente. Y si lo controlamos lo suficiente como para no colgar toda nuestra existencia de esa única parcela.

Para equilibrar, en lo posible, las distintas influencias externas que puedan influir en la dinámica de los comentarios, es por lo que, entendido a veces como *des-carga* de tensiones y otras como *carga* de la experiencia vivida, o sospechada, incorporo narraciones independientes de los comentarios del día. Tienen un carácter simplemente «Testimonial», espigados de mi archivo de escritos inéditos para alterar la paridad «comentarista» (lo real y lo visionado) con un tercer ingrediente. Son cuentos, conectados o no con distintas y dispares realidades, formando parte de un mundo personal. Pequeñas historias, de expresión libre y autónoma, imaginadas o vividas a caballo entre dos siglos que, con simples o complejas cosas de la vida plural, abarcan un espacio para la imaginación y el recuerdo, cuando la intimidad alcanza a barnizar de templanza las dificultades de ser un ciudadano de a pie que trata de superar cada día de hoy, matizándolo con el recuerdo de lo que fue ayer y con el anhelo de lo uno quisiera que fuera mañana. Como uno de los pocos símbolos de libertad que no exigen ajustarse a protocolos.

… Y siempre teniendo muy en cuenta la decaída naturaleza, dado que es la gran perjudicada de la actividad humana que agobia y degrada **el Planeta**, *predominantemente consistente en apropiaciones, destrucciones y basuras de muchos tipos y de mucho calado.*

De vuelta a la actualidad de la sociedad global, destaco dos características repetitivas: que parece que nos hemos entregado, sin condiciones, a las herramientas electrónicas (lo cual implica haber cedido voluntariamente al sistema informático *—tan solo a cambio de poder usarlo—* nuestra personalidad, aficiones, percepciones y previsiones de futuro), arriesgando el desarrollar una dependencia extrema de la nueva instrumentación; y que paralelamente *—no sé si como consecuencia de lo anterior—* hemos favorecido una inmensa afición por lo que nos narran historias con un alto porcentaje de efectos especiales electrónicos realistas o, en otros casos, optando por vivencias virtuales alternativas, hasta el extremo de que podría decirse que una parte de nuestra vida ordinaria ya «es soñada», lo cual no tiene nada que ver con el calificativo «somnolienta», aunque quizá *—como ya se contempla en algunas anticipaciones literarias de SF—* la primera termine convirtiéndose también en la segunda. O la segunda fagocitando a la primera.

Comprendo que la influencia de los medios electrónicos, a nivel personal y colectivo, no admite una pacífica vuelta atrás ni lo pretendo, dejando de lado algún toque de añoranza, porque si el género humano ha progresado como lo ha conseguido es por la característica esencial de ser adaptable, y lo demuestra claramente con esa aceptación total de las técnicas de cobertura electrónica universal que ya parecen irrenunciables, por necesidad. Pero es tal su potencia que afecta rígidamente y con extrema velocidad a todo lo que ha sido y es nuestra casa, la sociedad global y su relación con la naturaleza y nuestro destino personal y colectivo. Queda por saber cómo y hasta dónde el resultado afectará al mundo que nos sustenta. Por eso me planteo preguntas, que no van a tener más contestación final que la que cada uno quiera darles…

¿Cómo es que la literatura escrita nos ha llevado a desembocar irremediablemente en la impronta electrónica que, finalmente, solo es un alucinante/alucinado «pixelado» luminoso como medio preferido para acceder al conocimiento? ¿Cómo hay ya muchas vivencias personales que se prefieren virtuales, adquiridas fuera del campo de la realidad ordinaria? ¿Cómo los juegos, antes dinámicos y activos, se han concentrado en un *stick* y una pantalla hasta absorber la atención y detener la movilidad, al margen del sentido del tiempo? ¿Cómo la herencia bibliográfica tangible se ha acoplado a un río electrónico que no cesa y nos exige participar sin esfuerzo pero también sin autocontrol? ¿Cómo hasta el necesario movimiento físico personal ha derivado hacia un catálogo de ejercicios organizados apretadamente en protocolos de gimnasios o se inhibe forzadamente ante pantallas durante horas? ¿Cómo el traslado entre lugares simplemente a pie o con elementos básicos de transporte se ha transformado en rutina vehicular que, en contra de la comodidad pretendida, transcurre en un caos circulatorio del que ni sabemos ni podemos salir? Aunque quizá, en lugar de preguntarme **cómo** debería y debo preguntarme **por qué**. O ambos, a la vez aún sin saber si tengo —o *tendré*— contestación.

Ya que todo ello, además, se produce pagando por la nueva mercancía tecnológica y no me refiero solo al dinero que nos cuesta, que también; sino que hemos comprado la «modernidad», en la rutina cotidiana, a cambio de ceder, minorar o renunciar a la privacidad como primordial motor de desarrollo de la independencia esencial.

Facilidades electrónicas contemporáneas que, por progreso tecnológico, quede claro que no desdeño en absoluto aunque, en ausencia de autocrítica, su aceptación sin condiciones podría debilitar la potencia de las voluntades (eso que, en esencia, se define como «libre albedrío») si no encontramos un correcto equilibrio entre lo anterior y lo actual. Porque si se decide *no* pensar en *blanco* y *negro* o en *color*, habrá que hacerlo en un único *gris*. Y al convertir un sistema estático en fórmula rutinaria, pues es difícil ser libre en un entorno programado y se difumina la capacidad de elegir.

Y, se quiera o no se quiera, somos peones en el juego del progreso. Que no sé claramente si el mismo es o no es... evolución.

Segundo comentario:
Culpables sin culpa

Estando ya avanzado el año 2015, y revolviendo en mi archivo de noticias encontré un *link* atrasado (del ya lejano 2012), convocando a los actos del día en que se celebra la Hora del Planeta, la cual —*a mi modesto e insignificante alcance*— llevo respetando, en concreto desde 2010, cada año, día y hora conmemorativos, y el haber vuelto a consultar el citado enlace me ha «refrescado» informaciones que, aún atrasadas cronológicamente, son un reflejo de problemas que parecen cada vez más acuciantes y que «La Hora...» recuerda anualmente, alentando la participación individual y colectiva. De modo que, cuando la prensa anuncia la proximidad del día convocado, me acuerdo de apagar las luces durante una horita al año, cosa que permite meditar, en el lapso de oscuridad, sobre las causas por las que se es partícipe en el apagón. O sobre cualquier otra cosa en la que previamente no se haya pensado «por falta de tiempo». De hecho, es un encuentro amistoso con uno mismo.

Copio de la información del *link* citado: ... *Se trata de una iniciativa mundial para luchar contra el cambio climático y concienciar a la población sobre la necesidad de promover un consumo sostenible y respetuoso con el medio ambiente... Empezó a conmemorarse en Australia en 2007, promovida por WWF, seguida por 2 millones de personas... El siguiente año fueron entre 50 y 100 millones de personas las que apagaron sus luces... Objetivos para favorecer la conservación de la naturaleza y promover el ahorro energético (individuos, gobiernos y empresas)... reducir emisiones de CO2 y frenar el progresivo aumento de la temperatura de la Tierra.*

Sigo en copia: ¿Cuánta energía se ahorra durante la hora de apagón?... En 2009, Red Eléctrica de España cifró en 300 megavatios el descenso del consumo de energía en el punto más acusado durante la hora que duró el apagón.

Y parece que en 2015 (con varios meses de preparativos y trabajos previos) la cuestión ha dado un salto cualitativo, cuando nada más y nada menos que se ha celebrado, auspiciada por la **ONU** (Organismo que yo tenía por decadente, si no es que inexistente) una **Conferencia sobre el Clima** que ha tenido lugar en París en diciembre de este año. Para la Conferencia, 187 países han confeccionado programas nacionales propios, elaborados con tal fin, como aportación voluntaria. Siendo precisamente la Unión Europea (**UE**) la primera en presentar su contribución unitaria previa al acuerdo, en la que plantea su intención de reducir las emisiones, en un 40 %, para el año 2030. Tan cerca ya, que la mayor parte de la población actual será testigo de la eficacia de lo acordado y de lo que pueda, o no, suceder: los participantes oficiales en esta conferencia tendrán claro su compromiso y su responsabilidad pero, al ser una organización plurinacional, cualquiera sabe si los acuerdos se respetarán, alterarán u omitirán, finalmente...

Han conseguido concluir un acuerdo vinculante para los países firmantes, a ratificar en el plazo de un año contado desde el 22 de abril de 2016 hasta el 21 de abril de 2017. El acuerdo citado lo han pactado 175 naciones y la **UE**. Que si no equivoco el cálculo estaría formada, en el momento de la conferencia, por 28 países, representados en ella por la Unión Europea *unitariamente*, si bien la ratificación debería realizarla cada país de forma individual, en el plazo citado, y quienes la hayan otorgado son los que cuentan, finalmente, en el cumplimiento efectivo de los compromisos previstos.

Para ser puesto en marcha, el acuerdo necesitaría ser ratificado (en 2016/17) por al menos 55 países de entre los participantes pero que, a la vez, sean en conjunto responsables de, al menos, el 55 % de las emisiones contaminantes. Esto, a mi modesto entender, me sugiere que es posible «medir» las emisiones nacionales respectivas. Lo cual resultaría de interés trascendental si los países, al menos los firmantes, dieran a sus poblaciones información anual suficiente, leal, sincera y destacada, pues creo que habría muchas personas que asumirían con gusto, por la vía del conocimiento, su intención personal de, como mínimo, mantenerse al día de la situación climática y ambiental, cuando no de ampliar su información y, si buenamente pueden, sus acciones efectivas, personales o colectivas. Esto es, no dar más «palos a ciegas» en materia climática, que es una grave cuestión que nos afecta a todos hoy y, mucho más aún, a quienes han de vivir *aquí* después, en un período futuro que les afectará directamente y que nosotros, hoy, habremos condicionado, en una u otra dirección.

Vuelvo a la cuestión candente: muy preocupante debe de estarse viendo ya, al menos en lo que se refiere a la responsabilidad de las naciones y sus sociedades, la importancia de las emisiones de gases invernadero a la atmósfera (que, evidentemente, se dan en esta conferencia por indiscutibles), sus consecuencias en el clima (calentamiento global) y las repercusiones en los territorios humanos (desertificación o catástrofes térmicas, deshielo polar y consiguientes inundaciones de regiones afectadas por la elevación futura del nivel oceánico), con sus secuelas previsiblemente enormes en las sociedades de los territorios afectados y, finalmente, en toda la población global. Otra actuación adicional, también promovida por Naciones Unidas (**ONU**), cada 17 de junio es el Día Mundial para Combatir la Desertificación y la Sequía.

Esto y muchas otras cosas —*destaco simplemente las comprobaciones de aficionado, esto es, la observación de cada día*— me dan la impresión de que **sí** que hay determinados e importantes sectores geográficos, o tal vez todos, que quedarían afectados por las consecuencias climáticas, y que la conferencia asume plenamente la necesidad de prever y diseñar medios tanto para atajar los problemas antes de que ocurran, como para aportar los posibles remedios, de suceder. De alguna manera parece que hubieran fijado como año clave el 2030, dado que pretenden establecer un *objetivo colectivo* para movilizar 100 000 millones de dólares americanos (cifra que consta en la documentación de la conferencia y, en concreto, de la Comisión Europea) entre el 2020 y el 2025, entiendo que precisamente para eso, para tener medios disponibles para impedir desastres o para resolverlos, cuando sucedan, si se producen…

Situación y cifras que marean, o no si tenemos en cuenta que el presupuesto militar chino alcanza los 170 000 millones de dólares (oído en la TV), aún superado en cuantía por los **EE. UU.**

Tales previsiones, desde mi punto de vista, implicarán potenciar *necesariamente* un enorme montón de actuaciones, teniendo en cuenta los imprevistos y, lamentablemente, también los posibles fallos en lo previsto…

Que pueden ocurrir: si no actúan con responsabilidad y capacidad los gobiernos respectivos (que van y vienen llevados por revueltos vientos y huracanes políticos); si prevalecen los intereses de las multinacionales (que no sé yo por dónde irán, salvo a su beneficio); si se elude la voluntad de cumplimiento por parte del sector empresarial (variopinto y egocéntrico); si se abandonan las actuaciones por los líos internos de los países (que no cesan, sino que aumentan) y si continúa existiendo la fría indiferencia actual de la población (real o provocada), sin dejar en olvido la presión de los conflictos bélicos (interminables e incontrolables).

Pues ellos verán cómo pero, después de un «latigazo» tan fuerte como ha supuesto para el simple lector (yo en este caso) el desarrollo de la Conferencia de París y la firma de sus acuerdos (a impulsar cuando los ratifiquen los firmantes, antes de abril de 2017), tendrán que tomarlo muy en serio y, lo que es aún mucho, mucho, mucho más importante, mantenernos a los ciudadanos comunes (que finalmente somos los que pagamos todo: tanto los miles de millones para actuar, como los potenciales perjuicios si no se interviene a tiempo) constantemente informados tanto de sus acciones como de la verdadera y exacta situación del cambio climático y de todas sus consecuencias, y hacerse desde YA *mismo*. Pues la población es, y será realmente, la gran perjudicada —*como siempre*— de las acciones u omisiones de los gobiernos, de las organizaciones, de las industrias y empresas...

Porque si no actúan o no alcanzan metas, pues a verlas venir... Pero quedarse esperando puede desembocar en que, en el curso de este siglo (esto es, nosotros y nuestros hijos y nietos, total ahí mismo a la vuelta de la esquina), podemos tenerlo tan crudo como para añorar incluso la vida en siglos preindustriales sin emisiones contaminantes, esto es, lejos de comodidades domésticas, vehículos a motor, electrodomésticos de la gama que sea, comida para tirar, bebida para aturdir, televisión y programas para aburrir, ordenadores personales para extasiar, transportes globales para no parar, dotaciones sociales para tranquilizar, economías boyantes para convencer. Añoranza a la fuerza, claro, en razón de eventuales sucesos terrestres, uno de los cuales (simplemente previsible) podría consistir —*y valga como ejemplo posible el caso de* **España**— en las «mordidas» del nivel del mar en las costas y la imparable desertificación de buena parte del territorio, además de otros problemas (y al perro flaco...).

Porque no lo olvidemos: la **Tierra** es *pequeñita* en un Universo imponente e inalcanzable actualmente; la civilización es *recientita* en un mundo convulso; la población mundial es *explosiva* en un planeta finito; las naciones no saben ni qué hacer consigo mismas; nuestro continente europeo avanza un paso y retrocede uno y medio; y **España**, pues la verdad, somos muy pocas cosas en el conjunto global, tanto ahora como antes.

Así que tal parece que somos culpables, aún sin culpa. A ver si tiene remedio, en el caso de que queramos que lo haya. Y si es que se intenta, ya…

Testimonial: *Si me empeño, lo sueño*

(Y sí que empiezo deprisa a desbarrar… Bueno, luego te cepillas el «barro» y quedas listo.)

Campo de empeños, campo de sueños

Un ciudadano cualquiera, tú, yo, algún otro, una mañana de invierno, una obligación laboral, el coche en la calle aguardando encostrado bajo una rutilante capa frigorífica y siendo su interior una cápsula inhóspita. El toqueteo de múltiples botones, que ayudará —*en un rato*— a estabilizar la temperatura y que consigue —*ya*— arrancarlo mientras por fuera se desparraman nubes de blanco humo gasificado.

Apenas salido de las plazas de jardinería interior y recorrido tan solo un trecho, ya tiene que parar al sumergirse en el primer atasco de la jornada. No se puede leer en la espera, aún es de noche, alrededor hay una marea de metal con luces de faros a media altura, a estas horas no se está de humor para noticias radiofónicas y la música no sirve de consuelo cuando el cuerpo casi ni responde. Nada que hacer, nadie con quien hablar, solo esperar al «catálogo arranca-frena» sucesivas veces, sin apenas fijar, más que un poco, la atención.

Consigue remediar el disgusto madrugador buceando en el recuerdo de sí mismo y de la vida que llevó cuando, aún joven, vivía en la falda de la Sierra granítica, junto a una vega rústica. Al tratarse de una finca no disponía de compañeros juveniles, de modo que pretendía ser **Livingstone** o **Stanley** por entre los matorrales y peñascos, sin guardias ni porteadores. Tampoco había «nativos» trajinando por una zona que ni de lejos se parecía a una sabana y que no daba para campos de trigo ni de vides. Todo alrededor era rústico aunque no salvaje pero, en la emocionante soledad, podía esperarse algún peligro de bajo nivel, sugerido por algún lagarto listado en negro y glauco o una inocente culebra gris que, al escabullirse, ni siquiera parecían amenazantes.

La imaginada y anhelada «selva» agobiante se concretaba en básicos campos de cardos u ortigas que, al menos, le obligaban a tratar de eludir los picotazos y, cuando no podía evitarlos, consideraba que eran el efecto de aquella causa, esto es, que los que estaban allí por derecho propio eran ellos y él mismo solo era el explorador, el visitante —*según los días*— civilizado, en resumen, el invasor de una tierra aún no explotada.

Enredada en el brazo derecho llevaba una honda artesana, tosca y fuerte, controlada con sus gomas elásticas y el tirador trasero. No porque fuera a sacarle de algún conflicto salvaje sino porque, teniendo buena puntería, le gustaba probarla en los campos y los roquedales inanimados y al usarla y dar el golpe musitar —*cual bosquimano devoto*— «¡que el alma de esa roca —*o piedra o leño*— quiera perdonarme!», para adornar un poco la aventura. Aún sabiendo que el instrumento no era más que un artificio, una herramienta socializada, no desmerecía, por simpleza y primitivismo, del entorno uniforme que, a falta de las anheladas fuentes del **Nilo**, valía como bosque de pajas secas de medio metro de altura.

Mientras en la ruta ciudadana, ya superado el primer atasco del día, apenas a dos kilómetros desde su casa, tan solo tenía que esperar a pararse de nuevo un poco más allá y luego más y otro más, hasta conseguir, pacientemente, culminar su trayecto… cuando consiguiera recorrer lo que aún le quedaba, otros veinte kilómetros por delante.

Un cúmulo rocoso parecía formar una pirámide irregular que estorbaba su ruta e imponía un rodeo. Fingió un volantazo con un supuesto *jeep* campestre (el que hubiera podido conducir de encontrarse en la sabana africana) y, debido a la rudeza del sesgo, algo saltó a un lado de sus pies. También le brincó su propia vida en un breve agobio de sorpresa, que más bien era temor. Alcanzó a distinguir un pelo rubio rojizo, culminado en un penacho de blanco puro que ondeaba a la carrera: era una liebre. Y pudo ver, en medio del barullo espiritual que intentaba controlar, llámese susto, por dónde desaparecía, tal vez refugiada en una madriguera.

Se acercó casi olfateando el aire y sin quitar la vista de aquel lugar secreto que, a la sazón, tan solo él conocía. Pensó en volver a la casa y dar «el cante» para que los adultos cogieran sus escopetas y él actuando de ojeador los dirigiera… Anticipaba la aparición del cazador, veía brillar el negro pavonado del arma y olía la pólvora restallante que ya anteriormente había husmeado. *¿Avisarles, traerlos?* Él había descubierto la pieza, él decidía…

¿Pieza? ¿Un trozo cualquiera de algo desechable? ¿Una bujía averiada? ¿La tuerca de un tornillo? Eso eran piezas y en

nada parecidas a aquel palpitante ser vivo, aquella madeja de vitalidad surcando el aire mientras corría velozmente por su vida, sintiendo, respirando, temiendo como él. Y se la representó muerta, convertida nada más que en pellejo y fibra, perdido el hálito de su existencia y el objetivo de su futuro por el estallido de un artilugio desmesurado y anónimo que mataba sin avisar, a distancia, sin remedio... *¿Y sería capaz de aceptarla luego como manjar, cuando se la sirvieran en la comida?*

Muerta no, se dijo, no quería embocarla a su fin como no habría querido ser borrado de la lógica de la vida él mismo por una decisión prescindible. La liebre tenía su lugar en un mundo donde otros también aspiraban cada día a moverse por un entorno sin atropellos, buscando un porvenir para ser vivido. Para seguir existiendo él no requería destruir la esencia de otras vidas. Y si se tenía por valeroso, el mayor valor estaba en dejarla sola y libre, como cualquiera quisiera estarlo, tanto como él mismo.

Esperó un poco por si podía atisbarla un momento y despedirse pero el calor fluía a oleadas, las cosas discurrían por su cauce natural. ¿Qué timbre de honor, y por cuánto tiempo, habría sido el presumir llevando el cuerpo reventado y extinguido de un ser tan indefenso? ¿Acaso la gloria no estaría más bien en poder enfrentarse a un tigre con un cuchillo, como Mowgli? ¿Qué hubiera sido de él entonces cuando su futuro —*no entrenado para enfrentar tales amenazas*— se extinguiera entre potentes garras, ridículos sus herbívoros dientes y uñas romas en inútil defensa ante una enorme entidad que busca su sustento? Y si él fuera la víctima de un ataque, absurda su estéril honda desmadejada, ¿cuál sería su último sentimiento sobre el atacante?

Pues él debía de ser tigre para aquella figurita rubia y blanca, le parecería un dragón redivivo anunciando el fin de los días. ¡Qué fácil podía resultar sentirse poderoso ante un ser tan frágil e indefenso! Ante tanta inocencia, matarlo, *¡menuda gloria!*

Así que se alejó, sin volverse. Justificando ante sí mismo su breve pretensión predadora por la agitación involuntaria del gen prehistórico que alguna vez urgió la comida y que, salvado ese sobresalto instintivo y primario, ya nada tenía que ver con su persona.

Su persona, poco después, se trasladaría a la gran ciudad donde habría de transcurrir su vida de adulto. Como ente civilizado, administrador y *garante de la creación*… por decir algo.

Dejando los recuerdos en su campo de ensueños, vuelve al atasco ciudadano correspondiente donde se mueven los entes civilizados, los que gestionan el progreso entre nieblas y edificios. Entre escapes y bocinazos, entre aire insoportable, ahíto de dióxido, benceno y plomo.

El presente se apodera del «garante de la creación» hasta que, al detenerse en alguno de los nuevos atascos, deriva con fuerza hacia atrás hasta otro recuerdo más cercano.

Mucho tiempo después de dejar los campos de su juventud para residir entre la adulta ciudadanía, regresó, físicamente, a visitar el ensoñado y fascinante campo de cardos y ortigas.

Múltiples calles asfaltadas delimitaban un paisaje cuajado de gigantescas setas artificiales: doscientos chalets adosados habían arrasado el campo de la liebre, tomando posesión intensiva de todo el entorno.

Siendo evidente que en aquel lugar comprimido ya no habría nunca más presencia de liebres ágiles, policromas y autónomas pero —*ya que la vida se empecina en rebrotar por cualquier sitio*— estarían cordialmente sustituidas por nuevos colonos en libertad y en vecindad universal, rápidos, monocromos y soterrados: las cucarachas.

De pronto, ¡sorpresa! Algo le urge a aterrizar otra vez desde sus recuerdos hasta la postura contraída en el metálico interior de su cápsula automóvil y es que se ve obligado a retomar su actual vida civilizada, socializada, compartimentada y un tanto trastornada mientras observa, complacido, que ya ha salido del último atasco. Campos, liebres, rocas y libertad, cuestiones de un tiempo pasado que ni siquiera era mejor, pero que parecía que tal vez hubiera podido serlo, en el futuro.

De cualquier modo, lo que ahora cumple es correr, correr, correr, no llegar tarde a fichar.

Pues ¡al tajo! Que es lo que hay…

Tercer comentario:
Entes del espacio profundo

La ciencia ficción como medio de conocimiento ha tenido una gran importancia en el desarrollo de mi imaginación, estimulada por sus historias, argumentos o propuestas, como un área creativa que abarca muchos contenidos y anticipaciones acerca de lo que podría ser, a lo largo del paso del tiempo, nuestra evolución existencial, teniendo en cuenta que, *en cada minuto que adviene detrás de cada minuto del estricto presente, ya empieza el futuro* y sus variantes son infinitas… favorables o no. Y las anticipaciones científicas dibujan vívidamente muchísimas de ellas, posibles e incluso probables.

Voy a recordar los modestos comienzos del género en nuestro entorno: antes del fantástico desarrollo audiovisual actual de ese campo creativo, la afición temprana a ese tipo literario (SF para resumir) consistía localmente en la lectura doméstica de resobadas novelas en primitivas ediciones de libros baratos (no solo de ciencia ficción, sino también novela negra, novela del oeste y novela rosa) que se intercambiaban una y otra vez, en los años 50 del pasado siglo, por otros volúmenes envejecidos y agrisados, en ediciones muy baratas de la misma temática, previo pago de unos céntimos (de los de entonces) en unos pequeños negocios sitos en locales viejos, malolientes y asfixiantes por tener tanto libro, y tan usado, almacenado. Y que desaparecieron después con el lanzamiento de nuevas ediciones favorecidas por un ambiente económico en desarrollo, que ya se conseguían mediante compra individual. Con ello, todos los lectores de esa época se iban asegurando un poco más de higiene personal en el manejo de sus lecturas, mientras que el citado sistema de «reciclado por reutilización extrema» era anulado por las exigencias de la nueva economía.

Al poco tiempo, favorecida en parte por este nuevo tipo de consumo, la afición a la SF impulsaba la inclusión de la ciencia ficción en el catálogo editorial, la aparición de impresionantes revistas temáticas, cómics y libros con una creciente dignidad editorial, excelentes traducciones y un aporte creativo que, aunque liderado por la potencia editora de los norteamericanos, se ampliaba también con autores europeos y latinoamericanos, algunos perfectamente comparables con los mejores de la incesante fuente americana del norte y, entre ellos, autores españoles muy interesantes y capaces. En aquellos momentos, la forma de acceder a la SF era el libro impreso, que ha sido, como sistema de cobertura universal y durante un dilatado tiempo histórico, la base impulsora de la educación y la cultura tanto como de la ciencia y la tecnología.

El apoyo de una afición fervorosa hizo que se multiplicaran los certámenes literarios de SF, estimulando la creatividad de los autores y la adhesión de los lectores, de modo que las ediciones sucesivas de ciencia ficción pasaron a colmar el anhelo unipersonal y colectivo por las materias y materiales «galácticos», como una previsión adivinadora de un futuro mejor o más evolucionado, al menos. Parte de esta anticipación (solo hay que pensar en **Verne,** y sus creaciones, increíblemente interesantes y realistas a nivel técnico y científico en una época temporal tan temprana técnicamente como fue el siglo XIX) terminaría encarnándose en realidad palpable, sugiriendo que lo imaginado podía anunciar un posible porvenir, mientras que salían al mercado cientos de creaciones de un amplio listado de autores, esperadas con ansia por los lectores.

A su vez, la ciencia empezó a convertirse en **ciencia avanzada**, con una fuerte influencia en el campo de la ficción anticipativa al empezar a descubrirse lejanos sistemas siderales sugerentes de posibles destinos espaciales del futuro, que así se hacían reales. Muchos escritores de ciencia ficción también eran, al mismo tiempo, acreditados científicos trabajando profesionalmente en importantes sectores técnicos del mundo terrenal y que no desdeñaban escribir igualmente en conexión con el Universo celestial. Conocido por muchos, **Asimov** introdujo definitivamente la robótica en la ficción, no solo en la compilación de sus narraciones —*Yo, robot*—, sino a lo largo de toda su obra, muy especialmente, para mí y como ejemplo, la titulada *El sol desnudo*, escrita en 1956, cuando esa instrumentación ni siquiera había comenzado a plantearse y véase su desarrollo actual… y el que le queda.

También el cine empezó a mostrar, con sus adaptaciones de novelas ya publicadas, un tímido interés por la ficción sobre el Universo extraterrestre (colisiones de «mundos», apariciones de entes alienígenas, a veces muy básicos, con fines bien o mal intencionados respecto a la **Tierra**), pero aún no era el motor impulsor de la afición a la SF en el que se convertiría posteriormente. Claro que ya aportaba realizaciones muy convincentes, y valga como excelente ejemplo, basada en la novela homónima de **H.G. Wells**, la película *La guerra de los mundos*, (*The War of the Worlds*, dirigida en 1953 por Byron Haskin), y que prefiero sin duda alguna a su *remake* de Spielberg, en 2005, a pesar de que los medios técnicos al uso aún eran artesanales o poco más, pero cuando se basaban en una adecuada realización y un buen guion, convencían a tenor de lo que se narraba, a veces hasta conseguir una inmersión incondicional del espectador en la película hasta donde podía llegar en cada caso. Aunque, para brillar por el espacio infinito, hacía falta darle tiempo al tiempo y desarrollar los sistemas electrónicos

La sucesiva evolución tecnológica lo fue impregnando sucesivamente todo de capacidad creativa: al principio, con una producción especializada mediante maquetas de última generación y sobreimpresiones, ya eran capaces de convencer y asombrar al espectador, convirtiendo a las pantallas de cine en potentes universos comparables a los propios mundos galácticos reales, «abduciendo» a la gente de su simple pasividad contemplativa para llevárselos puestos en el torbellino virtual de la película, insertándonos en el mundo que nos propone, la historia que desarrolla, las personas que la interpretan de modo verosímil y gracias a quienes —*por detrás, en el backstage*— la realizan, le dan el dinamismo que la hace tan real. Sirva como ejemplo de este primer período técnico *El amo del mundo* (*Master of the World*, basada en el relato de **Julio Verne** titulado *Maître du Monde*), interpretada por el inolvidable **Vincent Price** y dirigida, en 1961, por William Witney.

La posterior introducción de los efectos especiales y su impulso, a partir del principio de los años 80, con bases científico-técnicas impresionantes, conformadas y recreadas por la electrónica, marcaron un antes y un después. Y es entonces —*ahora*— cuando ya la ciencia ficción filmada no solo cuenta con nosotros, los espectadores, sino que asume su propia viabilidad existencial extrema, bien como impactante realidad virtual o como imparable posibilidad potencial. Está ahí delante y se ofrece, con unos medios técnicos y económicos enormes, como forma de acercar al espectador la creación efectiva, aún simbólica, de mundos que, con solo sugerirlos, quedan inventados y anticipados como perfectamente posibles y fabulosamente complejos. Y, no lo olvidemos, presentados ante nuestros propios ojos de modo que parece que los tocamos con las manos, cuando no que vivimos en ellos. Todos conocemos su desarrollo, si recordamos, por ejemplo, desde *La Guerra de las Galaxias* hasta *Avatar*. Y tantas más.

Si trascendemos las creaciones filmadas para imaginarlas situadas en universos paralelos (como si realmente esos mundos existieran según defiende alguna teoría científica que lo ha considerado posible), muy bien podría concluirse teóricamente que el más viable (o el realmente «visible») de esos sospechados universos múltiples lo formara precisamente la propia creación audiovisual y sus posibilidades precisas y plausibles, ya sean tecnológicas, creativas, socio-políticas, humanistas, tremendistas, catastrofistas, imperialistas, desarrollistas o involucionistas pero todo sublimado en la presentación de una ficción espacial tan científica, tan potente, tan tremenda como hoy en día es posible conseguir, de modo que uno, andando por aquí (y tan, tan pequeño), se pregunta adónde nos llevan anticipaciones tan calibradas o adónde conseguirán llevarnos: a veces, avisan; o analizan; o crean; o adivinan usando la luz o las tinieblas. Pero tan, tan lúcidas…

O, como en ocasiones lo han interpretado algunas obras de ciencia ficción: ¿si los humanos no seremos más que la ensoñación, más o menos tecnificada, producto de entes ignotos cuya vida consiste, simplemente, en diseñar realidades virtuales en sus mentes —biológicas, electrónicas, robóticas—, una de las cuales seríamos nosotros?

Cuarto comentario:
La ciencia y la ficción juntas. Wow!

Es evidente que mi profundo interés por la **ciencia** y por la **ficción**, y muy decididamente por la ciencia ficción (SF), quedará patente en muchos aspectos y como base especulativa y sugerente de una parte de los comentarios, también.

Hará unos siete u ocho años salieron a la venta —*a la vez o casi*— dos ediciones seriadas en DVD: una era *Star Trek: La nueva generación* y la otra *SG1-Stargate*. Confieso que prefería la primera de ellas pero tampoco iba a despreciar a la segunda. Aunque sobre esta última me era determinante el grato recuerdo de la película previa, *Stargate* (dirigida en 1994 por Roland Emmerich), que en su momento me fascinó al plantear y diseñar una teoría muy fundamentada, repleta de sugerencias y de posibilidades, además de una realización muy atrayente, creando un paisajismo planetario muy bello y recreaciones impresionantes de supuestas poblaciones y civilizaciones. Si el visionado me captura en el argumento, no derivo a pensar en la técnica de filmación ni en los medios electrónicos que dotan a las películas de entornos asombrosos y tan solo me dejo llevar por el desarrollo de la historia, mientras transcurre y finaliza, luego ya se abre el momento de rememorar lo visto, en profundidad. Y para afinar las conclusiones está la enorme facilidad que ofrece el repetir el pase, cuando se puede disponer de ulterior visionado.

Ha sido en el año 2015 cuando he vuelto a ver ambas series completas y sin interrupciones de continuidad. Y así he descubierto cuántas sugerencias ofrecen, tanto una como otra. *Star Trek: La nueva generación* consigue expandir interesantes historias que nunca resultan claustrofóbicas, a pesar de que la mayoría de los guiones se centran en una nave espacial, esto es, en el aislamiento más absoluto e incluso cuando la mayor parte de cada capítulo transcurre específicamente en el puente de mando, es decir, en un espacio aún más concentrado. Siempre con pausada elegancia de formas, entornos, personajes, conversaciones e incluso de uniformes, con un tipo de narración ponderado, serio, profesional y, en mi opinión, totalmente futurista, que diseña un devenir posible, optimista y fuertemente evolucionado.

En cuanto a *SG1*, que en aquellos años iniciales pasaron por mi atención sin más que considerarlas como historias variadas de ciencia ficción, válidas como cualesquiera otras, al profundizar ahora he encontrado una veta dorada de sugerencias y sugestiones que han hecho que culmine con dos visionados completos: uno a principios y otro a finales del año 2015. Por supuesto, unos episodios me gustan más, otros menos y algunos (pocos) nada. Pero, sin llegar a olvidar el inicial largometraje, las diez temporadas con 214 capítulos me han ampliado la idea de inmensidad del Universo, a mí, pobre mortal sin pretensiones probables —*ni literalmente posibles*— de ser astronauta. No la miro como pieza de museo, no le otorgo reverencia artística pero… ya forma parte activa de mi historia, por todo lo que me permite meditar, tanto a nivel humano como divino (nunca mejor dicho, puesto que de dioses forzosos trata en buena parte) y concluir respecto a la especie terrenal, nosotros, sus motivos, manejos, defectos y virtudes, en un entorno —*por más que transcurra en salidas constantes al Universo galáctico*— perfectamente actual, de aquí y de ahora, en lo bueno y en lo malo pero con la mirada dirigida a un futuro que parece tan inevitable como complejo en sus luces y sombras.

Destaco en el desarrollo del guion de algunas historias de la serie cierta tendencia a dotar al equipo protagonista de una candidez que rozaría la imprudencia, en algunas de sus actividades planetarias, como ocurre por ejemplo en la titulada *Singularidad*. Una singularidad, y mi información sobre tales cuestiones procede de la simple afición, es una manera de definir o situar a un agujero negro en el espacio. Al estar investigando el *SG1* uno de esos acontecimientos desde un exoplaneta moderadamente habitado, acaban encontrando a todos los allí destacados, tanto el retén terrestre como los habitantes del territorio, muertos. Salvo una niña, nativa de la zona, que recogen y se llevan a la **Tierra**, a toda prisa y confiando en los equipos médicos de la base, de modo que la premura por huir de la plaga, la compasión por la niña, la imprudencia de no investigar sobre el terreno antes de irse, la ingenuidad en no desconfiar con cierta lógica, generarán importantes conflictos posteriores. Y esa característica se repetirá en diversas ocasiones…

Detengo aquí el comentario sobre el capítulo y me traslado a la primitiva película inicial, previa a la serie, para evaluar cómo el largometraje se enfrentó y resolvió «el primer contacto». Es decir, una cuestión latente de la realidad misma, como es —*si ocurre o cuando ocurra*— conseguir entenderse con posibles extraterrestres. Situación que, de presentarse, sería no ya extremadamente difícil, sino previsiblemente imposible de resolver, a corto/medio plazo, o tal vez nunca. El film *Stargate* lo negoció fácilmente, porque el guion se basaba en el sorpresivo encuentro con otros humanos (aunque en otro planeta) y lograron la comunicación con ellos gracias a los conocimientos de lenguas muertas del científico civil del equipo que, poco a poco y usando el egipcio antiguo, llega a conseguir entenderse progresivamente para luego ir pasando al idioma del equipo terrestre.

Pero esta fórmula solo es un recurso argumental, basado en un guion que puede imaginar e incluso desarrollar esta premisa de que muchos de los habitantes extraterrestres que van a encontrar descendían de «remesas», en este caso de Egipto, trasladadas desde la **Tierra** a otros sectores galácticos, en momentos temporales y desde lugares continentales distintos. Esta razón argumental, si bien es ideal para el rodaje, de darse alguna vez —*en una posible realidad*— un «primer contacto» que, con seguridad, no sería con otros humanos, la falta de entendimiento entre las partes, ya sea de índole verbal, matemática o técnica, se alzaría como un escollo imprevisible y radicalmente insalvable. *Además de peligroso.* Y, en materia espacial, hay que tener claro que cabe cualquier duda y ninguna seguridad.

En la serie se habla, como es lógico, y habría que suponer el cansancio del espectador si se encontrara con que en 214 capítulos (y aunque hubieran sido muchos menos) los exploradores tenían que lidiar con cientos de idiomas distintos con los que entenderse, al menos al inicio de cada contacto, llenando sin remedio la baja pantalla de letreritos de inventada traducción o de versiones verbales forzadas. No sería creíble la pervivencia de tantos idiomas y dialectos antiguos, ni semejante repetición de soniquetes varios podría soportarla un espectador, atento o no.

Así que la realización opta por asumir la complicidad directa del espectador: todos los miles, o millones, de habitantes humanos extraterrestres que «viven» en la serie, incluso los propios dioses alienígenas y sus guerreros, muchos de ellos procedentes de regiones y de épocas históricas diversas de la **Tierra** con —*por lógica*— lenguas distintas, repito que todos hablan desde el principio y directamente el idioma nacional del *SG1*, que en el metraje es el inglés. Y para el espectador de otras nacionalidades, será el lenguaje que seleccione del listado de su equipo audiovisual, normalmente el suyo propio, de modo que todos los intervinientes en el film, terrestres o no, hablarán según cada uno de nosotros lo diseñe para su visionado. Lo cual, además de ser así por razones prácticas, no cabe duda de que facilita y suaviza la inmersión del espectador en la historia, sin pedirle esfuerzos adicionales que rozarían el exceso y ampliando sus posibilidades de elección.

Y hay otra complicidad necesaria en la serie: el aceptar que existan tantos humanos afincados en una gran cantidad de planetas por toda la galaxia, muchos al estilo de antiguas civilizaciones y otros con aspecto moderno, por entenderse que han evolucionado y progresado más allá de sus raíces. Su justificación en la serie es aceptable desde mi punto de vista, aunque me resulte difícil de creer que haya siquiera un solo planeta capaz de albergar vida humana: que los tiranos *ghoauls* extrajeron población de **la Tierra**, en distintos momentos temporales, para reubicarlos por los planetas que dominaban y utilizarlos como siervos o esclavos.

Bueno, como los terrestres somos maestros en la explosión demográfica, el que sustraigan unos cuantos para «trasplantarlos» por el espacio no habría detenido en nada su reproducción erosiva de este Planeta originario. *¿Me equivoco o en el curso de una simple vida humana actual, que puede ser la mía, habría pasado la población de unos cinco mil millones a siete mil quinientos millones en este preciso momento? ¡Qué digo, pero si **Wikipedia** lo informa mucho mejor!* Crecimiento de la población **de 1900 a 1950**, un **53 %**; crecimiento de la población **de 1950 a 2015**, un **141 %**.

Claro, si realmente hubiera habido *ghoauls* y siguieran actuando como dioses olímpicos, exprimiendo la materia prima de la **Tierra** (la población) pues este pobre Planeta habría gozado de algún descansito, pero... lo que hay es lo que hay. El problema es... lo que habrá a partir de los próximos veinte años. No quisiera tener que especular en esa dirección pero tal vez lo haga.

¿Será-será que la causa de la sobrepoblación actual, idealmente considerada, pudiera radicar en la interrupción, a partir de algún momento temporal, del imaginado traslado forzoso de poblaciones terrestres por parte de los supuestos dioses extraterrestres hacia otros planetas? Pues nos habrían hecho polvo... Porque unos añitos más y a ver dónde nos metemos y qué comemos. **¿Soylent Green?** *Y, en tanto, pasando la vida, ¿sin opciones...?*

Quinto comentario: *No hay que ser imprudentes… Ni cándidos, por favor*

Con referencia a esas situaciones que dan muestras de omisión de prudencia básica o bien de una inocencia angelical en determinados momentos de la relación con desconocidos, tengo que interrumpir mi viaje por las estrellas del Universo y, antes bien, me quedo en mi pedestre domicilio en estos momentos iniciales de 2016, cavilando sobre una noticia de la prensa, precisamente conectada, en parte, a la *confianza irresponsable*, que resumo: se ha detectado, muy tardíamente, al modo que ocurre en este (¿crédulo, indiferente, caótico?) país, un fraude tremendamente llamativo. Para tranquilizar, añade la noticia que la situación a la que me voy a referir no ha sido maquinada por mafias, lo cual subraya aún más una situación de indefendible despiste continuado de quienes, en temas económico-administrativos, no deberían desempeñar sus tareas oficiales confiadamente sino muy ponderadamente. Es decir, el gobierno y la administración…

El engaño ha consistido en que ciudadanos de un país europeo del **este** de **Europa**, territorio que no nombro y contra el cual y su población no tengo absolutamente nada sino más bien simpatía sincera, han estado viniendo a

España con finalidades diré que voluntariamente ilegítimas, consiguiendo —*sin tener arraigo alguno en este país*— introducirse por la vía rápida en nuestra atención médica pública y especializada, que está sometida a rígidos protocolos como son las listas de espera para obtener trasplantes de riñón. Para ello han recurrido a fórmulas fraudulentas de acceso a la sanidad española de especialidades para conseguir de nuestro sistema sanitario público trasplantes casi inmediatos, al lograr meterse por delante en la lista de espera existente y recibiendo de forma complementaria diálisis y tratamientos especializados: *seis* ya fueron trasplantados; *ocho* estaban camino del trasplante con su atención médico-sanitaria correspondiente, todo antes de ser descubierto el fraude. Se han detectado al menos diez implicados en los contratos ilegales con los que fingían ser trabajadores en un país al que venían por esa sola razón sanitaria.

Teniendo en cuenta el coste anual nada más que de **una sola** de esas **diálisis**, estimado en unos 50 000 €, calculen la cuantía del total absoluto defraudado que previsiblemente será mucho mayor teniendo en cuenta que el valor monetario de un trasplante también es de 50 000 €, al que supongo que habría que añadir la atención médica anterior y posterior al mismo y que, en el caso de los *seis* trasplantados, he leído que se les sigue otorgando la atención de seguimiento del trasplante efectuado. Y además la atención médica especializada de los otros ocho que ya estaban atendidos en la lista de espera, y a los que continuarán manteniendo en diálisis y seguimiento médico.

¿Y cómo ocurría? Pues tan sencillo como trasladándose aquí (libre circulación de personas en la **UE**), en calidad de turistas pero con esa única finalidad oculta preparada, de modo que acudían a urgencias nada más llegar al país, con su avanzada dolencia previa, para ser internados por la vía rápida en diálisis y, dada la situación de la enfermedad (que era igualmente grave cuando vivían en su país), conseguir aquí la atención médica y los trasplantes, pues mientras recibían diálisis de urgencia, alguien les inscribía como residentes, siendo dados de alta como trabajadores (sin actuar como tales, pues su misma enfermedad les impedía cualquier tarea) en la S.S. por algún familiar o conocido (en sectores como limpieza a domicilio o albañilería). O registrándose como autónomos (sin dedicarse a nada laboral ni empresarial) pero forzando así la obtención del trasplante en base a lo avanzado de la dolencia que sufrían ya de antes en su país y consiguiendo entrar sin dilación a la operación o «trepando» a primeros puestos en la lista de espera, siempre con total atención especializada y, por supuesto, desplazando hacia atrás en el listado y en el tiempo a otras personas que estaban incluidas en la lista previamente, agravando aún más su situación médica con el retraso temporal.

Y claro, en estos casos la oficina fiscal encantada con las cuatro perras que les hayan ingresado (o no, que ni se habrán molestado en cumplir) los supuestos trabajadores solo para cubrir apariencias y conseguir enseguida la tarjeta sanitaria, aunque la maquinación nos haya costado *un millón y medio de euros* estimados, o tal vez mucho más. Ahí los equipos de Hacienda no anduvieron tan dinámicos como cuando rastrean, inspeccionan o sancionan al sufrido ciudadano del común, que es el que paga todas las actuaciones… y los errores… y las omisiones… y los sueldos de sus propios empleados públicos. Errores que, en la empresa privada, habrían provocado una importante reprensión, suspensión o despido.

¿Una muestra real de confianza angelical? ¿Ignorancia irresponsable? ¿Falta de capacidad de control de las autoridades médicas y administrativas? Aunque existe la libre circulación de personas nacionales entre los países **UE**, precisamente determinados casos, entre ellos concretamente los **trasplantes** y similares, están taxativamente **excluidos** de cobertura para migrantes de unos países que pretendan obtenerlos directamente en otros países de la Comunidad Europea. Y no se trataría de falta de solidaridad, ya sobradamente demostrada, ni de nacionalismo, ni de pensar que esos trasplantes dejan en espera, o relegados a su mala suerte, a españoles o residentes legítimos necesitados de ellos —*quizá alguno siendo miembro de su propia familia*—, sino que es cuestión de legalidad.

Se trata, pura y simplemente, de evitar manipulaciones fraudulentas y, sobre todo, de aplicar las leyes nacionales y europeas con seriedad, como mínimo para que creamos o confiemos en ellas. Lo cual nos dirige, una vez más, a que al tener **España** determinadas ramas profesionales, precisamente una de ellas la de la salud (aunque ahora artificialmente depreciada por las clases políticas que tenemos el dudoso honor de haber empinado al poder), tremendamente acreditadas en cuanto a eficacia y progreso, eso hace que desde otros países gente espabilada (y hago ahora una mera referencia adicional a la ancianidad europea jubilada del norte del continente que acostumbra a venir a **España** de turismo sanitario gratuito, sin entrar a más comentario) sepa *cómo* buscarnos las vueltas para conseguir ventajas que malamente nosotros mismos recibimos en la actualidad pero que pagamos, a propios y ajenos, con la presión impositiva obligatoria.

Y que además se haya ignorado, por ausencia de control legal durante un tiempo destacable (y se detecte el asunto casi de milagro), una situación ilegítima que representa una asombrosa carga económica para el país sumergido en *crisis*, *eres* y desempleos, además de un perjuicio económico de los recursos nacionales —*sobrecargado sobre nosotros como contribuyentes*— o, aún mucho más importante, a destacar el grave daño que se haya ocasionado a los enfermos desplazados hacia atrás en la lista de espera, lo que indica es un fallo incalificable en los mecanismos de las muchas oficinas públicas relacionadas con el caso. Por ingenuidad culpable o por rutina indiferente en las estructuras públicas. Hasta que, en algún momento del futuro se detecta, claro, *solo un millón y medio de euros después...* y a saber la cuenta final, que seguro que nunca jamás conoceremos. Y que, desde luego, nunca recuperaremos.

De los comentarios de lectores a esa noticia (en un solo diario, al siguiente día de la noticia, había *noventa y nueve* comentarios), resumo dos:

Uno dice que es sabido que **España** es puntera en donaciones de órganos y en número de trasplantes, cierto. Pero que seguramente en países europeos del este mucha gente se muere y se va con sus órganos completos para la fosa y su compatriota necesitado de trasplante se larga a buscarse la vida fuera en lugar de intentar cambiar las cosas en su zona.

Bueno, diría yo, pues aquí, vistos los últimos años y vistas las increíbles situaciones políticas contempladas, lo poco que nos queda se irá difuminando, cuando transcurra algún tiempo más, en un pasado que, literalmente, fue mejor y que, rotundamente, dejamos ir... por múltiples factores socio políticos nefastos, y por ingenuos, despegados e indiferentes, una vez más.

Y *otro más*, y con esto cierro los comentarios de lectores a la noticia concreta: un lector comenta que tiene una cuñada (en este caso latinoamericana) la cual le dice, hablando de ella misma, que «hemos venido al país de los tontos y hay que aprovecharse».

Según lo cual, se aclara por qué algunos —que para sí mismos son tan listos y, evidentemente les compensa— se movilizan desde el exterior para aprovechar las grandes ventajas que ignoramos que existen, o que directamente se nos niegan, obteniéndolas gratis mientras nosotros pagamos los impuestos... y vemos fútbol y envidiamos los cochazos imponentes que algunos tienen ante sus casas, nos comparamos con el vecino o pensamos qué hacer... cuando nos toque la lotería. Pero claro, será que ellos «piensan» y nosotros vemos la tele.

Ahora empiezo a considerar si todo lo negativo se origina de una madeja de complicidades, inocentes o culpables y a todos los niveles, no vaya a ser que tirar de la manta destape incluso a quien la tejió. Por decir algo, pero vamos, como que *al perro flaco todo se le vuelven pulgas...*

No quiero terminar sin narrar cómo se ha detectado el fraude, por —*en primera cuantía*— ese valor como de millón y medio de euros defraudados de la economía sanitaria y, por ende, de nuestros maltratados bolsillos que son los que la pagan. Finalmente, una oficina relacionada con el organismo responsable de los trasplantes decidió informar a la **Guardia Civil** sobre la numerosa cantidad de ciudadanos extranjeros, «casualmente» todos de la misma nacionalidad foránea, que aparecían ya incluidos en el protocolo de trasplante y atención especializada en un hospital del área sanitaria española. Y ha sido la Guardia Civil la que ha detectado los contratos fingidos y todo cuanto comportan de más y de menos. De más, para los beneficiados (según la prensa, disponían de recursos económicos sobrados como para mantenerse aquí cuanto les hiciera falta, o sea que no ha sido por falta de medios propios pero sí buscando obtenerlo gratis y rápido), que en buena parte han conseguido lo que buscaban, sin importarles que otros fueran los perjudicados en distintas vías, esto es, en último término, nosotros, ciudadanos y *contribuyentes*, pero primero y principal, las forzadas desatenciones de sus derechos y los graves perjuicios a su salud que se han causado a los enfermos que previamente estaban en la lista de espera del trasplante, al resultar desplazados todos entre seis y catorce posiciones más atrás, por tal causa.

Y, añado, para atender a esos ciudadanos extranjeros durante todo el largo periplo de un trasplante, necesitarían hablar con ellos de algún modo, para entenderse. Igual, al ser prácticamente un colectivo, ¿el sistema sanitario habrá tenido que pagar, también, a un intérprete?

Claro, muy de pasada he leído que el asunto está en un juzgado, ignoro en cuál, cómo y cuándo, así que ni lo recordaremos cuando se haya resuelto. Pero, si conocemos el paño… la «pela» defraudada **no volverá** nunca al país *inocente-inocente*. Solidarios voluntarios lo somos tanto que incluso me suena que somos los más-más en el mundo (al menos el occidental) y desde luego en número de donaciones pero… que ya tengamos que ser «solidarios» a estos niveles involuntarios, una vez más por la mala gestión de varios sectores administrativos… *¡Y qué tal si quienes debieron ejercer el descontrolado control oficial cubren el desfalco con su dinerito* *propio para reponernos el defraudado, que inició su recorrido monetario siendo nuestro?* Añado: *inocente-inocente* semejante pensamiento. Si tenemos alguna especialidad es la contemplativa: una, otra, otra más y las que fueron y las que serán… Y los unos por los otros, la casa sin barrer. Y a olvidar…

No me ha quedado claro en ninguna de las noticias consultadas si se han reclamado responsabilidades y/o devolución de costes a las personas foráneas involucradas directamente (como beneficiarios o como supuestos «empleadores») en el fraude, aunque, si fuera así, previsiblemente se declararían insolventes y el alto coste de su atención seguiría/seguirá a nuestro cargo. Ni tampoco he percibido que se hayan pedido ya responsabilidades a los funcionarios encargados de controlar el acceso a las listas del protocolo de la atención a trasplantes, que claramente se han vulnerado. Ni a las áreas administrativas de inspección (esa que no han realizado) en materia de contrataciones y altas en seguridad social, ni a los servicios de Hacienda, que suelen ser tan ágiles, insistentes y punitivos cuando controlan a los ciudadanos *contribuyentes*. Y seguro que habría que pedir cuentas en más ramas oficiales que no conozco. Añadir que esta cuestión desató gran cantidad de comentarios de lectores sobre el asunto. Y realmente, los que he leído, van todos en la misma dirección crítica, cosa no muy habitual en los mensajes de los asiduos a la prensa digital. Y, entre tanto, a todos los *beneficiados* se les sigue otorgando la atención médica según la venían obteniendo, de la que ni ellos ni su país soberano se van a hacer cargo económicamente, según las apariencias, en ningún sentido. Para eso estamos nosotros, nuestra pasividad y los abusivos impuestos habituales, aun en época de crisis económica.

Sería un buen momento para que se estableciera un protocolo más justo, serio y controlado en el área de la sanidad pública y que en ese control hubiera presencia ciudadana. Y ya por desear, no solo en ese sector, sino en todos los que tienen repercusión social porque, cuando la responsabilidad es efectiva y eficaz y en propio nombre, las posibilidades de fraude son mínimas. Ganaría la confianza social, la economía sanitaria y otras, el buen hacer del funcionario —*nuestro empleado*— y la seguridad del ciudadano de que no tiene nadie por qué tomarlo por tonto. Ni los de dentro ni los de fuera. Ni, por supuesto —*y de una vez por todas*— la Administración española, con sus disfunciones, y el Gobierno español con su indiferencia, ni los autonómicos con sus lejanías.

Añado: creo no haber cometido errores en las referencias a este asunto. Me he basado en lecturas de la noticia en **20 Minutos, El Mundo y Europa Press.** Si algún detalle no está adecuadamente expresado se trata de un error absolutamente involuntario por mi parte. De todos modos, en tal caso y de ser así, podría recurrir a la advenida, novedosa y escapista costumbre actual establecida por políticos y similares: con decir «perdón», asunto cerrado y sin resolver.

Lo que hay que ver... y oír.

Sexto comentario:
¡*Cándidos e imprudentes!*

Bueno, pues ahora derivo mi atención a lo que hay que ver o ya se ha visto. Y me centro directamente en la televisión: acabo de acceder a un programa, de factura norteamericana, sobre el **SETI** (organismo al que antes hice una breve referencia, con la exclamación ***wow!***). Esa organización con siglas tan raritas para nosotros, tal vez por el parecido con la palabra «seta», trabaja en un programa de investigación avanzada que lleva ya años instalado (*Search for Extra Terrestrial Intelligence, SETI*) y que busca señales audibles de vida inteligente en el espacio extraterrestre. Y se refiere concretamente a inteligencia porque las pistas que persigue con su sistema solo pueden proceder de vida evolucionada. Y respecto a tal cuestión, personalmente entiendo que, de existir esa entidad externa empecinadamente buscada, la misma podría manifestarse tanto hacia la cooperación como hacia la dominación, esto es, podría ser *pacífica o violenta*, como comentaré luego.

El programa cuenta en **Norteamérica** con un enorme terreno repleto de receptores muy grandes, situados en largas filas, cuya apariencia es similar, pero en tamaño muchísimo mayor, a los que en las casas particulares se instalan para recibir TV por satélite y comportando una base técnica y científica enorme. La pretensión es captar ondas de radio que puedan proceder de algún lugar de las galaxias porque, según parece, hay unas determinadas ondas (o tal vez todas, siempre que sean de radio, no sé con certeza) que solo serían procedentes de actividades voluntarias, es decir, que no pueden producirse espontáneamente en el espacio, tienen que haber sido emitidas por algún «ente», por llamarlo así. Como supongo que los científicos conocen debidamente la razón de las cosas en este asunto, una vez sabido que las ondas de radio de referencia, de existir, habrían sido emitidas a propósito, lo tendrían claro en cuanto a la posibilidad de contacto, lo que, según los interesados, hasta el momento no ha ocurrido.

Y, en parte relacionado con ello, cosa distinta es que, al parecer, nuestras ondas de radio, microondas y TV inunden el espacio cercano y lejano cada día y sin cesar y así podríamos ser encontrados directamente. De hecho, alguno de los intervinientes en el programa ya considera que nuestras emisiones electrónicas son por sí mismas un reclamo que podría conducir a otros al Planeta en que vivimos.

Ah, y la exclamación que reproduje en algún comentario anterior —*wow!*— es lo que verbalizó un operador del **SETI** cuando se recibió una breve señal, creo que durante 72 segundos, que pudiera haber sido emitida, cosa que no se pudo comprobar porque ya no hubo ninguna otra después, pero dicha señal se rotuló identificada precisamente así, **Wow!** Lo que podemos considerar como ¡Vaya!, ¡Ahí va! o simplemente *¡Guau!*, como se quiera.

Buena parte del documental, con intervenciones cualificadas de científicos, se refiere a un programa paralelo del

SETI (que viene buscando **recepción** desde el espacio) y que consiste en realizar emisiones, con efecto llamada por nuestra parte y hacia el espacio, tratando activamente de **contactar,** nosotros, con los extraterrestres si los hubiera. Esta manía por «invitarles» es ya heredada, pues desde el siglo pasado nos dedicamos, de vez en cuando, a mandar mensajitos al espacio y muy especialmente en los pasados años setenta del siglo xx, en que los remitieron por vehículos espaciales en 1972, 1974 y 1977, con todo lujo de detalles y con soportes en metales nobles. A mí casi me daría igual si el texto dijera solo *«hola, ¿hay alguien por ahí? Pues encienda los faros tres veces...»*, sin incluir más datos puesto que, aun arriesgado, al menos sin más explicaciones añadidas no haría tan fácil o atrayente encontrarnos, de ocurrir, que es finalmente lo que pretenden. Pero no, para nada, en todos ellos **se les explica** que vivimos aquí, se les identifica la galaxia, el Sistema Solar y el Planeta, se les cuenta qué listos somos, qué bases científicas usamos, cómo estamos organizados, la diferenciación por sexos y consiguientemente lo que hacemos con ellos, qué es la **Tierra,** sus recursos minerales, agua y atmósfera, otras bondades del Planeta, su cultura variada y... ¡*Guau!* (**Wow!**)... creo que también cuántos habitantes hay (en el momento del envío, pero siempre muuuuchísimos).

Y no ha sido una vez, o simplemente las tres primeras sucesivas en que se despachó el reclamo, sino que lo han repetido incluso por duplicado, como los dos mensajes, grabados en soportes de oro, que se enviaron en cada una de las sondas gemelas Voyager que partieron a la vez para viajes insondables y fuera del Sistema Solar en distintos meses de 1977 y en diferentes direcciones espaciales. No entiendo nada en esa manía imprudente y arriesgada de enviar tarjetas de invitación, cada vez más lejos y con más información. Y además en oro, para que entiendan, si es que aparecen, lo *fabulosamente ricos* que somos. Se ve que el gusto por la apuesta arriesgada está generalizado en este mundo, quieran algunos o no quieran.

Por supuesto, el comentario conecta de lleno con las «ingenuidades» del equipo *SG1* en la serie, por algo será. Pero vamos a ver, *¿cuándo alguien ha concluido taxativamente que los posibles extraterrestres sean amorosos y amigables porque lo son, en lugar de buscadores de recursos, captadores de planetas y por qué no arrasadores de otras vidas que pueden considerar competitivas o, simplemente, despreciables o molestas?* Algo no me encaja con la realidad terrestre, donde cualquier político de tres al cuarto se cree el Maquiavelo más dotado, con su actuación trapacera y desconfiada frente a otros de entre sus iguales y que, en el mejor de los casos, se atiene a poner límites a otros países en defensa prudencial o interesada del suyo propio.

Y que conste que no estoy defendiendo tal sistema. Radicalmente no, porque mi anhelo platónico (¿inviable?) sería una sociedad global con una administración honesta universal, sin guerras internas, sin diferencias de desarrollo, sin rapiñas de materias primas, sin envidias nacionales, sin ataques y mortandades salvajes, todos unidos para desarrollar y administrar correctamente este Planeta y poder emprender cuanto antes y cuanto mejor se pueda el viaje hacia las estrellas, siendo más civilizados, más capaces, más competentes y más razonables, perfectamente en la línea de *Star Trek*. Y entonces, solo entonces, y con la mejor voluntad, ver qué hay por ahí y actuar en consecuencia, por supuesto sin la premisa de la mala intención pero sin el peligro de la confianza arriesgada y ciega. Pero vamos, en eso del gobierno universal, visto el papel político histórico descendente que ha recorrido la **ONU,** que pudo haber significado el primer intento de unidad global, *¿actualmente usted está informado de actividades de esa organización, salvo por lo que comenté al principio de esta obra?* Pues yo incluso la había olvidado hasta hace poco, así que me permito exclamar: «¡Pero si aún existe…!»

La cuestión es que, en un alarde de ingenuidad, vamos desparramando por el espacio ignoto mensajes ampliamente informativos sobre nuestras excelsas personas, con invitación incluida. No sé si a partir de ahora me voy a creer esas historias fílmicas espantosas de los tejemanejes defensivos y tortuosos de las organizaciones de seguridad nacionales, occidentales o no, esas agencias de las que no me merece respeto alguno lo que, cinematográficamente, veo de sus supuestas actuaciones. ¿Dónde están, que no desaconsejan este tipo de mensajería galáctica tan arriesgada? Se inició la misma por influencia de un científico influyente y buena gente (**Carl Sagan,** si no recuerdo mal), que lo impulsó confiando en que si hay alguien tan desarrollado científicamente por el espacio, tiene que ser por fuerza amigable y cooperador y nos va a enseñar el buen camino social y científico… Pues no es por nada, pero con pensar en lo que fue el desarrollo tecnológico nazi, que rozó unos avances increíbles por encima del nivel científico-técnico del resto de países, mientras que paralelamente hacían lo que hacían sobre el terreno con esa ciencia y esa técnica, en su tierra propia y en la ajena que atacaban y conquistaban… pues como para confiarse acerca de «algos» infinitamente más poderosos y extraños (literalmente, aliens). Y con los que está claro que no habría alguna forma inicial de entenderse o negociar…

Me resulta tan pasmosamente ingenua la reiteración de la mensajería espacial que solo se me ocurre: 1) Que los científicos involucrados saben algo que no sabemos los demás y que les ha animado a tomar esa vía. 2) Que alguien inició ese despiste y, como ya no tiene remedio, los demás siguen con la misma, jugando a la lotería cósmica (cuanto más se juega, más posibilidades, aunque sean pocas, se tiene… de que toque). La verdad, pensando en ello me estremece la simple idea de que, en un futuro lejano, esos mensajes pudieran atraer hasta aquí a extraterrestres que nunca debieron aparecer, porque tal cosa y sus consecuencias las habríamos provocado nosotros, *en nuestra época*. Como tantas otras cosas que habrá que lamentar…

Es cierto, como dije antes, un argumento que se da brevemente en el documental: que como planeta o sociedad estamos más vistos que el *tebeo*, dado que tenemos el Sistema Solar (o simple y llanamente buena parte del espacio) inundado con nuestras ondas de radio/televisión que ya informan cumplidamente a cualquiera allende las profundidades siderales de que estamos por aquí trasteando. Supongo que, según eso, si existen realmente, ya nos tienen cazados pero, en mi opinión, si pueden ver la televisión humana, la entienden y no responden será por alguna de estas dos razones: o nos consideran unos insectos masificados, pululando en turbas informes mientras arrasan su pequeño territorio, sin destino conocido ni fines efectivos; o nos clasifican como unos paranoicos asesinos que se matan a sí mismos sin parar. Y en este último caso, o esperan que nos extingamos ya de una vez o se mantienen a una distancia prudente por lo que les pueda salpicar.

No quiero olvidarme de algo mucho más significativo: el propio **Stephen Hawking** ha advertido de que cabe la posibilidad de que nos encontremos cualquier día —*lo digo en mis propias palabras porque no dispongo de las suyas de forma literal*— un *Independence Day* en nuestra atmósfera. Es decir, que existe el peligro de que nos detecte y se presente una especie estelar guerrera o predadora y, por tontos, en nuestra propia casa y morada y a ver qué hacemos...

En la propia serie *SG1* hay muestras primorosas de cómo podrían ser —*para mal*— las cosas, incluso si existe por ahí algo «bondadoso» y aunque hubiera una («una») raza de extraterrestres pacífica y cooperadora. Y es que, de ser ese el caso, podría haber otras de intención contraria.

Y, tal como vamos, de darse el caso, las «direcciones» acabarían todas por confluir aquí, aquí mismo y a lo bestia...

Séptimo comentario:
Animales y animalillos

Derivo a algo distinto y atinente al mundo cercano y actual: acabo de leer un artículo de prensa (**20 Minutos**, abril de 2016), del periodista César-Javier Palacios. Se refiere a la progresiva desaparición de los gorriones en las ciudades. Considerados como una especie afincada en las poblaciones humanas resulta que, según el artículo, están perdiendo gran parte de su población en los núcleos que, históricamente, han sido su hábitat ordinario (según parece, también en **Europa** se detecta un descenso por millones en su número), así que, al ser tantos años de adaptación plena de esa especie a las aglomeraciones urbanas, puede suponerse que o bien algo les perjudica (y les perturba o impide su reproducción) o, en resumen, algo los liquida directamente.

Es difícil de creer —*esto ya fuera del artículo de referencia*— que no haya de modo inmediato, en esta que creemos evolucionada sociedad, medios concretos, científicos y efectivos para que la investigación especializada detecte de forma rápida, directa e indubitable por qué están amenazados incluso de futura extinción, y el hecho de que las autoridades correspondientes no lo analicen tal vez sea porque no consideren de interés económico el poner medios técnicos, de valor mercantil, solo por unos pajarillos jacarandosos, lo que —*de ser así*— podría obedecer a distintas razones y ninguna buena. Es decir, si se quisiera, *¿cómo no iban a saber, a descubrir por qué esa especie o cualquiera otra, sin que estén amenazadas por la caza y la explotación rural, repito, por qué los gorriones se están yendo de su mundo, que también es el nuestro?*

Pues habrá que concluir que a nuestros empleados públicos responsables de política administrativa y de política científica en concreto, o de política a secas, les parecerá antieconómico investigar el asunto valorando más la «pasta» disponible (a su nivel, el político-mercantil) que la verdad social, valiosa por sí misma y tanto más cuanto que tenga posibles influencias negativas en el elemento humano. Aunque cabría intentar adivinar algún otro factor oscuro actuando en la misma dirección. Situación, que —*sea como sea*— hará que en el futuro vengan las prisas de última hora (ejemplo, el casi extinguido lince; y camino extintivo cuesta abajo ya van las imprescindibles abejas) y las medidas carísimas para revocar la indiferencia habida cuando la situación ya es no reversible, medidas que, seguro, nunca se aplicarían en este caso ni en otros muchos más.

Volviendo al artículo, si se estima que una especie *antropófila*, por decirlo así, asentada por milenios al lado del hombre y potencial o realmente amenazada de extinción, pueda estar sufriendo la influencia de factores que previamente no existían y a los que no consiguen adaptarse a tiempo, será que las señales o pistas (sigo en referencias) apuntan directamente a componentes advenidos en montón y a toda prisa en los núcleos humanos: antenas de telefonía, microondas rulando por todas partes, desaforada contaminación del ambiente.

Yo no sé dónde anidan habitualmente ni conozco si lo hacen en jardines o parques pero, de ser así, pueden influir también en su decaimiento la presión del cambio climático y las podas intensivas o la caída de árboles adultos que últimamente abundan, sin olvidar el posible efecto que las fumigaciones y desparasitaciones del arbolado y jardines puedan repercutir en ellos o, lo que es igual, en sus recursos vitales y, en mi opinión, sin olvidar el «hambre» de tierra pelada donde asentar edificios y arrasar terrenos por parte humana. E incluso sin obviar, como advierten los especialistas, la competencia «desleal» de especies exóticas introducidas y, posteriormente, abandonadas o evadidas de viviendas o de empresas y que medran con éxito en/y con los mismos medios que los animales autóctonos, que ven, en este país de escasos recursos, cómo sus territorios y su comida son saqueados; y a las cuales se les ha permitido entrar comercialmente sin arbitrar medios de control eficaz, una vez más por una catastrófica política desarrollista incompetente o indiferente, únicamente respetuosa con el dinero a corto plazo.

¿O resulta que sí que se conoce la razón de lo que pasa, en este y en otros casos, y se oculta por esa prudencia puramente política y oportunista de evitar «la alarma de la población»? Pues, señores, que yo sepa, la clase política, que es mi empleada y a la que pago con duras y pesadas exacciones sacadas por la fuerza de mis modestos bolsillos sin obtener yo derecho alguno de controlar lo que hacen con ello los distintos poderes establecidos, viene absolutamente obligada a: **Primero**, evitar/evitarme problemas de todo tipo,

pero muy específica y concretamente aquellos que pueden afectar a mi seguridad y mi salud (y la de todos) por delante de cualquier otra consideración. **Segundo,** rotundamente a no engañarme, que ya soy mayor (y aunque no lo fuera), en una cuestión como esta y en cualesquiera otras.

Y si esa gente de la política encaramada en el Poder (de cualquier color que la misma sea) considera que somos ¿todos? una panda de salvajes de saqueo y algarada, por desesperación ante un problema amenazador, que se vayan y abandonen sus interesantes sueldos porque son ellos quienes no habrán sabido educarnos, instruirnos, civilizarnos, imbuirnos valores básicos, diseñarnos unas vidas tranquilas y dignas de ser vividas. Sino que, sabiendo que no lo han hecho ni lo van a hacer, «supuestamente» tiran del secretismo y la engañifa… y lo hacen muy «compasivamente» para que no nos hagamos daño entre nosotros (y muy concretamente a ellos mismos, cosa difícil porque ya saben blindarse… gracias también a mi/tu obligada contribución al descontrolado dinero público) porque… en su opinión debemos de ser, en lugar de sus empleadores y pagadores de sus sueldos, una panda de brutos agresivos que solo parece que esperamos tirarnos al cuello del que tengamos más cerca, sea responsable de algo o no y así ignoremos a quienes están muy lejos: ellos.

Y aunque así fuera, me pregunto en qué me beneficia mantenerme pasmado, ignorante y *pagador forzado* en una sociedad engañosamente estable en un limbo artificial de progreso técnico, si me están ocultando una verdad (o unas cuantas más o posiblemente muchísimas) trascendental para mí y mi progenie… y mi vecino… y el que vive enfrente… el panadero… el empleado… igual que el estudiante, el profesor, el que tiene su negocio, el funcionario de a pie y tantos de tantos de tantos…

Los gorriones son unos pajarillos sociales, pandilleros, oportunistas, pesados con su piar incesante, buscadores de cualquier cosa que puedan picotear, latosos si los tienes cerca. Seguramente ni me habría dado cuenta de que cada vez hay menos. Pero ahora lo sé. No lo siento por ellos porque, si se están yendo, se van sin saber que lo hacen como le pasó al último de los mamuts, cazados hasta su extinción pero ellos sin sospechar que estaban finiquitando a su especie y viviendo el último ejemplar su camino final hasta borrar con su muerte su propia continuidad, sin siquiera enterarse.

Tampoco lo siento por mí, aunque tendré mi responsabilidad infinitesimal en el «gorrionero» decaer, bien que solo sea por pertenecer a la especie humana que se lo lleva todo por delante. No, lo siento porque con mis ojos puestos en la posibilidad de un futuro al civilizadamente elegante y respetuoso estilo **Star Trek** por ese universo infinito, empiezo a pensar, de verdad, en decir *adiós* a las prometedoras y evolutivas *estrellas*.

Y ¡hola, **Mad Max!** *Aquí está tu involucionado planeta.*

Testimonial: *Cine y más cine*

Pues esta es una muestra imaginada, en clave de humor desencantado, de cómo las cosas vistas superficialmente pueden discurrir de un modo tan esperpéntico, y a la vez, también tan sombrío...

Como si se tratara de una propuesta personal de película futura... repito, futura. Tal vez en algún «mundo de Yupi»...

Great Futures Pitchars, presentando:

Una superproducción de **Arcturus Rex y Bum Bum Pataco Cinema**
En coproducción con **Marvelous Audiovisuals Internatas Compata**
Una realización del **ILUSTRE DIRECTOR MIRLIN LENCANTEUR,**

... El afamado y extremadamente bien ponderado **director Lencanteur** se incorpora en su lecho aéreo, en estado hiperactivo y sumido en un agudo ataque de nervios pues ¡ha encontrado el título! de su futura, y por ahora inexistente, filmación (que deberá obtener un éxito sin precedentes).

Así pues, «**Arcturus Rex & Bum Bum Pataco Cinema Comp. presentando un film de Mirlin Lencanteur**»... Claro, previa elección de actores mediante los listados de personalidades ya acreditadas en la farándula y otros *castings* de relleno, según ofertas a contrastar y, si no, se subastan los papeles al mejor postor, que hay mucho intérprete de postín parado en su casa esperando un telefonema.

Ta-ta-ta-ta, la producción titulada:

GRATOMAN EN GRATOTERRA

Dado lo cual, y recibido en producción el timbrazo de convocatoria, su atenta secretaria **Mirri-An Topetsky** deja con rapidez su apartamento permanente en el segundo sótano de los estudios de la **Empresa de Producciones Cinemático-gráficas Rapidity Lempata-pata prod. C.d.u., m.n., p.r.c. & BataBata Company Propty.** para presentarse desalada en la suite habitacional de **Su Ilustre Realización y Dirección EL DIRECTOR**, donde atenderá sus tareas cada momento de cada jornada completa, que para eso está.

Entronizado ya tras su suntuosa mesa, con sobre de símil-ónice de buena calidad, su **Excelente** y nunca bastante alabado **Jefe Supremo** se halla golpeando ruda e impacientemente, con el bastoncillo fustigador del personal de los rodajes a un inanimado peluche a medio camino entre mono y gato —*bichos que habitaron el mundo en tiempos pretéritos*— convertido en carísima reliquia de un animalejo que, como todos los demás que corrieron idéntica suerte, una vez existió e incluso prometía llegar a ser dominador de un mundo posible pero que fue, radical y furtivamente, extinto. Dando cuenta los ejemplares momificados de la importancia, fama, capacidad crematística y estatus profesional de sus propietarios.

Al discernir cuán airado se encontraba el **Gran Jefe, Mirri-An** se adapta a su encolerizado estado de ánimo, ¡es tanto lo que el **Ilustre Señor** tiene que coordinar, decidir, administrar, idear!, con lo que su función de apoyo a tan **Digna Dirección** la convierte a la par en orgullosa y feliz, siendo el honor del servicio, por sí mismo, ya un generoso sobresueldo.

El (Ilmo.) Director: ¡A ver qué se puede hacer con los proponentes guionistas, **Mi'rran,** quiero propuestas inmediatas, ahora que ya tengo el título resulta que estamos sin material de rodaje y lo que rodarán serán cabezas!

La secretaria se precipita al equipo de comunicaciones y zascandilea en las supermáquinas difusoras de material de propuesta (por obsoleto nombre, guiones). Se remite la amenazante exigencia del **Superdirector** hasta llegar por vía *fáxica* a la Sala de los Servidores del *Guion*-Efectivo, que dan un salto en sus asientos, aporrean sus máquinas, recuperan sus plantillas tipológicas y al poco, tras introducir en ellas algunas cosillas novedosas, las envían a la **Ilustre Dirección.**

Mirri-An prácticamente arranca de la terminal la propuesta y la desliza, sin mirarla, ante **Su Trascendental Jefatura.** Por imposición personal del cual, los textos deben llegar en el elegante, carísimo y escaso medio que es el papel y no por el masivo y popular sistema electrónico. Ella, quieta, aguarda la siguiente orden.

El (siempre admirado) Realizador: ¡Quiero a uno de ellos, que tenga capacidad representativa, aquí y ahora!

El set de ordenación desprende el tufillo de las urgencias. El proponente (antaño llamado guionista) responsable convocado se desliza por el tubo intercomunicador y aterriza aturulladamente ante **Su Superioridad**, quedando a la espera indiscriminada, incondicional, impasible, inodora, incolora e insípida, mientras **Su Excelseidad** contempla ferozmente las propuestas.

TEXTOS Y VARIANTES DE LAS PROPUESTAS FÍLMICAS, efectuadas a la carta:

• Podría haber un planeta más o menos habitable. Llegar una nave espacial de desastroso interior, trasladando una aproximadamente neurótica tripulación que, eso sí, dispondría de un adiestramiento mecánico (a desarrollar con amplitud si lo permite el metraje) bastante completo, siendo además (por exigencias del lanzamiento audiovisual) prototipos físicos adecuadamente selectos y aceptablemente profesionales en sistemática de destrucción planetaria, claro.

   El mundo de desembarco sería rojo y negro y, siendo *rojovivo* y *negromuerto*, se dispararían *flashes* sugerentes de vivencia y destrucción ordinaria, con relumbrones cósmicos dando a luz la luz y celajeando tinieblas, haciendo al negro esculpir brumas para pasar al rojo y reventar ciclones estallando en mareas. La materia sería una y si no *trina*, al menos *trillonésima* al hilar y deshilar rayos y truenos por todas partes, rielando al negro-rojo y *rojeando* en negro un impactante fundido hacia la nada.

• O bien podría llegar una nave espacial al planeta más o menos habitable que, por muy neurótica que fuera su tripulación, la formarían WASPS blancos anglosveteasaber y protestones, ya prototípicos de las filas de misteruniversos gimnásticos (de ser el caso, ponerse a buscar ofertas, porque resultan muy caros).

Y en el mundo de arribada la tisis era la heredera de la fisis, la descarga tomaba el relevo a la carga y, tal vez al ritmo heredero de un sismo, los jirones se transformarían en montones, la electricidad habría calcinado la verdad y *pif-paf*, *chis-chas*, *ris-ras*, la realidad se suicidaba cada día en radiactividad, la civilización en algo que de chatarra tenía un montón, la cultura se escurría por las suturas de las curas y la gran creación se sumía en la oferta de tres por dos.

- Incluso se podía tratar de una nave espacial inhabitable, con una tripulación neurótica dotada de adiestramiento predador formada (exigencias sindicales de proporcionalidad de las minorías) por los miembros que queden de los **bosquimanos del Kalahari**, los cuales, al pesar menos en la báscula espacial, cabrían en mayor número en el vehículo, y además saben cazar mejor.

Y en el mundo rojo-negro-rojo en el que rielaban los humores carbonatados de la primigenia construcción, cuando lo celeste contemplaba las eras y los universos expandían creaciones, se iniciaría el círculo milenario de un universo atómico gaseado por puntas de flechas nucleares para luego, y si puede, eructar el compuesto azul, verdear la rala hierba digerida, y desembocar en la ameba inicial que engullirá el pequeño mundo que la sustente.

* Siendo la última propuesta: una nave espacial —*bla, bla, bla*— con tripulación formada por orientales que, aún

neuróticos por el encierro, todos saben que disponen de una gran paciencia que les habría permitido, muy ecológicamente aprovechados, impulsar la nave a pedales para ahorrar costes (acelerando, claro, la acción o nos eternizamos en el rodaje y se nos va el presupuesto).

Y en cuyo final, el rojo engulliría el verde, el negro liquidaría el azul y, disipado en las amplitudes siderales el bombazo-tatarabuelo, el mundo se recrearía rojo y negro (un bonito y recomendado final para que el espectador considere que todo tiene un arreglo conveniente, que las tripulaciones se crecen, remedian lo destruido y todo vuelta a empezar).

En su virtud,

Una vez puntualmente cumplida la orden de **La Dirección**, estas son las propuestas que el Departamento de Redacción de Planes de Rodaje de esta reverenda empresa, a la que tenemos el honor, el placer y el respeto de pertenecer, eleva y somete al dignísimo superior criterio y resolución de **La Dirección.**

FIN DEL TEXTO DE LAS PROPUESTAS

El (famoso) Director: ¡Pero puede haber una variante en las propuestas que no se me ha comentado!

El (tembloroso y sumiso) guionista: Hemos marketinizado su posible éxito y el resultado podría ser excelente.

El (superilustre) Director: ¡Pues hay otra opción! Podría llegar a un planeta arrasable una nave espacial con tripulación que fuera no-humana.

El (empequeñecido) empleado: Oh, qué idea esplendorosa, ah, en ese caso tendríamos que revisar el catálogo

«Fantasía». ¿Qué le parece a **Su Ilustrísima** si ponemos una tripulación de osos hormigueros?

El (supersupremo) Director: ¡Adecuada sugerencia! ¡Aceptado! Y para que no lleguen famélicos, ¡**Mirr-An,** proceda a ordenar de inmediato al *catering* que vayan enlatando las hormigas!

***

Y cada palo, que aguante a su vela… y así finalizo este testimonial… ¿trastornado?

Octavo comentario: *Y el ciudadano sin protección, una vez más…*

Sí que resulta, por decirlo suavemente, escandaloso **el estado de indefensión del ciudadano** por parte de los poderes públicos. Poderes nacidos de la política tradicional, cuyo primer y último fin es hacerse con el gobierno (y sus ventajas sociales) porque la población, acoplada a esa tradición y convencida con la «palabrería» de uso común, se lo facilita en votaciones periódicas repetitivas (en un, escasamente evolucionado, uso de la vieja democracia creada por la **Grecia** clásica en época menos masificada) a favor de gente que lo que previamente ha hecho ha sido desparramar discursos, promesas, programas para convencer ¿en este «país de tontos, del que hay que aprovecharse…»? Y la política resulta ser un «oficio» planificado, testado, desarrollado para lograr el gobierno como si fuera el triunfo en un Grand Prix del elegido y de su equipo (ganando competición, fama y fortuna al lograrlo), celebrado con público alrededor, esto es, sus fieles y empleados.

Esa fórmula electiva tradicional sirve para cualquier «color» de políticos electos o no, dado que, con pinceladas de distintos matices, todos parecen estar milimétricamente ajustados al mismo sistema, con los mismos modelos y con iguales resultados tendentes a la obtención del poder, sea el mismo a largo o corto plazo y no precisamente por vocación o espíritu de servicio. Así que es evidente que, al disponer de los beneficios que con ello obtienen a nivel grupal y personal, la política actúa como una fórmula estática, porque hay intereses creados efectivos y porque produce beneficios a sus adeptos, tanto más a sus dirigentes. Hay que valer para ello, cierto, aunque, total, como luego hay poco que demostrar…

Sin duda, a los griegos les daría resultados prácticos y evolutivos la democracia y nada más admirable que su cultura, su ciencia, artes y oficios tantos siglos antes del primero de nuestra era, si bien en medio de conflictos, guerras, conquistas, intermedios de tiranías y todos los etcéteras posibles que no hacen demérito alguno de ellos, dado que todo eso igualmente lo sufrimos hoy en día. Y siendo mucho más culpables nosotros que aquellos —*helenos o persas o asirios o bárbaros varios*— puesto que vivimos más de veintidós siglos después de ellos… y todo sigue igual y algunas cosas, como los conflictos y las guerras, bastante peor y sin justificación. Pues es la sistemática política una herencia de más de veintitrés siglos atrás asentada como tradición inamovible, para lo bueno y *para lo malo*.

Y ahora, a lo concreto. Con asombro he visto el incendio de un inmenso vertedero de neumáticos (cubriendo más de 10 hectáreas) en una zona intermedia entre dos localidades: **Seseña**, en **Castilla-La Mancha** y **Valdemoro**, en **Madrid.** Aunque igualmente me parecería indignante la situación en cualquier caso o región, resulta que unos amigos, hace como cuatro años, me habían paseado precisamente por ese lugar. Volvíamos en su coche de visitar

Aranjuez (Madrid) y se empeñaron en presentarme una de las muestras palpables e indignantes de la economía nacional «del ladrillo», como prueba de la imprevisión general y política que había tenido, como consecuencia, el surgimiento de urbanizaciones «fantasmas».

Y me pasearon por la llamada Urbanización del «Pocero» (denominación popular del constructor que la promovió, orgullosamente dedicada a sí mismo, incluso con estatuas de sus propios padres allí erigidas), que me entero ahora que urbanísticamente se llama El Quiñón. Era entonces un gran sector, con campo llano alrededor, muy aislado, en medio de terrenos yermos (y al lado mismo del vertedero) y alejado de otros pueblos de la zona, surgido como una acumulación de enladrilladas «setas» gigantes en medio de la nada, a varios kilómetros de una salida a la autovía Madrid-Andalucía y a unos cuantos más, que también recorrimos luego por carretera comarcal, de lo que técnicamente y a efectos urbanísticos debía de ser su propia localidad, que es **Seseña (Toledo)**.

El lugar del Pocero, perdido en la casi-nada, repleto de bloques enormes y modernos, sin transporte, dotaciones ni comercio, estaba —*en aquellos momentos*— casi deshabitado. Había inmuebles de los que nos dijeron, al preguntar en un pequeño local abierto, que cada portal de entre cuarenta o cincuenta viviendas tan solo una o dos tenían residentes, lo que multiplicado por la enorme cantidad de portales ni sé qué porcentaje implicaría, pero podía estar ocupado en torno al 4 % del total…

Vimos muy pocas personas por la calle al paso del vehículo, pero me llamó la atención (debía de ser la hora de pasear al perro) que cuantos nos cruzamos mientras paseaban a sus canes, que serían cuatro o cinco, todos se acompañaban de *pitbulls*. No ignoro, por las noticias y por simple experiencia, que hay cierta moda por ese tipo de perros pero concluí con rapidez durante aquella visita que, viviendo en un despoblado sin servicios pero en buenos pisos, ya fuera en compra o alquiler, un *pitbull* no parecía una mala manera disuasoria de darse un paseo sin alertarse en cada esquina, además de poder dormir por la noche sin tener un ojo abierto y de dejar cerrado con suerte el piso a al ir a trabajar al día siguiente, sin duda muy lejos de allí.

Por otro lado, quizá la mayoría de esos pisos deshabitados iban a pasar en plena *crisis*, poco tiempo después, a propiedad de bancos, seguramente vía embargo al constructor. Y en los siguientes tres años después de mi visita, cuando ya los juzgados entregaban a los bancos la posesión concreta de los inmuebles, lo que se denomina *adjudicación*, se han debido sacar a la venta y al alquiler buena parte de ellos con precios bajos. En algún momento salió en la TV un documental que mencionaba —*hablo de memoria*— precios de compra como de sesenta o setenta mil euros para pisos nuevos de 120 m², dimensiones que en otros lugares triplicarían, como poco, esa cantidad. Y el precio de alquiler debía de rondar los 300 € mensuales para pisos similares. Veo ahora que muchas personas optaron por el barrio en base a dichas cuantías y han debido de ir poblando una parte apreciable de las viviendas vacías, especialmente en 2015, arrancando privadamente alguna dotación si han podido, como por ejemplo piscinas colectivas y compensando las deficiencias urbanas con la satisfacción personal de una buena casa.

Y ahora solo me campanillea aquello de «lo barato sale caro»: el campo de una buena cantidad de hectáreas como vertedero salvaje de neumáticos desechados, al ladito mismo de la urbanización del Pocero está, cuando escribo este comentario, ardiendo brutalmente. Sí que recuerdo la montonera de ruedas que vislumbré desde el coche con ocasión de mi visita y no puse mayor interés en ello por cuanto que en muchos lugares había, y hay, depósitos de ruedas viejas, como de vertidos y basura, y uno se inmuniza a «desclasificar» a un vertedero de otros, por lo que solo me fijé de pasada. Hasta que hoy he vuelto a recordarlo, concretado por las espantosas imágenes que veo en la TV.

Quienes hayan dado lugar, por inacción oficial demostrada durante más de una decena de años, al problema que ha desembocado en este delito social y ambiental, no tienen defensa y aún peor si es un incendio provocado. Sientes náuseas al leer en la prensa los componentes perjudiciales, cancerígenos, químicos lesivos, metales pesados de grave repercusión en los cuerpos de la gente que (aunque lo nieguen los datos «oficiales») se están enviando al norte, sur, este y oeste de la zona, a la atmósfera superior que los va a repartir por cientos de kilómetros, dejándolos caer por acción de la gravedad, el viento y la lluvia, en cualquier parte, cerca o lejos. No solo a 15 o 20 kilómetros de distancia del incendio, donde se encuentran muchos pueblos que totalizan una importantísima cantidad de habitantes, sino en cualquier lado: donde la meteorología los lleve y luego los suelte. Y usted, su familia, sus vecinos o yo y mis correspondientes los tenemos que respirar involuntariamente, sin saber que lo hacemos así. Luego, al paso del tiempo, ay, cada palo aguantará su vela, esto es, al porcentaje de habitantes a quienes por esta causa, reconocida o no, el cáncer u otros padecimientos les alcancen (cosa, según esto, posible) pues… se entenderán como cosas de la vida de hoy. La contrapartida del progreso… el lamentable precio que habrá, en este caso, que pagar por ello.

Pero hay otro perjuicio social aún mayor: el que se ha consentido contra la gente, hoy numerosa, que habita la «urba» del Pocero. Están al lado del vertedero, han recibido el primer impacto, el inconcebible grueso de la peste y del humo, luego se los han llevado de sus casas —*total, tan solo un poco más allá*— y un día después les han dejado volver irresponsablemente. Quien haya podido, o quien haya desconfiado, se habrá ido con familiares o amigos un poco o un mucho más lejos hasta ver qué pasa.

Y veo en la TV que mucha, mucha gente ha regresado, para enclaustrarse en sus bellos pisos, perforados por el humo lesivo que se filtra por las rendijas y hasta los niños han vuelto al colegio algún día y, traídos y llevados como marionetas, para volver a cerrar la escuela poco después y durante días. *¿Pero qué cabeza de chorlito permitió abrir el colegio a los tres o cuatro días de iniciarse un incendio que hoy, más de quince días después, no se ha apagado y aún inunda el epicentro y kilómetros alrededor, según informaciones de primera mano de intervinientes en televisión?* Cualquiera diría que a ese «chorlito» habría que meterle en un piso del Pocero, con el aire viciado y durante una semanita de prueba, a gozar de la calidad de vida de los vecinos. Y, en tanto, a nivel oficial, estarán, más que nada y como de costumbre, a la espera del rápido olvido de lo sucedido. Como siempre.

Naturalmente, quienes **han permitido** esta situación, en inconcebible perjuicio de inocentes ciudadanos —*que son los pagadores y empleadores de esas autoridades que, de entrada, hubieran debido preservar su seguridad*—, han sido, primeramente, los políticos de variados ropajes que **desde hace once años** conocían y debatían la existencia, paulatinamente creciente y en imparable aumento, del «sembrado» de los neumáticos sin resolver la situación (total, en algún momento un color político sustituye al otro y aprovechan el momento para «pasarles el muerto» a los nuevos en el mando). Además, las in-competencias surgidas por la multiplicación de poderes nacidos con el establecimiento de las comunidades autónomas, y el «sí-es-no-es» de que en ese caso el «neumo-sembrado» pisa tierras «privativas» de **Toledo** (dos tercios de la vulnerada «madre tierra» del lugar), y de **Madrid** (un tercio), pues que es tuyo, que no es mío. Y ahí se quedó, reproduciéndose como una plaga, el vertedero de neumáticos usados.

Por supuesto, no quiero ni definir a quien haya prendido fuego físicamente a los neumáticos, quién sabe —*si es que hay autores materiales, me limito a señalarlo en base a los indicios filtrados públicamente*— obedeciendo a qué espantosas directrices y de quién. Porque, si lo han hecho, han dejado pero que muy cortitas, al paso de los tiempos, las salvajadas de los persas, o los escitas o cualquier pueblo guerrero y cruel de la más olvidada antigüedad y se puede hablar de veintidós siglos antes de hoy. Se puede matar sin espadas, solo con la indiferencia y la irresponsabilidad. Esto es, no hemos evolucionado nada en cosas básicas, como la seguridad personal y colectiva. Recomiendo la lectura de un artículo publicado en *El Confidencial* el *13-5-2016* (la misma fecha del incendio), autor David Fernández, y que es meridianamente claro respecto al suceso y la responsabilidad de los sectores oficiales y sus indignantes, sucesivas, imperdonables y graves incompetencias.

Aunque muchas veces, como en esta, entiendo que la humanidad se escinde: por una parte el sector científico-técnico, que va por su lado en el camino del progreso con un impulso de conocimientos y herramientas de desarrollo y aumentando sus posibilidades personales evolutivas; y por otra, el resto de los mortales, ciudadanos del común, involucionando, más o menos lentamente, hacia *el riesgo* colectivo y personal, *la pobreza* económica e intelectual, el tsunami de *acontecimientos perjudiciales* que quienes deberían resolverlos antes bien los dejan enconar, la *pérdida de derechos* y ventajas adquiridas en algún momento del siglo pasado, la *amenaza de cambios* revulsivos en **el Planeta.** Y seguimos votando a políticos indiferentes e incompetentes, sean del color que sean.

Vaya panorama…

Noveno comentario: *Mucha acción pero, sobre todo, «anticipación»*

Pues por casualidad (o porque repiten los pases para llenar el tiempo de emisión) he vuelto a coincidir, transcurrido cierto tiempo, con el mismo programa al que me he referido sobre el **SETI** y asuntos conexos. E igual que en ocasión anterior, he accedido al visionado ya comenzado, confiando en que lo poco que me falte por ver no habría cambiado en nada mis opiniones.

Viene a cuento la referencia solo por aquello del espacio y sus ignotos habitantes, porque también he visto en televisión una película ya comenzada (cosa que me pasa mucho) de SF (utilizo las siglas inglesas por su mayor alcance y por estar muy arraigadas en el sector aficionado) que captó mi atención a medida que se desarrollaba y especialmente más desde aproximadamente su mitad. Se titula en español **Los Vengadores** (*The Avengers*, dirigida en 2012 por Joss Whedon), procedente del filón de héroes de Marvel, y he podido comprobar que hay cierta cantidad de films relacionados con la trama, en saga o continuidad.

Dado que entré algo tarde en el pase, he tenido que adivinar algunas cosas, como el lavado de cerebro que «el malo malísimo» alienígena **Loki** hace a algunos científicos y soldados terrestres, para que usen sus habilidades contra la propia Tierra y que una buena parte de los personajes protagonistas, de capacidades heroicas, proceden de películas anteriores juntándose, les guste o no, en esta historia con el fin de unir fuerzas contra una amenaza externa aplastante. Y, en este caso, *alienígena*, claro.

A lo mejor todo el mundo conoce el argumento, o a lo mejor no. El caso es que aparece de nuevo **Thor**, que ya fuera protagonista en una película previa referida a su propia historia —*igual que los demás en otras dedicadas individualmente a sus personajes respectivos*—, estando en ella exiliado por su rey y padre extraterrestre que le obliga a vivir como un simple hombre en nuestro Planeta, a pesar de ser un semidiós del espacio exterior que se considera favorable a **la Tierra**; para aparecer después en otros films, como el referido arriba, luchando junto a personajes terrestres excepcionales de entre el abundante plantel de «héroes humanos tecnificados», como Iron Man, el Capitán América, Hulk y algunos otros expertos en habilidades diversas.

Destaco en la película a la que me refiero que, presentando la trama una Tierra como puede serlo al día de hoy, ya existiría (según el guion) un nivel de tecnología elevadísimo para la época, como el enorme artefacto volador futurista que aparece como cuartel general de los superhéroes, con capacidad hasta de camuflarse en el cielo. Bien es verdad que serían las «intromisiones» alienígenas (como **Thor**, por ejemplo) las que justifican haber dado lugar, en el argumento de la película, a un desarrollo acelerado de los conocimientos científicos terrestres. Es decir que, al deambular por **la Tierra,** los alienígenas no solo cambian la percepción del espacio visto desde este Planeta sino que, aunque sea por casualidad, olvido o despiste, determinados artefactos suyos son los que iniciarían el impulso moderno de la ciencia y la técnica humanas hasta el nivel contemplado en la historia filmada, lo que no deja de remedar la propia situación tecnológica actual del mundo. Esta interpretación de las «interferencias» extraterrestres, y esto es un inciso, llama especialmente la atención en la serie **Star Trek**, pero en sentido contrario, ya que su Federación de Planetas, representada por sus naves espaciales y de un modo supremo por la Enterprise y sus mandos, pone precisamente especial cuidado en no interferir en el desarrollo natural de otras sociedades y razas no evolucionadas y no encuadradas en su *Federación*, para no acelerar ni decelerar su evolución normal por causa de la aparición de los «star trekkers» como especie avanzada, tratando exquisitamente de no influir en el modo de vida y expectativas de sociedades no alineadas con ellos, por dudoso que tal idea pueda resultar vista desde una perspectiva actual.

Cuestión que vuelve a encajar en mi propio debate del *Comentario Sexto* sobre la procedencia o no de las llamadas redundantes **a quien pueda andar por el espacio sideral, para que se pase cualquier día por la Tierra,** mensajes que continúan viajando por las profundidades espaciales reales, más allá de nuestro Sistema. Y creo que otra cosa distinta es que se pudieran iniciar contactos, si es que eventualmente los hubiera, cuando consigamos hacer viajes galácticos de gran calado (esto es, extrasolares, cosa que hoy es anticipación del futuro) y que, en el curso de la aventura, se puedan encontrar, de frente o de lado, ya sean otros navegantes espaciales o pura y simple vida como quiera que la misma existiera biológica o técnicamente. Estos encuentros, por beneficiosos o perjudiciales que resultaran, serían accidentales y, al menos, nosotros ya seríamos capaces de «andar por ahí rebuscando», lejos de nuestra Tierra, mientras que, de ocurrir ahora y si se nos presentara algo con ánimo de conquista o destrucción, en estos momentos y a efectos extraterrestres no somos más que tribus primitivas de seres con los pies sujetos al suelo y como mucho con los sueños en el cielo (satélites dando vueltas) y además peleando entre nosotros todo el tiempo. Es decir, ahora estaríamos inermes. Por completo. Y por mucho que armamento o cohetería hayan evolucionado.

Y me voy de nuevo a la ejemplificación que aporta el guion de *Los Vengadores*: el conflicto del film no procede de **la Tierra,** que no tiene viajes espaciales (la película recurre a un portal energético de comunicación entre mundos, como hace también la serie *SG1*), sino del planeta de **Thor** (personaje interpretado por **Chris Hemsworth**, actor también visto, fuera de esta saga, en un breve pero intenso papel en *Star Trek XI*), que es un aliado de nuestro mundo, porque el hermano díscolo (**Loki**) quiere conquistar el poder para sí tanto en su planeta como, de no poder conseguirlo, invadiendo **la Tierra** para competir con su hermano y heredero legítimo en su reino (**Thor**), ya que este se considera a sí mismo como nuestro protector.

La cosa se complica cuando **Loki** se alía confusamente con unos tétricos humanoides de otro cuerpo planetario que parecen odiar a todo el mundo y que, azuzados por él, pretenden conquistar y apoderarse de **la Tierra,** usando tramos sucesivos del portal y muy a lo bruto. Aquí vemos la distinción entre una raza benévola (el planeta de **Thor**) y amiga nuestra y otra raza (los humanoides) perjudicial y predadora. Y, en el guion, nosotros en el medio, huyendo hacia todos los lados. ¡Qué raro!

No he encontrado, salvo en la serie *Stargate-SG1*, mejor ejemplo para lo que comento: no veo equilibrio entre ventajas/desventajas de mandar la tarjeta de invitación a desconocidos espaciales que, por consiguiente, serían imposibles de prever en su reacción/actuación. He dicho ya antes que es jugar a la lotería cósmica la cual, ya se base en el azar o en la predicción, no sé por qué va a haber más posibilidades estadísticas de que te toque algo bueno en lugar de algo malo, habiendo dudas razonables de que quienes nos «visitaran» sean amistosos ya que irán a lo suyo, caiga quien caiga. Sin embargo, se insiste en seguir con las mismas y me refiero a la posibilidad de atraer eventuales alienígenas y esperar que los mismos sean benévolos y pacíficos en lugar de destructores y beligerantes, dado que, sencillamente, se deja todo al azar y el azar está muy cerca del caos. Cada uno puede opinar del caos como más le guste pero ordenado y favorable precisamente no es.

Y en lo que nos afecta en el momento presente: el nivel tecnológico y científico progresa —*pero medido solamente en términos humanos*— a toda velocidad, situado ya en estos años de principios del siglo XXI. No había necesidad alguna de intentar anticipar eventuales visitas extraterrestres a nuestra casa y menos en un período que hoy casi parece primitivo, esto es, cuando se envió el primer mensaje en 1972. Sí, ya sé que es el anhelo de conseguir, más que aliados, amigos cósmicos por suponer que somos (y sobre todo, son) tan angelicales que nos darán muchas cosas y todas buenas: la *ciencia* que permita viajes espaciales que no requieran de años-luz (motores *warp* por ejemplo, como «usan» en ***Star Trek*** y que, dicho en el programa **SETI,** ya están en la agenda científica actual de nuestro Planeta), la *técnica* que permita un bienestar global en **la Tierra,** los medios para combatir nuestras enfermedades y no sé si también esperan una *droga* milagrosa para borrar de las conciencias humanas la necesidad y costumbre de hacernos daño (y mucho) entre nosotros mismos, tanto a nivel personal como social y global y multitud de *etcéteras.*

Yo no puedo prever que lo que venga, si es que viene, sea de una u otra clase pero entiendo que hay que ser más prudentes que arriesgados porque con una mala elección se arrastra los destinos de la humanidad entera, presente o futura, del medio ambiente y de la vida animal, incluso si el poderío científico de **EE. UU.** ciertamente lo hubiera obtenido, como se dice por ahí, de analizar pecios espaciales estrellados en **la Tierra** y de origen extraterrestre y que de su estudio provenga el empuje científico y técnico que lidera y los avances generalizados que registramos actualmente o, incluso, los que eventualmente oculten solo para sí mismos.

Mientras no me aseguren que los *asgards* (el nombre que en *SG1* dan a sus fantásticos aliados galácticos, calco casi exacto de los famosos hombrecitos verdes que supuestamente fueron recuperados y estudiados en el Área 51 y añado que también el planeta de **Thor** se llama Asgard en la película citada) ya a día de hoy son aliados de **la Tierra,** pues no me vale creer en bondades siderales advenidas. Y ni a mí ni al mundo se le ha comunicado tal cosa, *ergo*: no cuento con ello.

Queda muy evidente, en cambio, la parte negativa: que aparezcan zombies espaciales o arácnidos de tres pisos de altura que barran o esclavicen o avasallen la vida terrestre, especialmente la humana como mercancía masivamente disponible, por las razones que sean, incluidas las biológicas. Y lo digo con ironía, porque aunque fueran enanos, como si fueran fideos, pero dotados con una capacidad científico-técnica o robótica abrumadora y unos valores raciales o personales que consideren únicos, esto es «antes yo, luego yo y después yo» —*y de esto los humanos sabemos mucho*—, ese simple hecho bastaría para arrasar cualquier cosa, tanto más si la pretensión es invasora o conquistadora. Y ahí sí que iríamos sobre el trasero y cuesta abajo. Bastante más de lo que ya vamos habitualmente.

Lo cual no significa desarrollar más xenofobias (en este caso, espaciales o siderales), que ya hay bastantes y todas sobran, sino tomar decisiones globales en el sentido de estudiar con prudencia los movimientos que se hacen y considerar cuidadosamente nuestros actos por ahí, por el universo extremo. Además de prever las situaciones que podrían presentarse y cómo asumirlas. Y, claro, que nos informen.

Gracias, **Los Vengadores**, por hacerme pasar un buen rato y confirmarme aunque sea por puro espectáculo que la dicotomía bien/mal podría ser también la norma espacial; comprobar, aunque sea tan solo por una escenificación, cómo por grandes que nos consideremos, cuán pequeños somos y, aún más, qué poco sabemos del espacio inaprensible, su razón de existir, su por qué al iniciarse, su para qué al mantenerse, su hacia qué al desarrollarse, su **qué**, en resumidas cuentas.

Algo tan trascendental que si todos hoy (siete mil quinientos millones) tuviéramos la ocasión y voluntad de meditar en ello, tal vez podría intentarse cambiar las cosas, para bien y, en algún momento de alguna vida, asentar la situación pensando qué hacer si, finalmente, apareciera algún **Loki** trastornado buscando por dónde enredar.

Para acabar, me permito indicar que **Thor** como personaje también es usado mucho y de forma trascendental en la serie *SG1*, pero el diseño de ese personaje en la serie físicamente está muy lejos del rubio macizo que es Thor en sus películas y en *Los Vengadores*, dado que en la *SG1* resulta ser el jefe de los escuálidos hombrecitos verdes (en la serie son grises), también protectores —*relativos*— de **la Tierra** y altamente evolucionados. Vamos, que ya llama la atención tanta trama concluyente en determinadas cuestiones.

¿Valdrá más no pensar en ello, al menos para conservar un poco de moral esperanzada?

Décimo comentario: *Y muchas cosas raras en la historia del Planeta*

Pues sí, sigo en la misma línea porque las cadenas de TV parecen haberse puesto de acuerdo, por alguna razón que ignoro, en poner o repetir cada pocos días películas de superhéroes. Puede que se deba a que esté a punto de estreno alguna nueva filmación, cerca de aparecer en pantalla grande, y la prologan de ese modo, para abrir boca… La cuestión es que esta misma semana ya he visto dos de ellas y me refiero a televisión libre, no a la de pago. Una que, por el momento, no consigue sugerirme ningún comentario, ni siquiera algún análisis: se trata de **Los 4 Fantásticos**, película que se acoge a sistemas de creación de superhéroes recurriendo a algún modo extravagante para transformar humanos en entes con capacidades extremas y un tanto excéntricas. Tal vez lo que me falta sea el componente extraterrestre porque aquí los personajes, por muy evolucionados que sean, son totalmente terrícolas y el supervillano también y tan solo distingo que el papel de «la antorcha humana» lo interpreta, con pocos matices, el actor (**Chris Evans**) que, en otros films Marvel actuales, da vida al personaje de Steve Rogers (el Capitán América), donde lo asume con mayores variantes a partir de la introducción del personaje. De modo que al no conseguir algo más, salvo la impresión de que, más que viendo, estoy leyendo un cómic impreso (que, si quisiera hacerlo, me remitiría a la fuente) y, dado que no puedo desarrollar las posibles sugerencias de una historia filmada ni la evasión creativa del medio impreso, pues lo dejo aquí.

Pero la otra película a la que me voy a referir es, precisamente, *Capitán América, primer vengador* y podría considerarla igual, dado que —*no siendo de «categoría» extraterrestre, salvo en indicios parciales referidos a la tecnología*— me fallaría por lo mismo pero, sin embargo, no es así. Desde luego no tiene el «arrebato» futurista que es tan tremendamente atractivo en otros filmes de sagas situadas en períodos supuestamente más avanzados en el tiempo, pero aun así despierta mi interés.

Dirigida en 2011 por Joe Johnston, la historia es muy anecdótica y de trama forzada, entre otras cosas, con la aparición de un supervillano también creado por medios artificiales y con *flashbacks* del protagonista en la época de la **Alemania** nazi, país que, por otro lado, no tiene virtualidad en el discurrir del guion, salvo por alusiones (como la farra móvil del teatrillo que se monta al principio para pasear al superhéroe por distintos lugares del país y recaudar fondos para la guerra), lo cual no me parece ni bien ni mal, en lo que sirve de comparación entre el antes y el despúes de la actuación del protagonista. También aquí los personajes son todos terrestres, pero con componentes técnicos que ya sugieren un claro origen estelar, como la aparición y uso del «Teseracto», artefacto energético que formará parte importante en los films posteriores con guiones que sitúan la acción en grandes avances técnicos. No obstante creo que sirve como prólogo introductorio muy aceptable para las complicadas tramas que continuarán en otras películas y justificarán la reaparición de este personaje protagonista.

¿Pero qué me ha sugerido este guion? Pues cosas **muy humanas**: el papel (socialmente exagerado) del aspecto y dotación corporal de un hombre (como podría ser de una mujer) en el trato general que recibe, de modo que alguien de escasas medidas o poca capacidad física puede ser maltratado o despreciado, o constantemente interpelado por buena parte de sus conciudadanos mientras que otro, en este caso el mismo individuo pero modificado, «mejorado» y conformado con medidas ideales, gracias a la ingeniería biológica, ya está en situación de que se le otorgue respeto, buen trato y deferencia, sin importar demasiado en esa evaluación cuestiones como la inteligencia o los valores morales, por ejemplo, o incluso el bienestar y la voluntad del propio sujeto. Diferencias de trato entre humanos en las que hay excepciones en la vida real, claro, y como ejemplo me remito al más que merecido respeto generalizado que concita **Stephen Hawking**.

Igualmente, y ya lo hemos visto mucho en toda clase de films americanos, demuestra cómo se fuerzan las situaciones, a nivel oficial, para conseguir ventajas económicas y políticas, si es el caso, a costa de explotar a alguna figura movilizadora de masas, persona que no necesariamente se beneficia de esos recursos o, dicho de forma esperpéntica, una marioneta *útil*. Igualmente el hecho palpable del peligro que comportan los recursos económicos obtenidos, tanto a nivel político como personal, de hacer mal uso de ellos: no hace falta irse a una película de Marvel para comprobarlo, bastando con los episodios, de la vida misma, que

—*sin esfuerzo alguno de comprensión*— vemos día a día en el panorama político español.

Con sensibles diferencias, los norteamericanos, aunque no tengan un control directo de los recursos como ciudadanos y contribuyentes, suelen aparecer participativos en la pretensión de desarrollo en su país. No pretendo radicalizar esa tendencia pero la detecto en distintas ocasiones y contrasta con el hecho de que aquí, en cambio, se acepta con indiferencia «lo que hay», bien por fidelidad partidista o bien (en el «país de los tontos») porque los votantes se dejen convencer para elegir individuos que luego podrá parecer, en base a las muchas experiencias previas, que ya se adivinaba en el pulso de las campañas que o prometían sin intención de cumplir, o que pasaban del votante. No obstante, siguen determinados sectores (estoy generalizando) aceptando argumentos obsoletos, sin pasarlos por el tamiz del análisis actualizado, como si hubiera ya una herencia genética de las razones, los términos, los argumentos y los resultados tradicionales heredados de épocas anteriores, para continuar identificándose a ultranza, en su voto, con pasados controvertidos, por más que nuestro momento actual sea como es y nuestra situación concreta como la que soportamos, a fecha de hoy, con la ciudadanía actual y con los medios, por restringidos que podamos considerarlos, que tenemos. Más bien habría, sin indiferencia ni confrontación, que actuar en asuntos trascendentales con unidad, prudencia y análisis, no solo sobre la parcela propia sino impulsando el progreso, con la mirada puesta en el futuro de todo **el Planeta**, el pequeño y único lugar en el que vivimos y que no podemos destruir, degradar ni perder. Aunque es exactamente lo que hacemos.

Por lo demás, de interés marginal en la película señalar cómo, con la agilidad guionística característica de los americanos, se han introducido en ella datos que basan y conformarán en parte los guiones de las subsiguientes, como la mencionada aparición del artefacto alienígena llamado «Teseracto», y la introducción en este film de un personaje representando a un científico llamado Stark (padre) al que, con toda evidencia, entroncan con el Tony Stark (hijo) futuro (el Iron Man). También se sugiere, en los fotogramas finales, la evolucionada organización terrestre científico-técnico-política (Shield) que aparecerá en todo el hilo argumental de cintas posteriores, con la breve aparición del actor que asumirá la jefatura de esa institución en ellas.

Los cómics de Marvel son antiguos, más o menos a partir de los años 40 del siglo xx. Han resultado, como en otros casos, un filón para una colección de películas (como curiosidad, cameo: en todas ellas aparece en algún momento y de pasada —*como hacía Hitchcock en las suyas*— su productor y guionista Stan Lee) basadas en su catálogo original, beneficiándose las filmaciones actuales de los medios técnicos que les permiten creaciones espectaculares. Pero lo que me pregunto, y hablo en propio nombre, es por qué despiertan un interés tan intenso este tipo de historias *precisamente ahora*. Tal vez sea porque el poder del cine es así y su impacto tan poderoso pero... por qué tanto y por qué ahora. Por qué tantísimos filmes de temática alienígena, invasora o no, por qué tantos anticipadores de catastrofismos siderales o terrestres pero con base espacial (ya sean llamaradas solares reventadoras del sistema volcánico, paradas del núcleo de la Tierra, desplazamientos del eje y así muchos más). *¿Un aviso? ¿Una previsión? ¿Una alerta? ¿De quién, de dónde? ¿Para qué?*

Desde mi punto de vista, dados los conocimientos actuales de que gozamos, incluso a un nivel de pura afición, un importante porcentaje de la población y los recursos deberían decantarse hacia el empuje definitivo y global de la ciencia y la técnica de finalidad externa —*sin olvidar sus mecanismos de control*— pero encaminado específicamente hacia la ampliación del conocimiento de esa premisa imperativa para nosotros que es el **espacio:** bien sea para exploración, para conseguir materiales de necesidad básica, para estabilizar población futura, para conocimiento, para comprensión, para ampliar las mentes y el entorno, para entender mejor nuestro propio Planeta.

Y, muy especialmente, porque tal vez con ello —*de una vez por todas*— se consiga la unión definitiva de población y administración (personas, pueblos, regiones, países, continentes) con una finalidad exigente y común: dejar de estar estancados en recuerdos y preferencias que nublan la realidad, vivir esta época pero concluir que hay que evolucionar. **Para mejor. Y rápido.**

¡Viva Pangea!

Testimonial:
Somos niños en la naturaleza

Narración, sobre sucesos ordinarios, de cuando la vida aún era luminosa y abarcable…

EL PASEO de cualquier día

A pesar de que la finca de mi tío tenía una gran casa y un extenso terreno al pie de la Sierra, era mucho más divertido salir por los alrededores a buscar aventuras que quedarnos dentro, rodeados de los muchos tíos y primos que se reunían allí cada fin de semana y que solían ser muy ruidosos cuando, nada más llegar, empezaban a reparar, cortar, clavar, cocinar o trasladar cosas.

Mi primo **Mario** era mi predilecto: cuando nos encontrábamos éramos inseparables pero, lamentablemente, en la ciudad nuestros domicilios estaban muy lejos uno de otro, así que era aquel campo el que nos ofrecía las mejores oportunidades de estar juntos.

Aquella tarde había descargado una buena tormenta y, para gozar del fresco ambiente y de los muchos baches inundados en los que chapotear, ambos nos fuimos paseando y correteando, entre jaras y enebros, un buen trecho monte arriba. Cuando nos cansamos, nos detuvimos para meditar sesudamente qué más podíamos hacer.

No queríamos seguir trepando, por lo que decidimos descender de nuevo hacia el valle aunque, para llevar la contraria a la gravedad, acordamos caminar lo más despacio posible yendo cuesta abajo. La verdad es que estaba siendo una tarde bastante sosa.

Cuando enfilamos la base de la colina, llegando al llano —*donde debíamos incorporarnos a un camino de tierra poco transitado y muy bacheado*—, que tenía un pequeño talud a modo de cuneta, nos encontramos sumergidos en extensos campos de matojos y arbustos: eran muy densos, estupendos para atravesarlos simulando una pequeña selva a favor de la fronda pero la falta de visibilidad hacía que, al menor ruido procedente de matas y roquedales, saliéramos corriendo de nuevo hacia la senda, allanada para que sirviera como cortafuegos, mientras nos mirábamos con dubitativa alarma. No teníamos motivos para mostrarnos más valientes ni más osados.

Ya en el camino, vimos que se habían formado charcos discontinuos de agua de lluvia y, al pasar cerca, oímos un chapoteo. Para nosotros era aquel un ruido inconfundible, que no precisaba de más explicación y que nos hizo correr, salvando la escasa distancia, tratando de no tropezar. Luego recorrimos los últimos pasos con cautela.

—Mira, ranas, ¡qué rápido han aparecido!

—Hay varias.

—Son pequeñas.

—Claro, no llevarán aquí más de unas horas…

—Pero un renacuajo no ha tenido tiempo de transformarse.

—Estarían refugiadas por ahí, esperando la lluvia.

Algunas estaban en los bordes, seguramente buscando un poco de sol. Entonces dimos patadas en el suelo para ver cómo, con el ruido, las ranitas del exterior saltaban en el aire y se hundían en el lodo del fondo. Ellas creían haberse perdido de vista pero no era así: el hueco no era profundo y el barro estaba aún bastante duro, por lo que se quedaban solo medio sepultadas y su dorso era perfectamente reconocible bajo el agua.

Como no íbamos a cambiar la actitud de los animalillos, ni queríamos acosarlos ni cazarlos, corrimos hacia delante buscando otro bache con más restos de tormenta.

—Aquí no hay ninguna.

—A ver, espera, que voy a tirar una piedra

No, esta piscinilla aún no había sido colonizada y, dada la rapidez de evaporación en verano, poco tiempo más le duraría la humedad. La piedra arrojada había salpicado el agua en todas direcciones, removiendo el pastoso cieno.

—¿Habrán vuelto a salir las que hemos visto?

—No creo…

—Vamos a ver.

Retrocedimos, a pesar de saber que los animales eran lo bastante cautos como para aguardar a que los intrusos se aburrieran y se fueran. En efecto, seguían sumergidas.

—¿Nos quedamos a esperar que salgan?

—Pueden tardar un montón.

—Podemos cogerlas en el barro con la mano.

—Ya las hemos visto, ¿para qué queremos cazarlas?

—Las llevamos a casa.

—¿Para qué?

—Porque esta charca se va a secar.

—¿Y dónde las ponemos? No hay estanque.

—En la piscina.

—No nos dejarán.

—Bueno, pues en un cacharro con agua.

—Se escaparán. Es mejor dejarlas y mañana volvemos.

—Está bien.

Regresamos a la finca. Quedaba poco trecho para llegar hasta la casa y, cuando traspasamos la verde verja de la entrada, vimos que otros muchachos de la familia se apiñaban en torno al pozo, así que fuimos para allá donde **Pedro**, uno de los mayores, estaba apostado en el brocal, con una escopeta de aire comprimido. De esas que disparan balines de plomo.

—¿Qué hacéis? —les pregunté.

—Hay un sapo en el pozo.

¡También allí? Parecía imposible tanta casualidad *batracia* pero, seguramente, eran los milagros que obraba la humedad de la lluvia.

—Si todos hacéis ruido —dijo **Pedro**— no va a aparecer y no podré disparar.

—Pero —dijo mi primo **Mario**— ¿vas a matarlo?

—Claro, es un sapo.

—¿Y qué? —le opuse yo—, no te hace nada y a lo mejor es una rana.

—Y a mí qué. Voy a tirar igual.

—Pero ¿por qué matarlo?

—Para que no esté en el pozo.

—¿Es pequeño?

—No, grande como mi puño.

Lo cual no resultaba muy impresionante para una mano pero daba una medida muy apreciable para un sapo.

—No lo mates.

—Déjame en paz.

Otro de los chicos hizo ademán de empujarnos y hacernos callar, así que precisamente nos dio una idea bastante oportuna y empezamos a hablar sin parar.

—¿Y cómo se ha metido ahí?

—No lo sé.

—¿Cómo lo habéis descubierto?

—Al ir a sacar agua.

—¿Agua para qué?

—A ver si os calláis.

—¿En qué sitio estaba?

—Dentro… silencio ¡ya!

—¿Y no se escapó?

—Adónde, atontado, estamos a un metro sobre el agua.

—¿Disparaste?

—No tenía la escopeta en ese momento, metimos el cubo con la soga para atraparlo, pero se escapó hacia abajo.

—¿Y ahora vas a disparar?

—Que sí…

—Vas a emponzoñar el agua.

—No, cuando flote muerto lo sacaremos con el cubo.

—Has dicho que era un sapo…

—¿Y qué?

—Que habrá más.

—Bueno, ¡que da igual!

—No lo mates, déjalo.

—Hay que quitarlo de en medio.

—Si no molesta…

—Sí, a mí sí.

—¿Y por eso vas a matarlo?

—Sí, qué pasa. Así hago puntería.

El resto de los chicos empujaba, se hacía sitio y miraba por el brocal. Bien, semejante lío de movimientos no era la mejor garantía de que el saltarín se dejara ver.

—Haz puntería con un bote, no con un pobre bicho.

—Es mejor con el sapo, se escapa, es más emocionante.

—Mira —le dije— colgamos una lata de un árbol y yo la empujo para que se mueva, aún es un blanco más difícil.

—Que no, que me dejes.

—¿De verdad quieres matarlo?

—Que sí.

—¿Por qué no cazarlo y lo soltamos fuera de la finca en algún charco?

—Porque vivo no hay manera de atraparlo… ¡listillo!…

Un guirigay acompañó la afirmación del cazador, «eso, ¡listo!…» «No hay manera de pillarlo», «que da saltos, atontado», «a callar de una vez, pringao»… El escopetero nos miraba a nosotros y a los demás… pero siempre había alguno pendiente del asunto principal.

—¡Que sube… que sube!

Nos hubiera gustado, a **Mario** y a mí, conseguir contemplarlo antes de actuar para salvar su vida pero no había tiempo: nos miramos brevemente y empezamos a dar golpes con los puños en la abierta tapa de hierro verde del pozo que se puso a resonar como los truenos. La rana o el sapo nunca más fue visto: no murió de un balinazo porque mi primo mayor no tuvo tiempo de dispararle pero admito que pudo darle un infarto animal al ver a un tropel de gigantescos dinosaurios humanoides berreando, peleando y dando alaridos y golpes por encima de su cabezota.

Pero, en el fondo de nuestros sentimientos, esperamos, confiamos y supusimos que se ocultó muy hondo y, en la quietud de la noche, que pudo salir de allí buscando a sus iguales para vivir la precaria existencia que le fuera dado desarrollar en la cercanía de los peligros.

Y entonces, cuando los demás dejaron de insultarnos y empujarnos y el grupo se disolvió, nos retiramos hacia la casa.

—¿Adónde vas? —me preguntó el primo **Mario** al verme entrar al interior.

—A buscar un cubo.

—¿Para qué?

—¿Te fijaste lo sucia y escasa que estaba el agua del charco de las ranas?

Conseguimos dos cubos, los llenamos de agua limpia del pozo del sapo y tuvimos por un momento la vana esperanza de que el animal también apareciera nadando en uno de ellos, para su salvación. Pero no ocurrió de tal modo, así que salimos de nuevo de la finca, trastabillando con el peso e intentando que los otros no nos vieran y llegamos a la charca del camino, aliviados. Vertimos el agua cuidadosamente para rellenar con la inundación la lodosa piscinilla de las ranas, a un lado de la senda y regresar a continuación a la casa.

No sé por qué, pero jamás volvimos a verlas.

Claro, eran tiempos en los que no teníamos ni idea de que el plomo es un veneno lento y potente, por lo que me alegro de que —*hasta donde pueda saberlo*— los balines no llegaran a tocar el agua.

Décimo primer comentario:
Imprudentes... pero emotivos

Volviendo a las series «espaciales» me he permitido meditar un buen rato sobre el papel de las emociones o de los sentimientos en un mundo futuro. Lo cual, por lógica, resulta totalmente artificial porque no existe ahora. Pero existirá, si es que no nos cargamos el soporte vital del Planeta en algún momento cercano. Me ha servido para ello retornar al capítulo de *SG1* en el que los miembros del equipo trasladan —*como dije en el comentario cuarto anterior*— un ignoto problema extraterrestre a su base, al tomar una decisión apresurada por razones de respuesta emocional automática. Como un *Sentido y sensibilidad* exportado al cosmos.

Cuando el *SG1* trajo a **la Tierra** a la niña extraterrestre superviviente, actuaron como lo habrían hecho en la propia sociedad humana actual, o eso es lo que quiero creer, y, a pesar de la imprudencia de un acto reflejo no meditado, tomaron una decisión admirable y compasiva. Tanto más cuanto que, revisada la niña por los responsables médicos, resultaba no presentar muestras de enfermedad. Pero actuar así, sin tiempo para pensar, puede resultar también arriesgado, por sus potenciales consecuencias.

Esta parte de la acción filmada transcurre, idealmente, en las instalaciones subterráneas y secretas del comando terrestre, muchos pisos bajo la seguridad de la Montaña Cheyenne (Colorado, **EE. UU.**), lugar donde se hallaría la referida puerta de comunicación (*Star-gate*), los distintos equipos y todo el montaje de funcionamiento y seguridad. Por cierto, bajo esa Montaña Cheyenne y en la estricta realidad, se encontraba efectivamente una inmensa base norteamericana de defensa estratégica denominada NORAD. Y es precisamente su acceso exterior el que ha sido utilizado distintas veces por filmaciones de ficción y, muy concretamente, en la serie *SG1*.

El capítulo pasa, a continuación, a concentrarse en torno a las emociones humanas más que otra cosa. Dibuja la sucesiva identificación entre la capitán Samantha Carter y la niña, sobre la base plenamente terrestre de, primero, la compasión por un niño abandonado, lógica en este mundo —*aunque no se respete siempre como se debería*— y, segundo, la manifestación del instinto de protección maternal incluso en una mujer militar altamente adiestrada y científica de gran capacidad como se presenta a la capitán Carter. No se puede dudar del peso y validez de las emociones en las personas, claro.

Por conveniencias de la filmación, la niña resulta ser una viviente bomba-trampa, con supuesto alcance planetario, preparada sibilinamente por los *ghoauls* contra los humanos de **la Tierra,** y ya en marcha de forma imparable (por causa, o no, de la ingenuidad del equipo explorador) al ser descubierta. Solución: largar a la niña (¿eliminadas las emociones compasivas por exigencias de la supervivencia?) otra vez a su propio planeta; pero, al intentarlo, también descubren que si se acercan con ella, la puerta explosionaría. Nervios, apuros, aislamiento de la base y finalmente deciden internarla a toda prisa y crudamente en unas instalaciones nucleares apartadas y abandonadas, treinta pisos bajo tierra y que allí ocurra lo que ocurra, tras dejarla tirada en tal sitio. Nota añadida posteriormente a la redacción del comentario: ¿les suena actualmente la criminal manipulación mortal de la infancia en determinados ámbitos internacionales?

Es evidente también, a este respecto, que, aparte de las tensiones emocionales entre las personas implicadas, seguramente igual de peligroso es ir a los sitios a las bravas a conseguir ventajas, pasando de cualquier respeto ajeno, como ir de ingenuos salvadores para luego verse arrollados por los acontecimientos y tomar decisiones, como las aquí presentadas, que resultan demasiado crudas para cualquiera, ya que la otra opción hubiera sido abandonar a la niña cruelmente a su mala suerte donde la encontraron. El equipo, presionado por las muertes inexplicables, no se concedió tiempo para sopesar posibles situaciones y equilibrar riesgos pero, vamos, que opinar sobre cualquier tema desde un sillón doméstico también resulta muy fácil...

Resumiendo, convoy militar, traslado de la niña ya en cuenta atrás, pues por tantos milagros de los guiones han podido establecer la hora exacta del estallido y, para no alarmar a la pequeña, Carter la acompaña en el ascensor al fondo de la mina, treinta pisos por debajo, para dejarla allí tras una puerta blindada y cerrada. Sufren sus sentimientos pero tiene órdenes de volver al exterior antes de 4 minutos (plazo para la explosión) y se retira dejando a una niña inexpresiva allí sentada en un sector inhóspito y mortal. Y regresando a la superficie en el ascensor, en un impulso repentino, que cualquiera puede entender, puesto que todos podíamos haber actuado de un modo o de otro, regresa abajo con ella para acompañarla a morir en la jaula.

Claro, la bomba no estalla a su tiempo y, ya resolviendo la historia, nos enteramos de que se ha disgregado en el interior de la niña y que su cuerpo la reabsorbe. Ya no hay peligro. Se quedará acogida en este mundo y alguien la adoptará. En cuanto a la bomba disolviéndose por las buenas, cosa que resulta muy forzada y de difícil credibilidad pues… vale, en su momento era imposible extraérsela sin matarla (aunque luego iba a morirse igual), entiendo el conflicto del guion sobre cómo resolverlo con un buen final que, de cualquier modo, tenía que ser favorable, o ninguna simpatía íbamos a mantener con la serie si la niña fenece explotando allí confinada y el espectador representándose el lugar reventando con ella dentro… Había que mantener la serie libre de determinadas barbaridades, que con las que suelen cometer los *ghoauls*, en los episodios, ya son suficientes.

Este es el compendio del capítulo pero no es el objetivo del comentario. Es una serie de ficción con fuertes bases reales y los guiones pueden destacar o elegir aquellas cuestiones o actitudes que les parezcan oportunas de entre el discurrir cotidiano general. Pero ¿cómo elucidar la categoría humana en un colectivo estable? Pues equilibrando actitudes aunque a veces resulten contradictorias con la realidad ordinaria. Tal es el caso de estas series espaciales (tanto *ST* como *SG1*) que se ajustan a la aventura aleatoria pero en base a un componente inicial como es la actuación constante de personajes con carácter militar, en todo o en parte.

En **Star Trek** no se les presenta como soldados, aunque conservan una fuerte capacidad defensiva y, de ser preciso, ofensiva por entenderse que el paso de los siglos (situada la acción en el xxiv) ha modificado, por lógica, tanto denominación como organización, y actúan como unos exploradores fuertemente sujetos a legalidades férreas de respeto básico a la vida propia y espacial, por razones obvias: tienen armas tremendamente poderosas tanto en la nave como en manos del personal y se exige máxima responsabilidad en su uso; hay jerarquía, mandos definidos a la antigua usanza y también un sistema de órdenes y disciplina pero todo ello suavizado, educado, evolucionado, legitimado y perfeccionado hasta lo admirable, poniendo por delante que no representan a un país, ni a un planeta, sino a una federación planetaria, en la que el hombre convive con especies variadas de igual a igual. Al fin, el ser humano ¿habría trascendido ya a su egocentrismo? Tal vez, si tenemos en cuenta que ocurre en una época situada tres siglos adelante en el futuro… Quizá demasiado pocos para tanta evolución.

Siempre hay un riesgo temporal al establecer fechas futuras para las aventuras imaginadas, porque pueden quedar «cojas» cuando el calendario les alcanza y los medios científico-técnicos argumentados en la obra de ficción y/o plasmados en la consiguiente película siguen, en la fecha real, aún pendientes de ser logrados. Tal ocurre con una obra maestra indiscutible, como es *2001, una odisea espacial*, novela de **Arthur C. Clarke**. Evidentemente, en 2001 estábamos —*y aún estamos*— muy lejos de un viaje de tanta trascendencia, medios, fines y posibilidades, como el libro y la famosa película subsiguiente (dirigida por Stanley Kubrick, en 1968) anticipaban.

En cuanto a *SG1*, su organización, aunque considerada también exploratoria, es básicamente militar puesto que transcurre en la actualidad corriente de este mundo de irrenunciables organizaciones castrenses, si bien sus constantes salidas por la imaginada *puerta* nos amplían el horizonte hasta el infinito. Y lo es a la americana del norte, pues la serie es también canadiense además de estadounidense, así que, dado que ellos son los que filman, trabajan sobre lo que mejor conocen, que son ellos mismos. Y si presentan sus grandes ventajas técnicas, reales o ficticias, así como su capacidad de reacción y la eficacia de los medios de que disponen puede ser por simplificación de tareas o por otras razones asumidas por los guionistas.

Pero igual que presentan lo bueno de su sistema social, muchas veces presentan lo malo. Entiendo que la dignidad principal de la serie consiste en eso precisamente: que aunque aquí las cosas sean como son, y a pesar de la negatividad que, en ocasiones, comportan, tratan de confirmar que la humanidad tiene capacidad y ganas de trascenderlas y ampliar horizontes. Que el punto de partida de la serie sea una nación concreta (luego con socios internacionales) creo que es por lógica pues, aunque se trate de una ficción, el rodaje podrá estar facilitado por las fuentes de las que provengan el dinero, el guion, la instrumentación y los medios, como un mismo idioma de filmación, por ejemplo. No introduzcamos necesariamente razones politizadas para despreciar aquello que, venga de donde venga, nos ofrece una apertura infinita. Eso no implica que borremos la crítica, cuando convenga o cuando se elija. Pero, como esto es «creación», que sea por razones materiales y reales, no nacionalistas ni políticas.

A pesar de la complejidad de las sociedades terrestres actuales, muchos componentes de las anticipaciones son comunes por herencia o por evolución. Así que está claro que las fórmulas creativas, por más que la imaginación artística invente o anticipe, se gestan en un hoy de ahora mismo. Imposible saber cómo advendrán mañana. Pero las ideas abren camino por sí mismas.

Total, que se trata de un episodio de humanidad global, con sus luces y sus sombras, y muy especialmente dedicado a una actriz de esta serie (**Amanda Tapping** como la capitán Samantha Carter), que estará durante más de diez años participando siempre en ella y dotando a su interpretación de una credibilidad absoluta y de una dignidad muy apreciable para crear un interesante personaje, que ofrece un retrato ideal de una mujer militar con grado pero que es a la vez una solvente científica y quien precisamente aporta soluciones técnicas, en la ficción, con una importancia extrema y constante en el desarrollo habitual de la serie, además de no actuar de forma beligerante o agresiva ni perseguir presunciones o pretensiones personales. Y entiendo que la dobladora del personaje (al español, pero no conozco su nombre) le da el toque final de credibilidad a la actuación, como otros muchos actores de doblaje que realizan su trabajo de forma excelente e inmejorablemente adaptada, en general, a los diálogos.

Está claro que estas situaciones colectivas, basadas en la rutina humana actual, las entendemos, las compartimos y nos permiten participar personalmente, de algún modo, en ficciones culturales de todos los tipos, a nivel individual y colectivo. Mañana cualquiera sabe…

Pero hoy, es lo que tenemos, al menos referido al sector social. Y entiendo que no está nada mal, gracias al trabajo y al esfuerzo de algunos.

Ventajas que tenemos, gracias a los siglos —de luces y sombras— XX y XXI.

Décimo segundo comentario:
Todo mal resuelto o sin resolver

Volviendo atrás (comentario octavo anterior) vaya por delante señalar que, ya transcurrido **un mes** (treinta días de humareda repugnante, filtrándose por atmósfera, aire, edificios, viviendas, dotaciones… y sistema respiratorio de una considerable cantidad de gente), se **empiezan a retirar** los neumáticos quemados en El Quiñón y el menor sector sin quemar. Total, para llevarlos a otros sitios: **Castilla-La Mancha**, que empezó el traslado ligeramente antes (también es cierto que dos tercios de los neumáticos estaban en este su «territorio») que **Madrid** pues, para que se noten menos, los distribuye hacia algún sitio de **Guadalajara** y a algún otro de **Ciudad Real**, sectores, y hablo simplemente de memoria, en los cuales me parece a mí que, al menos en el primero de ellos, ya existe un establecimiento previo de carácter nuclear, de modo que parecería que se les tuviera más en concepto de sumideros útiles para desechos peligrosos que por lugares habitables con alguna seguridad y en cuanto a los que correspondían a la región de **Madrid**, pues a las consiguientes localidades de depósito, callada y finalmente…

(Introduzco aquí una nota que añado tras concluir la revisión final de este original, a finales de 2017: recomiendo leer el impresionante artículo publicado en **El Diario**.es en el aniversario del suceso, esto es, el 12-05-2017: «Preguntas y respuestas sobre el incendio del vertedero», firmado por Alicia Avilés Pozo. Es de una claridad y amplitud informativa impresionantes.)

… Así que no sé si habría que envidiar tiempos pasados, con situaciones más simples. Claro que no tendríamos las comodidades y ventajas de la industrialización salvaje, pero la amenaza química y atómica —*como hoy se entiende*— al menos no nos acosaría del modo que está sucediendo aquí y en otras partes y con el fatalismo de *a quien le toque le ha tocado*… Y no necesariamente es una afirmación de que cualquier tiempo pasado fue mejor, pues todos ellos han tenido lo suyo y algunos mucho de «lo suyo». Pero es que el progreso no debería consistir solo en el desarrollo técnico y científico y el ciudadano dejado a su suerte con las migajas de sus electrodomésticos y sus vehículos y considerando que debe darse por contento con tenerlos. Dado que precisamente él es el *contribuyente* que sufraga, con sus impuestos, su trabajo y su consumo, todo el desarrollismo actual que contemplamos. Y, además, sus comodidades también se las paga a su propia costa, no se las regala el sistema sino que es la estructura la que se beneficia de la persona, con los impuestos.

Y cuando las cosas vienen mal dadas, como en El Quiñón de **Seseña** (y valgan como recordatorio y ejemplo **Chernobil** y **Fukushima**), pues los perjuicios también recaen sobre el ciudadano: si tiene la malísima suerte de que el accidente le alcance más allá de una asistencia urgente y básica va a ver hipotecados su salud y su futuro, a su cuenta y sin su culpa. Y si no le afectara directamente, los perjuicios económicos enormes que supone la movilización de recursos técnicos y humanos para contener o resolver el problema enconado, cuando revienta, van a salir o, mejor dicho, ya han salido igualmente de nuestros bolsillos, los de todos. (Nota añadida y que introduzco en 2017, visto en la prensa: coste de lo actuado, 4.800.000 euros.)

Porque, claro, las deformidades y muertes que ocurrieron aquí en el pasado por causa del aceite de colza desnaturalizado, vendido como si fuera puro de oliva, ya parece que se han olvidado… totalmente. Y, con expresión de mi mayor respeto por las víctimas de ese suceso, sospecho que, una vez más, no hemos aprendido nada de los desastres sufridos.

Y tras ese largo prólogo, el eje del comentario: y aquí me planteo si habría que envidiar la divina ignorancia de generaciones anteriores respecto del propio mundo en que vivían. Hoy, sin embargo, solo puede mantenerse indiferente quien decida hacerlo, puesto que la información es global. Es frecuente ver en TV series o películas catastrofistas, que evocan, con mejor o peor fortuna, incluso a veces de modo impresionante, una importante cantidad de peligros potenciales respecto de los que la ciencia actual ha desvelado su existencia, desconocida en tiempos pasados. Desde centrales nucleares que revientan (y que en la realidad, ya lo han hecho) hasta conflictos bélicos de destrucción global (que no nos son ajenos), pasando largamente por volcanes dispuestos a explotar en cualquier momento (lo que también ha ocurrido ya), lanzando al aire cenizas asesinas que invadirían, en un caso extremo, la atmósfera mundial;

o por errantes meteoros espaciales que ya en tiempos pre-
humanos se estamparon contra **la Tierra** y que al parecer
volverán —*lógicamente serían otros similares*— a hacerlo y
ya hubo un pequeño aviso en tiempos presentes, cuando
una roca espacial estalló sobre el territorio de **Siberia** y pro-
dujo enormes daños… incluso sin impactar en el terreno.

Igualmente me limito a señalar —*sin comentarlo ahora*— el desequilibrio que produciría, o producirá, el cambio climático. Por si eso fuera poco, las naciones vuelven
a juguetear con armas atómicas ¡otra vez! La actividad humana está despoblando los océanos, como ya despobló (de
otras especies) los continentes. Enfermedades de las que no
sabíamos nada se extienden por cualquier sitio, al socaire
de los movimientos poblacionales individuales o masivos,
bien sean enfermedades nuevas (y se puede especular acerca de dónde habrán salido) y si es que son antiguas, por qué
se han desmandado como lo están haciendo. Y ello teniendo en cuenta que, si las pestes y los cóleras anteriores al
siglo xx se extendían con enorme rapidez, aun en tiempos
en que el transporte de personas y mercancías era muy lento, la propagación presente de cualquier plaga —*microbia-
na o simplemente vectorial mediante insectos*— es automática,
dada la velocidad y hábito viajero actuales. Además hemos
tenido ejemplos de brotes peligrosos en nuestro propio territorio que, por suerte, se han podido contener a tiempo y
repito que por suerte más que por técnica o capacidad instrumental. ¿Se ha tomado nota de la experiencia? En algún
momento se sabrá y, probablemente, será que no.

Y no olvidemos la amenaza autodestructiva: no solo
matamos animales, incluso hasta llevarlos a su total desaparición, sino que nos matamos entre nosotros de formas

variadas y en base a creencias diversas, evolucionadas o no, pero comúnmente beligerantes y que pueden llegar hasta la autoextinción.

Todo esto viene al caso de que, cualquiera que fuera su medida, son cuestiones que siempre han existido a la vez que la humanidad misma. Pero, divina ignorancia otra vez, no lo razonaban, no había base para la comparación. Así que vivían como les había tocado hacerlo, bien, mal o regular pero sin «comerse el coco» con potencias amenazadoras reales en el Universo. Ahora, hoy, eso no es posible. Para nuestro agobio, todas esas posibilidades de daños y destrucción se conocen (por quien quiera darse por enterado, claro) y nos colocan en una situación de eventualidad existencial: sin esperar a que algún *alien* descifre nuestros imprudentes mensajes, cualquier día un *súper volcán* nos cubrirá de cenizas o un *maremoto* se llevará media tierra por delante o un *meteorito* impactará en modo extinción. Claro que no sabemos cuándo, posiblemente nada o poco ocurrirá durante generaciones, pero… eso es precisamente: que no lo sabemos.

Aunque en eso consiste la evolución: en desarrollar el conocimiento, ya sea simple o complejo, de las cosas, su funcionamiento y posibilidades y su repercusión en el perfeccionamiento de la **ética** y la **justicia,** tanto como en la **ciencia** y la **técnica.**

Pero, actualmente, estas dos últimas, avanzan solas.

Décimo tercer comentario:
Actores que dan vida a personajes

Que paso a situar en el episodio 16 de *SG1* (disco 4) de la temporada 3. No lo menciono porque sea un guion que permita grandes disquisiciones sino por ser uno de los pocos —*que algunos hay*— cuya base de narración está impregnada de humor. Trata, en concreto, de que algún extraterrestre, en los paseos espaciales que el equipo humano se da por la galaxia una vez más, les implanta en el cerebro un pequeño mecanismo que, en principio, tan solo les hace comer más y con mayor gusto, sin calentarse mucho la cabeza por estar confinados en observación al volver a la base terrestre, en previsión de lo que el dispositivo haga en ellos. De todos modos resulta difícil de creer que, una vez descubierta la operación, la organización militar se limite a tener, a los cuatro, confinados pero juntos, con una vigilancia laxa y deambulando por la base. No me detengo mucho en esto sino que lo tomo como un ejemplo más de una supuesta candidez que se repite en la serie frente a situaciones u operaciones extraterrestres.

Lo cierto es que dicho mecanismo en el cerebro produce un completo holograma de un hombre vestido como en un medievo galáctico, fuerte (por no decir gordo), calvo, barbudo y muy simpático que interactúa con el equipo hasta cansarles. El implante resiste incluso un plan muy científico de Carter para desconectarlo mediante un pulso magnético (cosa que no logra), dando muestras una vez más del exquisito trato que la serie otorga al personaje femenino de esta militar, a la que presentan como poseedora de un enorme bagaje científico que es el que muchas veces les salva de peligros y problemas. El propio holograma extraterrestre, que se llama a sí mismo Urgo, rinde homenaje al personaje alabando la inteligencia de Carter en dos ocasiones sucesivas. Digamos que la, a mi parecer, excelente, contenida y a la vez trabajada y acoplada interpretación que **Amanda Tapping** hace de Carter la convierte en un personaje admirable que, desde mi punto de vista, sobrepasa al del especialista civil del grupo, interpretado por **Michael Shanks** (como el doctor Jackson que, con otro intérprete anterior, ya aparecía como personaje clave en la película singular), que es el otro científico puntero del equipo y que actúa como lingüista y comunicador. Este actor abandonó *SG1* en medio de la serie, supongo que buscando en películas independientes mayor protagonismo o mayores honorarios, hasta que un par de años después de irse regresó de nuevo a su personaje *SG1*, al que se incorporó en el mismo papel. Por algo sería.

Es preciso aludir de vez en cuando a la realidad que alienta la interpretación de personajes, aunque sea solo para recordarnos el mundo aquí y ahora y analizar la ficción, por anticipadora que sea, en su terreno de la imaginación. Volviendo al capítulo, me llamó la atención el hombre que interpretaba a Urgo porque me parecía conocido pero no podía situarlo. Eso me hizo volver a poner los créditos y supe por qué: era el patriarca de la saga fílmica de los **De-Luise,** el padre de otros tres actores (de California aunque de origen italiano) como son **Peter** (actor, director y productor en la propia saga *SG1*), que es el mayor de los hermanos, seguido de **Michael** (igualmente director y productor. Y actor en algún episodio en *SG1*), que es el mediano y el menor que es **David**, quien también interviene como intérprete en algunos capítulos de la serie. El padre citado (**Dom DeLuise,** Urgo en el capítulo) era humorista y se le nota en la interpretación. Visto lo cual, y no sabiendo gran cosa más sobre el actor referido, busqué información para conocer que había actuado en distintas películas, que no recuerdo, y que había fallecido hace pocos años.

Volviendo a la historia, cuando el extraterrestre-jefe del planeta exterior (que también y a la vez es **él** mismo en el holograma, pues lo diseñó a su imagen y semejanza) procede finalmente a extraer los implantes que había colocado en las cabezas del equipo, anulación que implicaría la desaparición total del personaje holográfico, atiende a los ruegos simpatizantes del *SG1* a favor de su «amigo holo» y, en lugar de destruir los mecanismos liquidando a Urgo, le da vida propia al terminarse el capítulo. De modo que el real y el ficticio se convierten en gemelos. Pero en la terrestre realidad, como todos, **Dom DeLuise** dejó la existencia individual aunque vivirá en sus personajes.

Realmente poco o nada más se puede decir del capítulo, salvo que, así me lo ha parecido, actúa como un *descanso* de la agitación habitual en los viajes del *SG1*, no trata de peligros o amenazas, aquieta a los personajes, los sitúa en la rutina de interiores, aun con un «espía» virtual al que solo ellos, que tienen el implante, pueden ver, en la base sin candados ni vigilancia militar extrema, con conversaciones de ocasión, comilonas golosas (Urgo es aficionado a ellas, provocando y recibiendo sensaciones a través de sus huéspedes, los cuatro miembros del equipo) y relacionándose con ellos mediante su figura intemporal, tranquila y sosegadamente, a pesar de lo cansino que les termina resultando, por charlatán. Y algo que se desarrolla tan bien, pues se resuelve igual de bien.

Si todo fuera tan fácil…

Testimonial: *De un futuro muy presente*

… de gobernados y gobernaciones, anticipando por si «la cosa» tuviera arreglo…

Ciudad suprema

La gente que pertenece a los sueños ignora todo fuera de su universo de brumas pues, creyendo ser los dueños de su vida, siguen sendas de insobornable programación que matizan sus autoconvencidas existencias **con fantasías intelectuales irreductibles**.

Bajo la cúpula, de color azul cobalto, que garantizaba la protección de la zona evitando las colisiones de la basura exterior y la llegada ordinaria de radiaciones múltiples, la población activa se desplazaba por las zonas marcadas, en dirección a sus muy dignos trabajos, gracias a los cuales obtenían las ventajas ciudadanas que, en cambio, estaban vedadas a los desocupados masivos, quienes tan solo obtenían «concesiones» consistentes en un mínimo vital.

Para evaluar los méritos y otorgar dádivas y prebendas, estaba la **Muy Alta Administración de los Recursos Disponibles**, dueña y gestora de cualquier elemento material, incluido el biológico. Los ocupados activos eran, de hecho, los mecanismos que permitían a la institución ordenar la distribución de lo existente para una sobrevivencia —*de mejor o peor fortuna*— sin importar mucho el eventual destino de cada particular. ¿Que en el camino hacia tu trabajo algún «marginal» te aplastaba con un bloque de granito sintético porque se le cruzaban los cables o por odio global? Pues el torque informativo enviaba la señal de cese a la respectiva oficina, se ponían en marcha los complejos mecanismos sustitutivos y alguien era promovido al puesto vacante.

Pero, claro, uno no quería renunciar a las prebendas y dulzuras del momento presente, así que tomaba todas las precauciones posibles para cumplir las preciosas y precisas obligaciones de modo puntual y sin riesgo para sí mismo.

Así de prudente se desplazaba Clamatz, un **revisor** (categoría media) de la **Oficina de Conclusiones Finales para Otorgamiento del Derecho de Establecimiento Ciudadano**. Tenía que cumplir su trabajo durante **dos** jornadas revisoras obligatorias y, para llegar a tiempo a su tarea, hubo de salir de su cómodo y seguro **barrio** y atravesar media **Ciudad**, dejando de gozar gloriosamente del *dulce hacer nada* de los dilatados momentos intermedios entre dos períodos de prestación obligatoria.

Pero, de hecho, no acudía espiritualmente bien preparado porque, para llegar hasta su sala de tareas, había tenido que recorrer infinidad de rutas de desviación y caminos complejos y larguísimos, obedeciendo las decisiones coyunturales de la **Alta Responsabilidad sectorial**, a quien competía designar para cada jornada las **vías alternativas evasoras** de peligros. Como Clamatz sabía que no podía retrasar el inicio de sus dos jornadas de trabajo al semestre, salía de su **inmueble** con otras trece de anticipación. Es verdad que se arriesgaba (si el recorrido resultaba eventualmente un camino fácil) a llegar prontísimo a la **Oficina**, incluso mucho antes de la fecha fijada, pero entonces desplegaría su campana protectora de alojamiento provisional para pasar en el exterior el tiempo restante hasta su fecha de entrada.

Como la longitud de las rutas le había exigido tanto tiempo y espacio que llegaba con apenas algunas horas de adelanto, ni se molestó en alojarse en la plaza. Su anticipación era harto precaria pero, como no se había retrasado, ¿por qué preocuparse por lo irreal?

Se acomodó contra el muro lateral. Vio las luces magenta que acuchillaban el cielo más allá de la cúpula como amenazantes accidentes abortados pero le sirvieron para que el tiempo le pasara en un suspiro. Su torque vibró anunciándole el momento de su ingreso y, como no tenía que empaquetar, se dirigió lentamente hacia las puertas, siguiendo a una multitud concentrada ante el portal de la **brigada** de inspección. Cuando entró en la cabina una luz rosada lo lamió inquisitivamente. Resultando de conformidad, franqueó la puerta interior y se trasladó dentro para pasar a manos de la **guardia**, cuyos miembros no dudaron en recorrer detenidamente su anatomía de forma manual. Obtenido el visto bueno de los agentes, pasó a la **conserjería** de comprobación, donde los apéndices de la máquina inquisidora se insertaron en los dos extremos del torque para que los circuitos electrónicos reconocieran su efectiva personalidad, grabada en los recovecos mecánicos del artefacto y, otorgada finalmente la luz blanca de autorización, pasó rápidamente por la definitiva puerta de acceso al interior del edificio oficial.

Situado ante el gran panel de distribución del personal, allí donde las luces codificadas indicaban «**Dirección Global de Acoplamiento Residencial**», insertó su ficha en la muesca lectora referente al «**Sector de Análisis de Datos Imperativos y Conformidades**» y, muy amablemente, la máquina lo reconoció como el importante gestor que era (¡al fin!) y relumbró tres veces en morado, arrancando miradas entre admirativas y pasmadas de la chusma oficinesca que le rodeaba en ese momento. A partir de entonces sí que pudo asumir su verdadera categoría, al dirigirse nada menos que al **elevador** de los **morados**. Una muestra de su importancia burocrática fue el hecho de que nadie más subiera con él.

Al llegar a su planta, se dirigió a la cuadrada sala de mediano tamaño entrecortada por cabinas individuales, en una de las cuales estaba su instrumento procesador, parpadeando en azul, a la espera de su trascendental **operador**, él mismo. Seguramente minutos antes habría abandonado ese preciso lugar otro importante **revisor**, de entre las plantillas laborales sucesivas, para iniciar su largo período de inactividad.

Se acopló en la máquina que, al sentirle, fijó el azul. Estaba preparada y él lo estaría de inmediato. Un disco negro brillante le esperaba en la bandeja de reparto. Solo la huella dactiloscópica de Clamatz iba a permitir que ese artilugio cobrara vida, cebando a los ávidos intestinos de la máquina.

La pantalla viró a verde y él empezó a introducir los datos básicos de su presencia:

Dado en **Ciudad Séptima**, en la jornada corriente del **Sesquicentenario de la Civilización Instituida (C.I.,** el destino la preserve y destruya a sus enemigos).

Procedió a continuación a ocuparse del afortunado sujeto que había conseguido recorrer los infinitos meandros de la burocracia de las «concesiones» hasta llegar a la superior y definitiva categorización de la **Oficina de Conclusiones Finales** que era, precisamente, la última etapa previa a la obtención de la residencia. Por eso Clamatz podía considerarse tan importante. Le competía introducir los datos referentes a imprescindibles análisis sucesivos efectuados en el solicitante de un hueco de residencia dentro de la **Ciudad**. Si los antecedentes previos del expediente que él tramitaba no eran de unánime conformidad, la máquina dictaría una inapelable denegación. Si resultaban conformes en todo, la misma otorgaría la autorización siempre que hubiera lugar físico para acogerlo porque si no, por muy unánimes que fueran los antecedentes, se quedaría sin conseguirlo por mucho tiempo más.

A él, en esos momentos previos, siempre se le sugería un cosquilleo de curiosidad y superioridad. Aún no sabía el resultado de la petición, ni lo conocería hasta el final. Así que hacía apuestas consigo mismo, en las que siempre ganaba ya fuera el resultado positivo o negativo. Lo definitorio desembocaría en lo definitivo.

1. Ficha vitalista del identificado por la **Máquina Sensora de Actividades somáticas:**

   Alfax Janox Ensatx, procedente de la zona exterior, al norte de los arrabales de la **Ciudad Séptima**, acogiéndose a los beneficios potenciales de la **Civilización Instituida** (C.I. e.d.p.d.s.e.), solicitó, 570 jornadas antes, de la **Oficina de Reparto** autorización para acceder a los terrenos de protección y asentamiento de la **Ciudad**, en **estatuto de acogimiento ciudadano**. Presentada la petición y abierto el expediente en el Registro de Postulantes Exteriores una vez exhibido su código de identificación vital, se incoa el presente expediente.

Clamatz no podía dejar de asombrarse de la perfección del sistema. Cada uno tenía su lugar y conocía su tarea. Y los «arrabaleros», quienes no tenían sitio ni objetivo, debían cumplir un torrente de requisitos para poder acceder a los peldaños más bajos de la escala ciudadana. Todo atado y fundamentado. Nadie tenía por qué inducirse a error ni alterar la perfecta rutina de quienes ya se encontraban institucionalmente encuadrados. Los postulantes del salvaje exterior podían acceder a la **Ciudad** cuando algún residente dejaba de existir y se producía un sitio vacante. Qué perfección, qué estatuto, qué orden. La **Ciudad** no hubiera podido resistir, de otro modo, un aluvión de hordas incívicas que buscaran indiscriminada acogida en su interior, pues, sin tareas que cumplir ni sitio para removerse, no habría recursos para su manutención, ni siquiera los ciudadanos podrían librarse de la escasez y la desocupación. Se estremeció ante un panorama tan dantesco. Y entre aquella perspectiva y la realidad estaban ellos, la **Administración** de control. No en vano él era tan importante. Y ya le empiezan a llegar los boletines de inspección de las oficinas previas cuya conformidad es imprescindible.

2. Ficha de conformidad de la **Oficina de Registro de Postulantes Exteriores de la C.I.** (e.d.p.d.s.e.): Sujeto compareciente: zn/607.2.730/B82ZB. Recibido y **COMPROBADO.**

Informe de la Oficina de Registro: Impreso el número de presentación, levantada acta conforme, así que se traslada para diagnóstico de la **Oficina de Chequeos Materiales.**

Clamatz intenta, cosa imposible, ponerse en lugar del postulante, sentir el orgullo de haber conseguido llegar a iniciar tan importantísimo expediente, intuye el anhelo y la prisa con que el sujeto ha adelantado, atropellado, agredido y apartado a tantos otros pretendientes, para poder acceder al pórtico de entrada a la insigne **Ciudad,** esto es, la ventanilla única. Donde, si pagan la suma tasada, pueden presentar solicitud.

3. **Oficina de Chequeos**, sujeto compareciente comprobado por trazas electrónicas no presenciales.

   Informe de la Oficina de Chequeos: En lo que respecta a su situación actual, se halla completo y en forma, por lo que se pasa a la **Oficina de Tests.**

   Clamatz cree percibir las crecientes posibilidades de quien ha conseguido una de las aprobaciones más difíciles y exigentes sobre su potencial físico, ya que hay que evitar la expansión de eventuales plagas o defectos. Qué previsión.

4. **Oficina de Tests:**

   Comprobado en los antecedentes del **Archivo de Desórdenes y Tumultos**, que no se encuentra incluida penalidad alguna del sujeto, por lo que se pasa a la **Oficina Genética.**

   El ilustre **revisor** intenta ampliar su primera intuición de ese sujeto poderoso, determinado y agresivo, dotado con la extremada astucia de alguien que ha conseguido no ser eliminado en su intento.

5. **Oficina Genética:** Sujeto registrado en base de acervo vital.

Informe: Dada su situación de sujeto completo y sin taras, debe pasarse a la **Oficina Policial.**

Al ir introduciendo los datos, ha apostado consigo mismo, al cincuenta por ciento de las posibilidades, sobre el resultado del presente procedimiento y ahora, a medio camino del expediente, ve cómo uno de los apostantes, digamos él mismo-izquierdo, adquiere ventaja sobre el otro, definámosle como él mismo-derecho. Pero el asunto aún no ha concluido.

6. **Oficina Policial:** Individuo convenientemente fichado.

   Se informa de conformidad, por haber pasado el sujeto toda su existencia en zona salvaje sin presentar taras funcionales. Remítase a la **Oficina Sanitaria.**

   Clamatz-izquierdo se destaca rotundamente sobre el derecho. Aún no es definitivo, pero los albores de la **ciudadanía** campean en la pantalla electrónica, qué apasionante.

7. **Oficina Sanitaria:** Sin antecedentes del individuo.

   Informado que no destaca haber sido recogido por los controles de plagas ni tratado por las brigadas de sevicias. Por tanto, pase a la **Oficina de Residentes.**

   Clamatz-derecho hace una exagerada reverencia ante el casi-ganador Clamatz-izquierdo, los juegos son así y unas veces se gana y otras se pierde, para quedar todo, finalmente, como estaba al inicio. Ventajosamente.

8. **Oficina de Residentes:** Según archivos actualizados, hay vacante,

   Por estar registrada la baja del que fue residente ciudadano nm 2468/572/3.3.2MN, por lo tanto existe un sitio disponible. Remitir a la **Oficina Distribuidora.**

Hecho. Prácticamente izquierdo ha ganado a derecho. Lo que se ha ganado, al ser nada, bien podrá esperar a la gloriosa finalización del presente expediente para ser cobrado, puesto que no habrá cosa material que obtener.

9. **Oficina Distribuidora**: Recibida candidatura.

Se le registra como aspirante a hueco de residencia, en situación de espera en la reserva de aspirantes de la rúa 22, avenida curva, barrio arcilloso, sector calcáreo del **Arroway Este,** del **Municipio 207** de **Ciudad Séptima de la C.I.** (e.d.p.d.s.e.), a resultas de la conformidad de la **Oficina de Apuestas.**

El adivinador-**revisor** se siente casi emocionado e inquieto. El asunto va a desembocar en su final muy, muy pronto. Son pocos los que llegan tan adelante en los análisis, debe de ser un ente de excelentes posibilidades.

10. **Oficina de Apuestas: Minuciosamente comprobado.**

Se confirma que el solicitante ha cumplido escrupulosamente su obligación como jugador crónico a la Lotería de la Aniquilación, habiendo conseguido ser perdedor positivo hasta el momento. Póngase el expediente a disposición de la **Oficina de Conclusiones.**

¡Casi finalizado! El **revisor** tiene derecho, en este punto, a pulsar el botón de interrupción para reposo estático. Su pantalla acoge amablemente su pausa, autorizándole mediante un parpadeo hipnótico. Clamatz hace un bloqueo mental e interioriza para buscar la verdad de su presencia, bucea por sus caminos neuronales, intentando quedarse en vacío durante los momentos en que dure su inactividad y aquietar totalmente su perturbado espíritu, según los dictados de la estabilidad estándar para **morados**. Pero, seguramente a causa del largo camino que hubo de recorrer para llegar, así como a su posterior intromisión personal al juguetear con el expediente, se encuentra alterado y no logra estabilizarse en gris evasivo. Líneas de colores se entrecruzan sin dejarle reposar, se encadenan, se retuercen, revocan sus intenciones y se burlan de él, agitándose como si el viento las acicalara… Y sin tiempo para más, suena la alarma de revulsión, su momento de pausa ha finalizado. Es muy dura la labor de un **revisor**, siempre al servicio del destino universal. Tan densa, tan trascendente. Tan positiva. Tan esperada. Tan oficial, tan obligatoria, tan esforzada. Vuelve a sus datos.

Están todos los **informes**, de conformidad. Las calificaciones del sujeto se hallan al corriente. No hay tacha en su historial, es óptimo, así que propone a la máquina el otorgamiento del beneficio solicitado, **la residencia interna.**
EN SU CONSECUENCIA, comprobados los extremos aportados por el sujeto en comparecencia en el **Registro,** remitido a la **Unidad Gestora** y previos los visados y aprobaciones requeridos, en la jornada de hoy, comuníquese a:
ALFAX JANOX ENSATX que, habiendo superado el período probatorio exigido por el Decreto computerizado n° 742.220/124 de la **Presidencia del Gabinete de Gestión de Habitación** de la **C.I.** (el destino la preserve y destruya a sus enemigos), completado por la Orden Automatizada de la **Secretaría de Meritaje** n° 1.260.739/0072/ AX424 punto alfa, sección tricóndita, desarrollada en las Resoluciones del **Servicio de Simplificación de ori-gentes** M-00464-AU, M-2452-LX, M-6574-PR y demás de pertinente y puntual aplicación, según se hallan recogidas en el

Baremo Resolucional Legitimado depositado en el **Archivo Automático Secreto del Gran Maestrazgo Colegial** de la **C.I.** (e.d.p.d.s.e.).

Vengo en considerar: Que alcanzada suficiente edad fisiológica legal en situación de normalidad somática, superados los períodos transcurridos en supervivencia arrabalera y rebusca en vertederos, sin lesiones orgánicas o funcionales.

Vengo en declarar: Que se decreta su liberación de la situación de salvajismo legal y se estima su pase a situación de vagante en el barrio que se otorga, quedando en situación de residencia ciudadana callejera.

Se extiende la presente comunicación para ser notificada al interesado, a través del **Registro de Exteriores**, en su provecho e inmediato derecho de utilización, con la enhorabuena del despacho 140 de la primera fase de la **Oficina de Comunicación de Solicitudes Aprobadas**, visada por la **Oficina de Registro de Aprobaciones,** recibida de la **Oficina de Mayorías de Existencia Comprobadas**, procedente de la **Sección de Minorías sobrepasadas**, compulsada por el **Servicio de Expectativas de Derechos Protegidos**, legalizada en el infolio correspondiente de la **Unidad de Control de la Subgobernación de Legitimidad de Asuntos**, a partir del certificado de comparecencia del sujeto, que encabeza el expediente. **SE CONCEDE:**

Ciudad Séptima, otorgante del derecho.

Sello de **Aprobado.** Sello de **Legitimado.**

Sello de **Duplicado.** Sello de **Registrado.**

Sello de **Archivado.** Sello de **Remitido.**

Sello de **Salida.** Sello de **Endose a cartería.**

Sello de **Entrega Fallida** con anotación: Desconocido.

Sello de **Entrada de Devoluciones.**

Está ya avanzada la segunda jornada de las tareas de Clamatz pero, cuando quiere introducir un segundo expediente, la máquina se lo impide. Algo obstaculiza el cierre del legajo anterior. Golpea el botón que pide a la máquina su definición:

Anotación maquinizada de la **Computadora de señales vitales identificatorias:**
El sujeto ha cesado hace 42 jornadas ordinarias, cuando estaba a la espera de resolución de su expediente y se mantenía aún en situación de supervivencia autónoma salvaje prorrogada, en el área del vertedero norte. Derivó demasiado su atención a la resolución del expediente y fue liquidado por una horda especializada en saquear expectativas.
    Impresión automática: **destrúyase la solicitud.**
    Sello del **supr.-sub.-revisor.**
    Visto bueno del **infradestructor.**
    Visado del **autopapelero.**

Anotación marginal del operador:
Deberían abstenerse los que sean incapaces de mantenerse en guardia hasta el final, solo sirven para sobrecargar la tramitación de las solicitudes. (La máquina da curso a la sugerencia, para su estudio por quien corresponda.)

Anotación reversa: «OTRO MENOS»
La máquina se cierra bruscamente. La pantalla se hace neutra y Clamatz se da cuenta de que ¡ya! ha agotado sus dos jornadas de trabajo. Es una verdadera lástima que hayan transcurrido tan deprisa, el maldito expediente le ha absorbido brutalmente su atención. Su brillante y trascendental

tarea ha desembocado prácticamente en **nada**. El expediente, el único que ha podido tramitar, se ha volatilizado, como si nunca hubiera existido. La **Oficina de Control** inscribirá las dos jornadas de Clamatz como trabajadas con un resultado **nulo**.

Recoge su impedimenta, sale al exterior plomizo, con descargas anaranjadas. Por una vez, más que pensar en su merecida recompensa de un puñado de jornadas inactivas, el largo camino que debe recorrer lo desalienta, maldito **Janox**, él es quien tiene la culpa de todo, chupador de jornadas ajenas…

Inicia desconfiadamente su camino de vuelta pendular. Ahora está aquí, luego estará allí… si las previsiones de la **Administración**, las rutas de desviación impuestas, los montones de desechos con que se encuentre, los trozos de edificios que se caen encima, las pandillas merodeadoras que asaltan o los ataques de los «marginales» saqueadores, no lo impiden.

Personalmente, no he sabido más del citado gestor actuante, aunque he aprendido con él mucho de la «eficacia» de la Administración… ¿futura?

Décimo cuarto comentario:
Lecturas de absurdos y malas suertes

Tenía amontonados unos cuantos periódicos pasados de fecha porque un pariente mío, obligado a viajar por trabajo, los lee en el tren y me los guarda para mi revisión posterior. Yo no suelo comprar prensa escrita, por inconcretos motivos propios (ya sea por no gastar dinero de forma sistemática; o por considerar que un periódico es muy denso pero solo me interesa parcialmente el contenido; o porque está confeccionado con pasta de papel y ya se sabe que todo o parte, procede de la madre naturaleza; o porque vivo muy lejos de los quioscos de prensa que los expenden, o por andar yo pendiente de asuntos más rutinarios… sin deberse a indiferencia alguna hacia los medios informativos por mi parte), quedando la razón sin determinar, que no importa en esta cuestión. Como la información general o local es de mi interés, por razones obvias, acepto lo que me prestan o regalan si alguien de mi entorno ha leído el suyo previamente en el lugar de trabajo o en cualquier sitio habitual. Y, claro, siempre está el apreciable recurso que ofrece la prensa digital.

Revisados los periódicos que cité al principio, he apartado dos noticias para comentarlas. Ambas vienen de

Andalucía y tanto una como otra ruedan por el sector de los juzgados y tribunales y, en los dos casos, me han impactado y por más de una razón. Empiezo situando la más luctuosa y me baso, en ambos casos, en el diario *El Mundo*, del 8 de junio de 2016, en edición de **Andalucía,** esta concretamente en **Sevilla,** información redactada por Chema Rodríguez. El suceso ocurrió en diciembre de 2013.

Se refiere a un matrimonio con dos hijas jóvenes. Según se desprende del artículo, era una de tantas familias que vivían prácticamente en la miseria y no ya simplemente en la pobreza. Habitaban en un piso que entiendo que había sido suyo pero que habían desalojado al serles embargado por el banco para, a continuación, ocuparlo de nuevo por algún sistema. Vaya con la *crisis* que ya solo parece un mal sueño… cuán realmente ha hundido, literalmente, a mucha gente en la más indignante carencia y, por su causa, han ocurrido desastres con graves consecuencias, sobre una considerable cantidad de personas, en este caso como en tantos otros.

Continúo, el padre recogía trastos y chatarra, que almacenaba en un baño sin uso de la casa hasta que podía darles salida cuando fuera posible. En una chatarrería donde él llevaba a vender «sus» restos recogidos por la calle le ofrecieron un lote y supongo, por simple adivinación, que pudo ser porque el negocio de los tapones de plástico ha venido a menos en todas partes debido al exceso de existencias, estando formado por 993 tapones que antes habían sido las tapas de botes de pesticidas e iban en sacos, inicialmente etiquetados como fumigantes, quizá como pago o como compensación por la chatarra. Bien es verdad que no sé, específicamente, cómo pensaba el interesado dar posterior salida económica a esta mercancía. Pero el hecho es que se los llevó a su casa y los dejó en el baño que usaba de almacén.

Una de las hijas entró, casualmente, a ese baño con un barreño con agua para limpiar unos zapatos y allí lo dejó depositado, yéndose a otras cosas. Al parecer esa misma noche de madrugada la familia avisa a urgencias por encontrarse enfermos con similares síntomas tres de ellos pero consideran los servicios sanitarios que les atienden en el domicilio que, por la sintomatología, se trata de una intoxicación alimentaria y no los ingresan, los dejan en la casa. Pronto por la mañana la familia les llama de nuevo con urgencia y cuando llegan los servicios médicos una de las hijas ha muerto, la otra está enferma y los padres están muy graves, los hospitalizan por la mañana y a las 5 y las 6, respectivamente, de esa misma tarde mueren ambos progenitores. Impresionante… Solo una de las hijas sobrevivió después de varios días hospitalizada y ello gracias a que volvió tarde a su casa aquella noche fatal, en la que había una razón para el desastre.

Y se aclara, cuando ya no hay remedio alguno, que, lejos de tratarse de una intoxicación alimentaria, los restos químicos pegados a los tapones que han sellado componentes tóxicos resultaron ser de un compuesto que reacciona con la humedad, a poca que sea (en el baño se encontraron los tapones almacenados cerca del barreño con agua y bastó la simple evaporación) y pasan a desprender un gas venenoso. De haberlos ingresado en la primera llamada tal vez se habrían salvado pero no fue así y dejo aquí la cuestión al criterio de quien quiera pensar en ello. Solo espero que los servicios médicos hayan aprendido algo de este episodio.

Porque respirar el veneno iba a matar a tres personas en pocas horas y tan cruda y malamente como hemos visto. Pensemos en la potencia de un producto químico, y había casi mil tapones con restos, capaz de reaccionar con escasas proporciones de humedad y filtrarse a continuación por una vivienda completa... Esto no es un suceso ocurrido por accidente, es una cadena de imprudencias absurdas no casuales, con base monetaria, como se verá. Y de las que los fallecidos fueron víctimas inocentes.

Continúo el comentario siguiendo la historia que diseña el artículo: esos residuos químicos disfrazados de simples plásticos, restos de su uso por una primera empresa, según parece sin responsabilidad en lo sucedido, eran retirados habitualmente por una segunda empresa para su tratamiento técnico como residuos peligrosos, lo que realizaba con un reenvío a otra industria distinta para el reciclado final especializado que correspondiera. Sin embargo, según el artículo, que sigue a su vez el desarrollo del juicio correspondiente, que se inició en 2014, unos empleados de esa segunda empresa, sustrayéndolos de la rutina de almacenamiento y traslado ordinario y reglamentado legalmente, vendieron los tapones a alguien de una tercera empresa (que no tenía especialidad en reciclado químico), que a su vez los revendió a una cuarta, que resultó ser la chatarrería donde el señor citado (y fallecido) vendía su mercancía. Por la causa que fuera, esta última —*que al parecer ignoraba todo acerca del vaivén habido con los tapones e, igualmente, su cualidad tóxica*— los ofreció a este señor particular, que los aceptó y los almacenó como se ha visto, sin saber, y sin tener por qué saberlo, pues ninguna persona común lo habría adivinado, los peligros que conllevaban, aumentados por haber sido desviados de su vía de reciclado especializada e impuesta legalmente a los productos peligrosos.

Pero estos tejemanejes de personas interpuestas desembocaron en la **triple muerte** y no en una cuarta porque de milagro se salvó una de las hijas, que respiró el veneno menos tiempo. A la otra hija se le acabó su futuro a los catorce años, tan mal como pronto, por razones, en plural, que nunca debieron existir pero que fueron provocadas por el interés irresponsable de algunos y por las demás circunstancias que rodearon el suceso. Y nada ya le devolverá la vida ni la compensará del sufrimiento previo a su muerte.

Podría extender el comentario acerca de los intervinientes en el desastre, encuadrándola en el continuado y extenso desinterés acerca de cualquier cosa que no sea de comprensión «muy básica», dado que en el presente caso obviaron, o ignoraron o realmente eran indiferentes, a las consecuencias. Si, como parece, los que desviaron los tapones a esta cadena de ventas subrepticias eran empleados de la segunda empresa, que se hacía cargo directamente cada año de las remesas «tóxicas» de la primera empresa, con el fin de destinarlos a un reciclado profesional, no se explica fácilmente que no supieran dichos empleados, por reiteración anual de las entregas, que se trataba de elementos sujetos a manipulación legalmente determinada y que esos chismes de plástico llevaban adherencias peligrosas. Cada cual es muy libre de pensar, a nivel personal, en los síes o los noes del asunto y de preguntarse cuánto porcentaje de riesgo anda cada día moviéndose libremente quién sabe dónde, quién sabe qué, quién sabe cuánto, quién sabe cuándo, ¿recuerdan los neumáticos ardiendo en El Quiñón?

Dado que el hecho humano diseña por sí mismo el desastre provocado, es otro el tema complementario que quiero señalar en el ámbito judicial: acusados (uno es acusado mientras el juicio está en trámite, solo será condenado o absuelto cuando el juicio finaliza) hay tres: dos de la segunda empresa y uno de la tercera, todos por actuar ilegalmente en materia de reciclado de materiales peligrosos y por el resultado luctuoso habido y, como el juicio a la fecha del artículo no había finalizado, solo sé lo que ha pedido el fiscal: **cuatro años de cárcel** para cada uno de los acusados.

Pero lo que quiero señalar claramente es que **la pena solicitada** (que la que se imponga rondará por lo mismo o menos o absolverá a alguno/s) es de **cuatro años.** Quédese aquí de momento.

Y paso a otra noticia del mismo día y del mismo periódico, igualmente de **Andalucía,** redactor Ramón Ramos, **Granada**:

El día anterior a este artículo entraba en prisión un muchacho de veinticuatro años, ciudadano estable y de vida rehabilitada con trabajo y pareja. Seis años antes lo detuvieron al pagar con tarjeta falsificada en un comercio por valor menor de 80 €, en connivencia al parecer con un amigo que se esfumó y lo dejó solo y «trincado». Pues bien, como suele ocurrir con la **justicia** española, han transcurrido nada menos que esos **seis** años antes de aplicar la resolución firme de condena y pena de cárcel, permitiendo con tal demora que el interesado que cometió aquel hecho rehiciera su vida, esa que ahora mismo se le ha destrozado enteramente, tanto por pérdida de su estabilidad actual, como por aquello que la cárcel le vaya a aportar, con qué profundidad y en qué dirección, cosa que dejo para que lo piense cada cual.

No, por supuesto tampoco se trata de tomar a chirigota actos ilegales. Pero **la pena**, que ya *es* firme, consiste también en **seis años de cárcel**: a cualquiera con un poco de lógica le parecerá —*como indica el abogado defensor*— una pena «desproporcionada». Pues sí, a mí también me lo parece aunque, claro, como siempre en muchos casos ya juzgados, todas las miradas se dirigen, esperando algún remedio, al Ministerio de Justicia del gobierno de turno, a ver si tiene o tendrá a bien un indulto o lo que sea. Pero hasta el momento citado de su ingreso voluntario en la prisión y no habiendo más datos positivos el hecho es que ha entrado en la cárcel.

Y ahora el comentario: veamos, dos juicios, en este último nadie ha muerto, el desfalco monetario es moderado, el delito cometido es lamentable por ser delito y por las implicaciones sociales que tiene, pero no se le puede adornar de muchas invectivas más. Bastará con que la pena sea razonable y con que se tenga en consideración —*lo que no parece haber ocurrido*— que durante bastantes de los últimos años ha sido un ciudadano cualquiera, sin más reiteración delictiva. Esto es, cometió un error importante pero ahí paró y no ha seguido encuadrándose en la vía antisocial.

Bueno, pues en este caso ya está sentenciado en resolución firme a **seis años de cárcel** por **falsificación de tarjeta de crédito** (que ni siquiera debió de confeccionarla él, aunque hubiera un grupo «cercano» con esa «especialidad»). Y entró en la cárcel el 7 de junio de 2016, el día anterior a la fecha del periódico. Ignoro si habrá en el futuro alguna novedad favorable. Pero así fue el resultado de su juicio y la prisión su consecuencia.

Y en el otro juicio, en estos momentos todavía en trámite, aunque en los juicios son de importancia trascendental las alegaciones y peticiones del fiscal, que es el de los **tapones tóxicos con resultado de muerte**, lo que se pide son **cuatro años de cárcel** para cada uno de los intervinientes en el desvío de material tóxico. Que, no lo olvidemos, han originado **la muerte de tres personas** y casi de una cuarta, que se ha quedado sin familia y a saber con qué secuelas.

A ver, que me asombro comparando: las acusaciones de **delito** de **homicidio** imprudente y **delito** contra el **medio ambiente**, se pagarán (posiblemente) con **cuatro años de cárcel,** para quien/es al final resulte/n culpables, y si habrá una posible indemnización económica a hijos, o no por insolvencia de los culpables. Y por un **fraude o estafa** con tarjeta clonada, de esos que se producen en distintas ocasiones, con una mínima pérdida crematística (80 €) se paga con **seis años de cárcel...**

Como que importa más en la culpa y por consiguiente en la pena que haya intervenido dinero **mediante un instrumento mercantil** (la tarjeta de crédito), que en el otro caso en que han habido **tres homicidios por imprudencia** y un **delito contra el medio ambiente** (sin importar que ahí la razón también fuera el dinero, pero fue de mano a mano, no estaba manejado por «medios financieros» blindados). Claro que cada uno de los dos casos ha sido «visto» por un juzgado diferente y, aunque sujetos todos al imperativo de la ley, cada tribunal es independiente en su ámbito y pueden resultar conclusiones distintas incluso en asuntos similares, que en los casos citados ni siquiera lo son.

Pero estremece pensar en qué protección y qué valor tiene la vida del ciudadano en su simple entorno existencial de cada día, dejado al soplo de la casualidad que le toque. ¿Es que somos mercancía barata?

Y quede entendido que no pretendo considerar si es más «justa» una que otra, ni mucho menos defender que hubieran debido ser mayores o menores. Ni se trata de arremeter contra nadie, culpable o no y llevando o no su conciencia a cuestas, sino de lamentar una apreciable disparidad en los resultados legales, comparados entre sí los hechos ocurridos en ambos casos, que desconcierta a cualquiera. Lo evidente es que no hay manera de que seamos lógicos. No podemos serlo nosotros, ciudadanos del común, cuando casi cualquier cosa oficial, a nuestro alrededor, adolece aparentemente de falta de lógica. Si no hay lecciones claras, no hay aprendizaje. Si las lecciones son caóticas, tampoco sirven de algo. Si las lecciones son decepcionantes, no queremos aprenderlas...

*Claro, sí, son cuestiones forenses que atañen, administran y expenden peritos en materias jurídicas, pero... venga ya, a ver cuándo **el sentido común** deja de ser **el menos común de los sentidos.***

Décimo quinto comentario:
Tras una parada «técnica»

Tras varios meses de interrupción de estos comentarios, justamente coincidente con el torbellino político hispano (con el cual nada tengo que ver, vaya esto por delante) de fin del 2016 y principios del 2017 y quizá producida precisamente, en lo que a mí se refiere, por la decepción, la desconfianza y, por qué no, el cabreo originado por escuchar, cuando no ver, día tras día, la rebatiña desastrosa e impresentable entre las gentes que se enfrentan por el poder político dando la impresión de que, mucho menos (quizá nada) interesados en la gobernación del territorio (ya ni menciono la posibilidad de hacerlo progresar por poco que fuera), andan intentando imponer sus *personalísimas personas personales* incluso a sus propias ideologías, si es que las tienen, mientras que «por ahí anda», a la espera del resultado, un país descolgado de su época, mordido por poderes y economías foráneas, amenazado de apetencias territoriales extranjeras, asaeteado por el paro y oscurecido por la indiferencia de la población. Y en el que, una vez más, me temo que los ganadores se verán tentados hacia las ventajas personales a costa del pagano de turno, siempre el ciudadano del común, que para lo demás parece no exigirles mayor interés. Otra cuestión sería preguntarse si sabemos merecerlo…

Dicho lo cual, por ser explicada la parada «técnica» de algún modo, retorno a las líneas mientras veo esfumarse el segundo año de estos comentarios. En este largo ínterin informativo decepcionante, dado lo básico de mi televisión limitada a la básica TDT, he vuelto con más empeño al visionado voluntario y quizá porque cualquier tiempo pasado fue mejor, he regresado a las cintas de vídeo, las antiguas *cassettes* que aún conservo, dado que, por suerte para mí, aún dispongo de un aparato VHS en buenas condiciones. Y alternando, claro, con los DVD y similares más actuales.

De entre ese discurrir seleccioné dos películas que me han interesado especialmente, quizá por lo mismo de siempre o tal vez por alguna otra razón que no he definido, tal vez por escapar lo más lejos posible de los debates audiovisuales y olvidar su regusto a política desastrosa. Ambas cintas con argumentos diferentes pero en la misma dirección y, curiosamente, del mismo año. Se trata de **Planeta Rojo** (*Red Planet*, del año 2000, dirigida por el sudafricano Antony Hoffman) y **Misión a Marte** (*Mission to Mars*, del mismo año y dirigida por Brian de Palma), inútil añadir más datos sobre su objetivo de desarrollo porque los títulos lo expresan por sí mismos. La primera de ellas es cinta VHS y el segundo DVD. A efectos de visionado, *Planeta Rojo* se me aparece, en efecto, tremendamente rojo para pasar luego a una agobiante oscuridad nocturna durante buena parte de la filmación, lo que efectivamente subraya lo opresivo de la situación narrada. En este tema de la iluminación en ambas películas, *Misión a Marte*, en cambio, transcurre con luz, tanta que termina incluso siendo excesiva en la parte final de la acción.

Me voy a referir a las presentaciones publicitarias, en este caso en ambas carátulas: *Planeta Rojo* se presenta como «el mejor thriller de ciencia ficción desde *Matrix*». Evidentemente son muy dueños de poner en sus productos lo que quieran o lo que pretendan o lo que el diseñador, entendido o no, haya decidido pero… para mí, ambos films son dos producciones paralelas que no se tocan por ningún lado y además reconozco que *Matrix* es una película que se me hace francamente insoportable y cuyo «martilleo» electrónico no me permite sacar conclusiones viables o efectivas, repito que se trata exclusivamente de mi opinión. Volviendo al comentario, añado otras frases de la carátula: «Ni un sonido. Ni una advertencia. No hay escape. No están solos». Bueno, pues «sí, sí, sí y sí», pues hay sonido, hay advertencias, malamente pero hay escape y están solos porque no hay más humanos que los que «aterrizan». En cuanto a *Misión a Marte*, la definición publicista: «Buscamos en el planeta equivocado», frase que admite distintas interpretaciones pero que, en mi opinión, en esa película de equivocado el planeta del que hablamos, nada de nada. Entre otras razones, porque no tenemos otro que esté más cerca… y que idealmente pueda ser colonizado, si fuera el caso, que de eso se trata aun sin que sepamos si tal cosa será posible alguna vez y, de llegar al mismo, si tal planeta será adecuado, teniendo en cuenta que es pequeño, desértico, lejano, frío y sin atmósfera…

Intentaré indicar lo menos posible del discurrir de los respectivos guiones, salvo en lo que convenga al comentario. Destaco, claro, que ambos se refieren a lo mismo como finalidad última, buscar la posible adaptación física del planeta «vecino» para descargar **la Tierra** digamos de lo que le sobra, esto es, gente. Cuestión que debería ser —*pero que no es*— de rabiosa actualidad y que no está informado públicamente en cuanto a su situación actual en nuestra sociedad corriente (como casi todo en este mundo terreno, decepcionante y casi abandonado a su suerte), puesto que no parece encontrarse en una planificación ni previsión demasiado avanzadas. Ya, es cierto que para llegar con las técnicas disponibles al planeta anhelado y ver lo que resulta se necesitan meses (hablo de memoria, pero entre seis y doce meses) y otros tantos para volver (vueltas harto dudosas aunque las películas, claro, casi siempre salven la vida y el regreso del protagonista *in extremis*), y se me hace poco creíble que la tecnología espacial no haya podido progresar hasta lo preciso, dado el tiempo transcurrido desde las primeras salidas al espacio y el espectacular salto técnico habido en tantas otras cosas. Razones habrá, por ocultas o dudosas que sean.

A tenor de lo cual, y de lo que se ve en estas filmaciones o cualesquiera otras con una cierta lógica espacial, está claro que el punto flaco es, como siempre, la persona humana. Por una mezcla de fragilidad corporal, de inestabilidad mental, de enfrentamiento grupal que queda patente por el hecho, que parece inevitable y no sé por qué, de que todos los artilugios espaciales deban llevar tripulación humana y que luego, por accidente, por perversión, por error, por empecinamiento o por lo que sea, las misiones se complican y los navegantes humanos mueren y, sí, solos y en circunstancias extremas y tortuosas.

Y aquí derivo a otras consideraciones: en **Marte** posiblemente —*que sepamos*— se han realizado ya las más numerosas de las prospecciones artificiales, lo cual expresa que sí que existe la preocupación o, al menos, la percepción de que en nuestro superpoblado *planetilla* alguien quiere irse de aquí antes de que *¡Hagan sitio, hagan sitio!*, título en español de una novela SF de 1966 (*Make room!*, *Make room!*), de **Harry Harrison**.

Basada en esta obra, con algunas variantes de contenido y distinto final, se realizó una película (en 1973, dirigida por Richard Fleischer) que, en pantallas españolas, tenía el título de *Cuando el destino nos alcance*, siendo el original en inglés **Soylent Green**. Cuando pude verla, ya hace bastante tiempo, se convirtió en una de las historias filmadas que más me han impresionado en mi vida al diseñar una sociedad futura fracturada y manejada por élites degradadas sobre una masa poblacional explosiva y maltratada, en la máxima pobreza universal y falta de todos los servicios en un entorno con recursos tasados y casi por completo agotados, sin posible solución.

De darse casos así, generalizando, los que escaparán a tiempo de la catástrofe o destrucción lo harán según los requisitos que se contemplan en un film catastrofista meridianamente claro en cuanto a quiénes y cómo se salvarían yéndose, llamado simplemente *2012* (dirigido en 2009 por Roland Emmerich, que también había realizado en 2004 *El día de mañana*), esto es, que serán quienes dispongan de grandísimos medios económicos para el pasaje espacial (en la película no es precisamente espacial pero sí muy similar) donde, además de los adinerados citados, irían, gratis y principalmente, toda o gran parte de la montonera de gobernantes, políticos y gentío conectado a los mismos, que son precisamente los mismos que **no** habrían sabido o querido preservar la seguridad de la mayoría de la población. Es decir, como que es precisamente el capitán el que no se hunde con el barco… En cambio en la impresionante *Deep Impact* (film de 1998, dirigido por la realizadora Mimi Leder, que también dirigió, entre otros, *El patriota* y temporadas de series TV, como *Urgencias*) en la huida hacia la salvación se organiza, a nivel institucional, al menos un sistema gratuito y en teoría justo, mediante una «lotería» de ordenador que saca, al azar, 800.000 ciudadanos (menores de 50 años) que consiguen el pase al refugio (en **USA**, pues cada país arbitra sus propios medios), añadidos a 200.000 que, ahí sí, engloban a políticos, científicos y gente de otros sectores públicos.

En consecuencia, los demás, muchos millones de personas, se quedan aquí a su terrible suerte y, como otros films consideran con una conclusión de pura lógica, para que la catástrofe los mate o, de salvarse, ir involucionando a la barbarie tribal como ocurre en los episodios de **Mad Max** (*Mad Max: Fury Road*, dirigida por George Miller en 1979) y en distintos filmes que contemplan el desplome de la civilización y el retorno a un estado puramente salvaje para después irse muriendo, ir siendo matados o tirar *p'alante* en una vida asquerosa, mientras dure. Como mucho, y si dudosamente un sector de gente pudiera sobrevivir, repetir la jugada evolutiva en círculo: población salvaje y luego, con el impulso de crueles tiranías varias, tribalismo, feudalismo, maquinismo, tecnicismo, catástrofe y vuelta a empezar, si es que llegan a conseguirlo en tales circunstancias, pues entretanto la población residual no habrá dejado de pelear y reproducirse, en medio de condiciones crueles y espantosas, y seguirían trayendo, caóticamente, hijos a ese mundo destrozado, como refleja la apabullante **La carretera** (*The road*, dirigida en 2009 por John Hillcoat), merecedora, por contenido y recreación humana y del entorno, no de uno, sino de muchos comentarios.

Como otra cuestión a tratar, en las dos películas marcianas a que me he referido, ya puede discernirse la importancia de los medios tecnológicos de alto desarrollo, básicamente ordenadores imponentes que, claro está, fallan dramáticamente por accidentes espaciales originados, cómo no, por erupciones solares o similares. En estas situaciones exploratorias extremas me llama la atención que actúen con muy básicos apoyos de la robótica. En *Planeta Rojo* se utiliza un robot militar, pero teóricamente desconectadas sus aptitudes bélicas. Se llama *Amee* y, naturalmente, se descontrola y recupera sus habilidades cruentas y busca matar a la tripulación de campo (todos menos la comandante de la nave, que se quedó en órbita), sin referirme más a la narración subsiguiente. Sino al hecho de que me sorprende que, dadas las dificultades previsiblemente casi insalvables de la exploración espacial de largo alcance, solo se esté haciendo uso, en la agenda real actual, de pequeños robots rodantes de superficie cuyo alcance y capacidad es relativamente limitada o que, simplemente, pueden obviar en la investigación cuestiones importantes. Y que no desarrollen, por el contrario, robots o androides (que seguro que ya existen en los comandos científico/técnico/militares, de alguno o de muchos modos) de alcance superior al humano, esto es capaces de hacer —*y mejor*— lo que las personas harían *in situ* y que deberían ser imprescindibles en la primera o primeras navegaciones a **Marte**, excluyendo del viaje a los tripulantes humanos, por su propia seguridad y por la del objetivo a conseguir. Dejando a las personas para desplazarse cuando el futuro, el viaje y, especialmente, el entorno ambiental resultaran menos hostiles, si es que tal cosa se consigue alguna vez.

Porque es perfectamente creíble que de enviarse, de primeras, las tripulaciones humanas a tan larga distancia, no diré ya los fracasos pero las pérdidas pueden ser extremas y, seguramente, los logros ínfimos. La verdad, no sé qué empeño en mandar gente al espacio, al nivel de tecnología que aparenta ser el actual. Sí, ya sé lo de que fueron a **la Luna** (si es que fueron) y lo de que, al menos, se han enviado tripulaciones a pasearse por ahí fuera en cohetes, aventuras todas «por aquí cerca» y, aun así, con pérdida de vidas de tripulantes adiestrados. Vale, como en los «paseos» no creo que solo pretendieran recoger piedrecitas espaciales de recuerdo, quizá haya sido (manía de poner en riesgo a otros humanos, aunque sean «voluntarios») para aprender cosas respecto a anatomías y fisiologías, aunque para eso ya está la Estación Espacial Internacional, (y no puedo evitar sonreír recordando su tratamiento jocoso en la televisiva *The Big Bang Theory,* una serie excepcional, a mi parecer) y el impacto de las radiaciones en los cuerpecitos serranos de los humanos paseados.

Pero de eso, a meter a unos cuantos en una nave presurizada y lanzarlos, abandonados a su suerte, como no puede ser de otro modo dada la entidad del objetivo, al vacío en soledad durante meses y meses para llegar a un sitio inapropiado para la vida terrestre, hoy por hoy desconocido en profundidad y aún contando con una intensa y extensa preparación previa que habrá sido únicamente tecnológica y realizada sobre los «jardines» de casa… pues me pregunto por qué me ha de parecer ni bien ni mal, dado que no me compete decisión alguna en el asunto, y voluntarios habrá, claro que sí.

Y francamente, no me hubiera importado ser uno de ellos…

De modo que, en este asunto, como en el del asteroide del último día, ojalá se dedicaran para resolverlo medios intensivos, detrayéndolos de guerras y políticas activas actuales e invirtiéndolos dignamente en el futuro, tanto para solventar la densidad poblacional incesante como para resolver las múltiples miserias, crueldades, indignidades, injusticias y privaciones de la humanidad actual.

Décimo sexto comentario:
Por casualidad, más de lo mismo

Pues sí que se trata de una casualidad pero, el mismo día que escribí el comentario anterior, me encuentro en la televisión por TDT la película **Transformers, el lado oculto de la Luna**, dirigida en 2011 por Michael Bay. Cuando tuve ocasión de ver la primera película de esta serie, la inicial (del 2007, dirigida también por Michael Bay), me pareció un divertimento entretenido y que se basa en unos juguetes previamente así llamados. No me aportó nada especial y, de hecho, me he olvidado de todo lo que ocurría, salvo que un montón de coches y camiones se transformaba, gracias a los efectos especiales, en unos robots informes, enormes y poco atractivos y punto. También vista antes, la de la Luna, me ha quedado tan poco poso que francamente no recuerdo nada, salvo reconocer al joven «prota» y a los trastos transformados. No he visto otros filmes de la saga y de título con coletilla como son *La venganza...*, de 2009 ni *La extinción...*, de *2014*.

Sin embargo, no he podido evitar que —*como en un déjà vu*— la película que acabo de ver, estando ya iniciado el 2017, me haya remitido directamente a lo que antes había meditado al escribir sobre las eventuales idas a otro planeta. Por complicada y buena —*si es que lo es*— que aparezca la maniobrabilidad de tanta electrónica animada, por solo esta causa no me habría decidido a iniciar otro comentario, ni quizá a ver la filmación si hubiera encontrado otro programa más atractivo (pero ¡oh!, no había nada de mi interés en programaciones para otra tarde de atención televisiva a debates políticos agotadores y decepcionantes), así que la he visto casi entera y, aunque cansina y difícil de seguir en las interminables peleas de gigantescos robots mezclados unos con otros, es una muestra más de que la idea de la fragilidad y el riesgo de esta Tierra está en la mente de algunos.

Demuestra la convicción evidente de que los robots llegarán a estar entre nosotros a nivel socializado, como ya drásticamente se trató en el film **Yo, Robot,** dirigido por Alex Proyas en 2004 e indirectamente basado en la literatura robótica de **Asimov.** En la película *Transformers*, resultan ser robots concienciados, esto es, tienen pensamiento, elección y creencias además de relativa libertad, al no ser considerados una creación humana (que no lo son, ni sé si alguien se pregunta cómo llegaron a ser creados) sino que se trata de unos alienígenas aceptados porque de hecho vinieron y se quedaron, los «buenos» luchando e impidiendo una primera invasión de los robots «malos», al ganarse una alianza y establecerse una amistad.

Por otro lado, el film de la Luna recrea o sugiere la idea de que el mal no se puede destruir de modo definitivo o que no se destruyó en su momento de forma eficaz. El caso es que los decepticons (creo que se escribe así y que esos son los «malos») vuelven a aparecer de una forma por ellos mismos subrepticiamente preparada, elaborada y puesta en marcha con —¡cómo no!— la complicidad malvada de determinadas corporaciones terrestres y humanos coadyuvantes que consideran encontrar su futuro y su fortuna sirviendo a los invasores que representan el mal. Vamos, como la vida misma sin necesitar de máquinas liándolo más. En resumen, alianza entre conspiradores humanos e invasores alienígenas robóticos contra la buena gente de **la Tierra**. Lo de buena gente es por decir, que de todo hay, pero lo importante es que todo eso se dispara contra una humanidad desapercibida ante el peligro y que, cuando lo detecta, solo sabe correr mientras la destruyen, por supuesto con unas autoridades gubernamentales de las que, y eso amablemente, se puede decir que son «cortitas».

Luego ya los héroes individuales de turno, en este caso humanos, no superhéroes, con la ayuda de la robótica «buena» y de los modos más increíbles, salvan al mundo. Entiendo el porqué de que siempre nos libremos de la destrucción total en mínimos pero, si se filmara de un modo lógico, al menos el cincuenta por ciento de las producciones catastrofistas, en una pura evaluación, deberían terminar sumiendo a la humanidad, o a sus sectores afectados, en la destrucción total o parcial que la película hubiera anunciado. Sí, ya, a mí tampoco me gustaría como espectador pero me pregunto, como persona, si no sería mejor avisar con ello de que las cosas puedan torcerse y mucho y que aquellos que tengan capacidad para asumirlo entiendan que situaciones parecidas puedan ocurrir y se pregunten, al menos como anticipación, por la situación global, nacional y personal si el caso se diera y no confiar en milagrosas soluciones, que además seguramente no existen.

Ahora trato de referirme de nuevo a la necesidad de existencia y consistencia de los robots símil-humanos, bien por su apariencia o bien por su capacidad de actuación, probablemente mayor que la nuestra, pero considerando su uso solo para misiones de exploración espacial y rescate extremo, cuestiones que en ambos casos salvarían vidas que de otro modo previsiblemente se perderían y además de forma trágica y cruenta. No por ello me opongo (y si lo hiciera, daría igual) a la robótica como tal en sentido amplio, todos sabemos que actualmente las fábricas, no ya en las grandes empresas sino incluso en las industrias locales, usan importantes despliegues de herramientas electrónicas para agilizar la producción (y necesitar, cómo no, la menor mano de obra humana posible) y muchas mentes piensan ya que el robot limpiador autónomo y doméstico se pueda convertir en la doncellita animada y servil que sustituya, y evite el pago por horas, al empleado/a actual humano/a de forma total.

La referencia creativa a entes artificiales actuando de forma habitual en un mundo humano, a los niveles que actualmente se contemplan, fue cuidadosa y científicamente diseñada por **Asimov** a través de sus muchas anticipaciones que introducen, con gran precisión y en cualquier medida, la figura del robot autónomo hasta el punto de dotarlos, en la ficción novelada, de tres leyes rectoras irrenunciables, que, en su brevedad y concisión, resultaron tan perfectas que las mismas se han utilizado e introducido, incluso por otros escritores en sus propias obras independientes, como normas inseparables de la estructura y actuación robótica. La idea de entes semovientes (en principio, mecánicos) es muy antigua pero, hasta donde yo sé, su introducción anticipadora y «personalizada» —como en *Yo, robot*—, con características modernas, se encuentra en la obra literaria de los hermanos *Binder* (ambos bajo el seudónimo común «Eando Binder»), anticipación publicada en un momento tan histórico como fue el año 1939.

Y como películas en las que ya aparece el robot autónomo, poderoso y asumiendo papel destacado en las mismas, señalo **Planeta prohibido** (*Forbidden Planet*, dirigida por Fred MacLeod Wilcox en 1956), que presenta formalmente en los créditos, como protagonista, a «Robby, el Robot», y la primitiva **Ultimátum a la Tierra** (*The Day the Earth Stood Still*, dirigida por Robert Wise en 1951), ambas con la presentación de dos figuras de robots impresionantes, desarrollados como trascendentales componentes del futuro ya en época cinematográfica tan temprana. Y, por mi parte, favoritas ambas, la segunda de ellas incluso más que su versión actualizada.

En cuanto a la situación de hecho, en el plano de la realidad actual, no entiendo muy bien, mejor dicho, no entiendo en absoluto cómo en un mundo en plena explosión demográfica el colmo de lo que se pretende es amortizar así puestos de trabajo para personas y, lógicamente, me pregunto de qué y cómo vivirán quienes no tengan esos ingresos, no tanto ahora —*que ya lo veo e incidentalmente también lo supongo*— sino los de «pasado mañana». Pero la electrónica no va a parar y no solo sirve para crear «mundos de Yupi» para uso particular, sino universos muy potentes dentro del propio mundo y cualquiera sabe en qué desembocará, esperando que no sea en *terminators* rulando por un territorio arrasado. O, como en **Soylent Green**, en un entorno de degradación social absoluta y contrarrestando manifestaciones de la población, que definen como «algaradas», cuando las derrengadas y raídas «fuerzas del orden» futuro capturan, sin miramientos, a los manifestantes… recogiéndolos con palas mecánicas para arrojarlos en contenedores, como basura.

Claro, yo también opino que no voy a preocuparme por aquello en lo que no puedo influir en modo alguno pero, al menos sí que me sirve para conocer o sospechar mi lugar en el mundo, por deleznable que el mismo sea. ¿Me refiero a mí o al mundo?

Testimonial: *No somos nadie…*

Breve informe sobre una pequeña vida pasajera en un mínimo lapso temporal que transcurre en un minúsculo territorio de un ínfimo sector espacial con un insignificante
futuro.

Dudoso Duggy

AYER. **Duggy** tenía ya la perspectiva de una próxima ocupación tasada y encuadrada para él, según su origen. Y dado
que la misma se prejuzga siguiendo la herencia *génica* de
cada uno, es evidente que su *genitor* debió de llevar unas
tareas arrastradas y dificultosas, teniendo en cuenta el oficio al que se le va a dirigir, aparentemente, según lo han
reclutado.

Claro que, desde sus primeras vivencias, su período de
instrucción general estuvo tutelado como el de cualquier
aspirante, pues se trataba de otorgarles la base de conocimientos que iban a necesitar en una sociedad controlada,
esto es, suficientes para poder entender cómo manejarse en
sus trabajos futuros. Pero, al llegar a la segunda Estancia,
quedaban apartados unos de otros, para ser enviados, a continuación, a los servicios que la superior autoridad diera por

válidos para cada uno. Él iría destinado a la sección T-Z, que se ocupaba de medios de evacuación.

Es verdad que lo que se le otorga a uno es, de hecho, lo aceptable y adecuado porque la organización general pretende que la función de cada cual sea la más provechosa para la estructura organizativa en primer lugar y luego, a niveles básicos, para el interesado que, a cambio, recibe catre y comida, esto es, un mínimo asegurado en un entorno de escasez generalizada.

HOY… Cuando **Duggy** sale de su segunda Estancia, es introducido en un carro blindado, con otros cinco, en una marcha ignota hacia alguna parte que no pueden ver por el aislamiento interior. El vehículo va parando a repartir individualmente su carga, hasta que al final han sido transferidos todos menos él mismo y otro pasajero.

Lo llamativo es que los han sacado juntos del blindado. **Duggy** ignora que se pueda destinar al mismo sitio a más de uno a la vez. No están entrenados para relacionarse entre ellos y el poco conocimiento obtenido de las *Estancias*, puramente superficial, aquí no valía: el otro tipo provenía de sectores desconocidos para él, porque sin duda «el Grupo» era grande y complejo y no favorecía los encuentros. No obstante, es evidente que de haberse conocido entre ellos habría podido abrirse una vía de posible cooperación de ambos o, por lo menos, alguna entreayuda ante los futuros acontecimientos desconocidos, en lo que a cada uno conviniera.

Pero la interrelación no es algo fomentado. El otro parece duro y determinado, sin ninguna preocupación ni por la situación presente ni por la futura. Claro que **Duggy** entiende que, como hace él, posiblemente estaría guardando para sí mismo sus propias impresiones pero, desde luego, tiene una apariencia de gran determinación, sea real o no.

No tiene más tiempo para especular porque los dirigen hacia una oscura sala subterránea, comandados por un *represor* que se sitúa detrás de ellos. Allí alcanza a percibir unas baterías de pantallas, muchas de ellas sin operador y los que están allí ni les miran. Al dilatarse la llegada a su destino van ralentizando el paso pero el que los acompaña le propina a él, que va detrás de su compañero, un empujón que lo precipita contra el otro. Su colega se vuelve con aspecto feroz pero **Duggy** cabecea indicando con señas su inocencia, claramente percibida cuando el *represor* repite el empujón que les hace agilizar sus pasos hacia delante.

A la entrada de la sala a la que se dirigían se aparta automáticamente una cortina metálica para franquearles la entrada: desembocan en un cuarto de paredes plateadas donde, tras un panel somático, hay un operador. Les mira sin expresión y con un gesto le entrega una tarjeta al *represor*, que se marcha de inmediato.

Hay un profundo silencio hasta que el operador habla.

—Soy el *deliberador* de esta agencia del Consejo. Recibo a quienes vienen destinados y, cuando se concretan los perfiles respectivos, distribuyo los mandatos o las situaciones correspondientes.

Con otro silencio vacío, retira la mirada para retrotraerse a su panel, como si les hubiera olvidado pero no era así.

—A ver, cualquiera de vosotros, introducíos en la cabina que hay en aquella esquina, es para obtener el perfil de identidad.

En realidad, el operador no estaba obligado a explicarles nada respecto a su función, pensó él, mientras que el otro se dirige a la máquina sin vacilar, cuando él mismo no había llegado ni a planteárselo. Parece muy claro que el análisis temperamental del joven colega es como lo había percibido durante el camino, que se trata de un tipo decidido y dinámico. Él entiende no ser así, no confía en obtener de su carga genética la energía y determinación suficiente, al menos por el momento. Pero si en la Estancia lo habían reclutado para cubrir un servicio, no sería porque no hubieran comprobado sus capacidades…

—En esta cabina sacamos vuestro perfil físico para la base de datos, uniéndolo al análisis génico que ya existe. Cuando se emita vuestra orden final de aptitud, se os grabará un código correspondiente a vuestro destino definitivo. Será para siempre. Las barras van a ser vosotros mismos.

Duggy ve cómo la cabina se ilumina con una luz azul, cruzada de rayos más claros. Cesa en pocos momentos y, obedeciendo una indicación del *deliberador*, el otro sale.

—A efectos verbales, chico, a partir de ahora eres Na'Maggo. La partícula que antecede al nombre indica que te han enviado a esta agencia. Ahora, tú, el otro.

Ha llegado su vez y reúne un poco de valor mientras se dirige a la cabina. Está intranquilo sin razón, puesto que ya ha visto a su colega someterse a la prueba y no ha sufrido daño.

Dentro, el silencio es absoluto pero no tranquilizador. Siente cómo le invaden su intimidad unas imperativas ondas. Parece que le barren sus sentidos haciendo una duplicación. Opta por ignorarlo, antes de que un sentimiento denominado claustrofobia lo invada.

Ha pasado la prueba muy rápido y sale, a indicación del operador, quedándose inmóvil allí en medio.

—Tu nombre, chico, es Na'Duggo. Quedaos en ese lado que ahora vendrán por vosotros.

Reincorpora su atención al panel y no vuelve a mirarlos. Apenas unos segundos después, alguien entra por el mismo acceso por el que llegaron ellos mismos y entonces el *deliberador* hace un gesto de cortesía y habla.

—*Veedor*, estos son los recién llegados, aquel es Na'Maggo e irá a la cabina del instructor Naran'Enyo; el otro es Na'Duggo y va dirigido a Naran'Varo. Vale.

Sin tiempo a más demoras, el *veedor* agarra a cada uno por un lado y los empuja hacia fuera, sin soltarlos, así que hubo algunos empujones cuando ambos se trabaron en una puerta demasiado estrecha para salir a la vez. La presa a que les tenía sometida era dura y él estuvo tentado de protestar pero consideró que tal vez formaba parte de la instrucción, así que se tragó su opinión. Si ponía dificultades sin base estaba arriesgándose a secuelas indeseables. Las cosas son como vienen, sin más.

Los soltó con un empellón en un sombrío pasillo descendente, hasta que llegaron a un distribuidor. Allí su acompañante marcó una clave en el tablero de acceso y una puerta se abrió. Con un empujón impulsó a **Duggy** al interior, quien se volvió sin saber si debía preguntar algo pero tan solo alcanzó a apreciar, cerrándose la puerta, que el vigilante se retiraba por el pasillo llevándose al otro chico.

Contempló su entorno: un cuarto de color gris satinado donde no había absolutamente nada, fuera de los cuatro rincones y una leve luz cenital. Al no tener mobiliario alguno, es evidente que no se espera que haga nada. Se queda un rato en pie pero, suponiendo que tal vez sea el cuarto en el que vayan a entrenarlo, decide hacérselo fácil y descansar un rato con cierta comodidad. Se dirige a una esquina, apoya la espalda, se deja deslizar hasta el suelo. A solas consigo mismo, después de un buen rato, ralentiza sus meditaciones y se retira.

Ponte a ver qué te ofrece el mundo… El determinismo lo controla todo bajo un leve barniz de azar. La agenda de cada existencia está marcada con signos parnasianos que escapan a la comprensión de estas vidas bajas y sutiles. Como única compensación, o como un mayor ejercicio de pesadumbres, se conceden ínfimos sectores de arbitrio y voluntad, incluso para cambiar circunstancias. Pero son toques marginales, bien para crear la apariencia de una leve libertad o para divertir un poco más al Hacedor cuando goza de su hacendosa hacienda, mientras obtiene sus largas cadenas de investigación de mercaderías gentilicias.

En los servicios generales del mundo, como ya era en los siglos perdidos del catálogo temporal, y en la parcelita de concentración de estructuras grupales que siguen exprimiendo a un territorio agotado, no cabían dudas respecto a capacidades. La Oficina de Calificación completaba y dictaba su puntuación definitiva mientras los candidatos esperaban en las celdas, poniéndolos por medios químicos indetectables en situación de *estasis*, por otro nombre suspensión sensorial. Al que les parecía de conformidad, le soltaban el antídoto, despertaba, abrían la puerta y lo ponían a trabajar. Al que no se lo parecía, había que ahorrar recursos limitados, bastantes de los cuales el individuo había absorbido ya en la vida previa a la calificación. Total, que lo eliminaban pero, eso sí, de un modo humanitario, porque el sujeto… no despertaba, así que ni se enteraba. Para eso estaban las estructuras, para garantizar la continuidad… por discontinua que fuera.

¡MAÑANA? A este informador territorial de movimientos poblacionales, no le aportan más que el seguimiento de datos que se interrumpen en las cabinas de calificación, a cualquier efecto.

Así que, finalmente, no sé qué ha sido de ninguno de ellos. Cuestión sin importancia. Lo relevante es que la estructura permanezca, «los otros» son pasajeros y por ahí hemos pasado, y seguiremos pasando, todos.

Duggy pasó, queda la duda que lo acompañaba.

¿Por ahí hemos pasado y seguiremos pasando? ¿… Todos?

Décimo séptimo comentario:
Los músicos deberían vivir siempre

Aunque en franco contraste con las ideas personales anteriormente emitidas acerca de la sobrepoblación y el dudoso futuro del *planetilla*, subrayo lo dicho arriba de que —*como deseo que no compromete a mucho*— los músicos deberían disponer de una vida eterna en este mundo, mientras el mismo dure. Aunque mi mayor afición se refiere, muy especialmente, a los músicos «históricos» eso no implica ningún desprecio —*que no lo tengo*— a músicos actuales ni trato de establecer comparaciones distintivas entre clases o tipos de música, que de muchos de ellos tengo favoritos. Abajo se verá la razón concreta del voto.

Advirtiendo antes de que el deseo expresado, de hacerse real, tendría que completarse con otro requisito imprescindible, que sería… «y que además dispongan siempre de recursos suficientes para poder hacer la música de su elección», dado que a lo largo de la historia, e incluso hoy en muchos casos, la afición y el arte serán muchos pero la compensación económica es escasa, o simplemente inexistente.

Aquí va el antecedente de estos votos:

Un determinado día, desde la media mañana, casi como acompañando a la, en esa fecha entre dos años, finalizada y deplorable (por sus vaivenes previos) elección de presidente del gobierno (en minúsculas porque no me sale algo más relevante), en una casa y patio de las cercanías se desató, durante toda la noche de sábado a domingo siguiente, un espectáculo fiestero encuadrado en esas situaciones que, aunque se desarrollen más bien en lejanías, en el exterior se magnifican y desparraman los ruidos, los estruendos, los gritos e incluso los movimientos. Se trataba de unos doce o quince participantes, tal vez recién o poco más egresados universitarios reunidos en la hace poco alquilada casa de una pareja de ellos. Ignoro si la juerga era por celebrar motivos «políticos» originados por el resultado electoral o no, dado que en el estruendo consiguiente las palabras se embarullaban, transformadas en griterío, al estilo *cool* americano aunque mestizado en juerga hispana: vociferios de estilo futbolístico, música en el exterior a todo «bum-bum» de las que aparentan ser montaje electrónico más que musical, revoltillo de personas en posturas diversas por ellos mismos comentadas a voces, humo irritante de brasear en «BBQ» los restos cárnicos de lo que fuera en su día una ternera, un corderito o un lechoncillo que nacieron felices y seguros, hasta que les enviaron al matadero a los pocos meses de nacer y, al estilo del país, comida de bocados grasientos bien regada con alcohol, debidamente informado como tal a voces. Otras eventuales e individuales cosas del episodio serían tal vez una suposición o adivinación…

Sin rebajar el estruendo, casi todos los invitados siguieron la juerga hasta el día posterior cuando, ya entrada la mañana, los vapores minorados les dejaron conducir, en una espantada cansina y sucesiva de varios coches… dejando atrás por fin la tarde y sobre todo la noche anterior en las que fue constante el retumbar de la fiesta en la atmósfera, acompasada con griteríos conjuntos de ellos y ellas, lo que parecían ser empujones o cualquiera sabe qué contacto colectivo hasta culminar en un momento dado con un coro múltiple de aullidos lobunos que duraron un par de largos minutos de la madrugada profunda, como un síntoma de «manada» de esta buena-gente, incomprensiblemente involucionada hasta imitar a cánidos nocturnos… y que sin duda como profesionales tal vez son o serán igual de *buena-gente*… cualquiera sabe con el discurrir de los «valores» actuales.

Esto es una narración simple porque a mí, aunque no me guste, francamente, sentir el agobio de francachelas retumbantes y atropelladoras del entorno común ni aun en las sonoras lejanías vecinales, aunque me tenga que enterar, sí o sí, de un «despelote» tan publicitado, no me complica demasiado ya que apenas me llaman la atención las situaciones caóticas eventualmente interpretadas por terceros porque se multiplican irremediablemente por todas partes de cualesquiera sitios. Las veo pasar y medito sobre el asunto.

Y, claro, también recurro a sistemas propios para resistir el ruido, con mi música ordinaria y sin excesos, situada en una medida que cubra sencillamente, al menos en parte, lo que se cuece en exteriores y que te llega en oleadas lo quieras o no, como si usaras la televisión sin imagen, solo con audio y no por elección sino por obligación tiránicamente impuesta. Tal parece, en estos casos, que los participantes la irradian con su indiferente convencimiento de que su voluntad festiva grupal es a la vez una obligación (de los demás) y un derecho social prioritario (de los participantes).

Dado que el «reino» de la diversión intensiva (en su amplísimo catálogo de interpretaciones, la mayoría similares o aún muchísimo peores) parece erigirse en un ídolo de adoración sectaria que conlleva a la vez la sumisión forzosa de aquellos que sean ajenos al grupo o a la «secta», como un derecho desequilibrado y, por qué no, como una contribución social gratuitamente exigida de quienes no participan con ellos, manifestando así el desinterés más absoluto por «los otros» si están fuera del grupo y, por tanto, ignorando ostensiblemente sus circunstancias. Así omiten el «detalle» de, al menos, avisar a los colindantes de la celebración estruendosa, para permitirles planificar su eventual evasión lejos del ruido y como poco, estar enterados de lo que va a advenir, al menos. Y sin saber, o mejor, sin querer adecuar los tonos al paso de las horas ni, mucho menos, simplemente a parar los excesos. Estas diversiones ahorradoras, en casas comunitarias y con mercancía de supermercado, se desparraman a los cuatro vientos, como un derecho adquirido sin medida de contención y sin que los «promotores» se permitan límite alguno a sí mismos, respecto de la situación de otros.

La afectación acústica también se origina en muchos locales y bares que se saltan largamente los horarios límite y los ruidos soportables y si aparece la policía local, misteriosamente cinco minutos antes (¿por adivinación?) han retirado las mesas de la calle o se han vaciado, de modo que *el orden* llega y encuentra un sitio aparentemente ordenado y silente, hasta la noche siguiente. O bien, se produce en torno a rondas de pandillas juveniles de noche en los parques, mamando cerveza y meando en cualquier lado cuando no, como he llegado a ver a lo lejos, dándose abiertamente el lote sobre los propios aparatos de juego de los niños pequeños: flor diurna o flor nocturna, dos versiones que ignoran lo que comparten, en un terreno adornado por deyecciones caninas, esperando que la lluvia —*siempre escasa*— las disuelva en la tierra que es, finalmente, el basurero humano habitual. Etcétera.

En fin, generalizando, episodios que pueden valer como meros botones de muestra de sectores de una sociedad, ajenos a la autocrítica personal o colectiva y que ignoran el respeto mutuo como modo básico de interrelación social. Cuestión que no pretende eliminar situaciones, sino solo moderar gustos personales arrolladores o buscarles lugares adecuados al nivel de ruido o suciedad. O será que, mediante el estruendo atronador y el mitin fiestero algunos subliman anhelos inconcretos de las zonas subliminales y no les queda sitio para analizar más.

Con todo lo anterior estoy prologando porque ¿qué pasa con los músicos? Pues ayer, antes y durante la diversión alienada, mi autodefensa constó de tres sectores: primero, música «propia» para moderar el ruido desatado, luego búsqueda televisiva de algo que ver y después otra vez música. Pero voy a referirme primero, aunque cronológicamente fue en el medio, a la película que encontré —*ya empezada y de la que entonces no sabía el título*—, por tratarse de una producción británica. Que un film sea inglés es ya garantía *a priori* y salvo excepciones de dos cosas: amor y respeto por su país, con sus luces y sus sombras; y elegancia en la narración y la filmación.

Pues efectivamente, una suave, agradable, sugerente, muestra de ello: se trata de una residencia de tercera edad, pero con recursos y a la inglesa, esto es, un precioso y gran palacio en medio de enormes prados y árboles que se llama «Residencia Beecham para músicos retirados», propiedad de un anciano tan melómano como megalómano que junta, sin fisuras, su amor por la música con la obtención de recursos mercantiles para él y su casa, a la vez que ofrece a sus huéspedes unas dotaciones efectivamente palaciegas y relajantes: preciosas habitaciones, grandes salones, terrazas, parques, atención médica y de enfermería, comidas cuidadas, limpieza, reconocimiento y aliento a los talentos respectivos de sus huéspedes, que son músicos jubilados. Y todo el tiempo, hablando de música y haciendo música.

Todos están retirados, mejor o peor mantenidos físicamente pero conservando su habilidad musical y a diario tocan o cantan en dúos, tríos o cuartetos y las historias que se producen de las relaciones interpersonales son como de la vida misma. Pero con respeto, tranquilas, racionales incluso dentro de las manías o los padecimientos respectivos, aunque no estén libres de conflictos, bien históricos entre algunos colegas o bien emanados de los celos profesionales del pasado aunque ya de poco sirve, aunque se haga, el lucir las respectivas valías. No exentos de problemática, pero siempre con elegancia y tono de moderación. Un ejemplo, vamos. Y, buscando información posterior, resultó que su título es **El cuarteto** (*The Quartet*), realizada en 2012 como primer film dirigido por Dustin Hoffman.

Como dije, antes de descubrir y visionar esa película en la tarde atronadora que luego sería noche estruendosa y después madrugada aulladora y siempre bajo la bruma del ardoroso trajín de patio de vecinos, repito que previamente a la TV yo había recurrido a la bondad de mi propia música de elección como tapadera inicial y parcial de la escandalera ruidosa y puesto mi equipo antes (como hice igualmente después) de la Residencia Beecham. Aunque prefiero música suave como acompañamiento, si es que lo necesito, esto no podía ser una melodía de fondo sino una fortificación inicial, así que habría recurrido al rotundo y potente *Tannhauser* de **Wagner** —*aun sin formar parte de mis preferencias*— pero, por no buscar el CD, perdido entre otros muchos con poco uso, recurrí al más cercano **Beethoven**, y claro tenía que ser la *Heroica* por intentar, con la épica musical, fortalecer la paciencia o impulsar la imaginación fuera del nido y volar lejos.

Y, ya habiéndome situado en el plano del heroísmo, tal me figuré idealmente que se me aparecía, como refuerzo en mis dominios, la *Novena Legión romana, la Hispana*, aquella que desapareció misteriosamente en su totalidad durante la conquista de **Britania**, creo que hacia el siglo primero, sin aparecer desde entonces dato alguno sobre ellos (pues ahí se perdió noticia de la Legión y de sus componentes, tal vez masacrados en su totalidad o simplemente desertaron en masa y se establecieron en el país); pareciéndome pues como si por un agujero temporal hubieran su tribuno y sus centuriones escuchado mis defensivos votos y, convertidos en aliados, la reorganizada Legión incólume formara en mi propia morada como en tiempos romanos, aprestada al combate en su formación de tortuga, para situarme bajo el caparazón de los enormes escudos rectangulares en defensa de mi audición y de mi paciencia, que es ancha pero corta. Por supuesto, la diversión exterior seguía a su ritmo y la música interior ni siquiera la sospecharían y aún menos adivinarían a mis protectores legionarios pertrechándose a mi lado, pero bastaba con que lo percibiera yo, era mi campo, mi conquista, mi defensa, mi favor y mi presente. Para eso debían servir los escudos, como si desplegaran con sus corazas un campo de fuerza de aislamiento auditivo.

De modo que con la ayuda de la *Sinfonía Heroica* y, modestamente, con el imaginado y fantástico apoyo logístico-épico de la *Novena Legión* pasé el primer lapso insoportable para a continuación gozar de la Residencia Beecham, como he dicho. Y para luego regresar a mi equipo con otro buen rato de trompas y violines aunque ya sin legionarios, que debieron de asustarse, dado que la película «Beecham» transcurría precisamente en el país (antigua **Britania**) de sus desdichas (o de sus dichas) y desertaron otra vez, puesto que ni me acompañaban cuando empecé a ver la película ni nunca regresaron a mi imaginado entorno después...

Cuando, a las cuatro de la madrugada (la juerga duró toda la noche) habiendo cerrado puertas interiores y emigrado a la habitación más alejada de los patios, puse quedamente un CD clásico, aun allí se percibían los coletazos del «evento» y un sueño no complaciente se negaba a darme noche, pero ya ni oía el estruendo, como si el equipo hubiera tenido en sí mismo también un implemento eliminador de ruidos y la musicalidad manaba: por queda que fuera, capaz de llenar conciencia y paciencia frente a estridencia. Al retirarse los legionarios debían de haberme dejado también, en préstamo sin intereses, sus eficaces escudos, aún invisibles... Pero reconozco que como realmente lo resolví fue usando unos cascos, y no me refiero a los procedentes de las romanas cabezas sino a los electrónicos, cuando mi adormilada mano me los ajustó en los oídos para que el moderno audífono hiciera aceptablemente su trabajo.

Lo que pretendo expresar con todo este prólogo: la música para mí es el lenguaje de los dioses primigenios, en lo que tuvieran de divina influencia en el mundo terrenal y tal idioma excelso y mitológicamente procedente de las musas cantoras (Euterpe y Erato) permaneció con la humanidad cuando los dioses se mudaron y se fueron «de la zona». Tal vez hartos de nosotros…

No hay privilegio mayor que «hablar» ese idioma, que a mí se me negado empecinadamente en la práctica, pero se aprenda o se interprete la música o no, es el único lenguaje que uno entiende sin siquiera conocerlo. Y si dentro del mismo hay «dialectos», ellos dan mayor riqueza espiritual y alcance artístico a esta pobre humanidad que quedó aquí desparramada, pobremente dotada y sin ayuda, cuando los dioses nos dejaron a nuestra suerte en **la Tierra** y se fueron cerrando el Olimpo para siempre. Esto lo que quiere decir, en abierto, es que en mi respeto por la música cabe mucho contenido, y aunque lo clásico forma parte esencial e integral de mi vida, adoro el jazz, el blues y no olvido el rock o la música africana, cada cual en su momento. Es decir, que respeto casi cualquier forma musical aunque los **estruendos** deberían quedar para su gozo en locales adecuadamente **insonorizados.**

Y aprovecho para dedicar un recuerdo muy especial a la simpática y alegre película *Desafinado* (coproducción en inglés dirigida en 2001 por el español Manuel Gómez Pereira, título original **Off Key**) y su divertidísima y esperpéntica historia de tenores, que me iluminó la existencia, en otros momentos diferentes, durante todo un día… y varios más.

Porque es que, aunque sobrepoblaran el entero mundo, los músicos no deberían morir nunca. Y la *música* debería ser la verdadera justicia distributiva en la humanidad, modelo de educación, instrucción, talento, cultura, dedicación, respeto, pasión y evolución a nivel personal y social.

En el mito clásico, un tal **Tántalo**, muy humano él, sustrajo «unas cosillas divinas» a los dioses olímpicos, tal vez incluida la música en el paquete, para llevar una vida muy orgiástica, anticipando símiles de los actuales *American Pies*, pero fue castigado por aquellos como ladronzuelo de ocasión, con una pena que, por imponerla dioses, resultaría eterna. Así que lo borro de una eventual participación en el «catálogo» musical y lo dejo donde ellos lo pusieron: en un lago del que no puede beber y bajo un árbol frutal del que no puede comer.

Y, en el convencimiento de que lo que «sustrajo» no fue precisamente la música, puedo pretender lógicamente un origen divino para la misma, y aunque haya pasado al ámbito humano, no creo que la música haya desencadenado nunca una guerra ni que, por sí misma, haya dado lugar a consecuentes crueldades.

Décimo octavo comentario:
Catástrofe y más catástrofe

Pues sí, la televisión está repleta de catastrofismo. Por supuesto de las catástrofes reales y cotidianas, que muchas hay que lamentar. Pero, en el área creativa audiovisual, también observo muchos visionados de filmaciones de ficción extintiva, antes desarrolladas en poderosas anticipaciones como **Deep Impact, El día de mañana, 2012** o **La carretera,** las que menciono por su potencia de realidades tangibles al diseñar el desastre correspondiente como si estuviera ocurriendo en una situación real. Donde, fotograma a fotograma, eres un espectador que no está a este lado de la pantalla sino embutido —*pero sigues siendo espectador, aunque lo que está pasando te repercute casi de primera mano*— en la acción, espantado tanto cuando ves helarse en segundos a las personas y a las cosas, como si ves la corteza del mundo reventando en cada curva. Ventajas impagables de los efectos especiales. Y, sin olvidarlo nunca, de la realización.

No intento referirme concretamente a las citadas al principio sino, en este caso, a filmaciones de menor categoría y como de relleno televisivo que dan muchas veces distintas cadenas, con rodajes inspirados en los éxitos de algunos precedentes mejor realizados. Muchas glaciaciones:

ya sea un *armagedón* helado a consecuencia de un meteorito partido en pedazos y más de lo mismo en otras dos del mismo día y por cadenas diferentes, definidas por sus títulos respectivos: la tormenta helada en *Cold Zone* (2016) y congelación por catástrofe volcánica mundial en *París, invierno helado* (*100 Degrees Below Zero*, de 2013) e incluso otras de destrucción ciudadana ocasionada por glaciares viajeros, *Cero absoluto* (*Absolute Zero*, de 2005) o *Glaciación 2012* (*2012: Ice Age*, de 2011). Y todas ellas con el argumento recurrente de familias humanas de acá para allá escapando de milagro, de formas difícilmente creíbles, al destino congelado de la humanidad ordinaria, al reventón planetario o al meteorito destructor (catástrofes ya contempladas, en cada caso, en **El día de mañana**, en **2012** y en **Deep Impact**, y catástrofe de origen desconocido en **La carretera**), eventuales desastres, distintas veces debatidos también en documentales científicos posibilistas, ya se hayan pasado o quedado cortos en las señales de sucesos previsibles.

Volviendo a los films de menor nivel: en casi todos, de una u otra manera, el peso de la salvación planetaria recaería en dos o tres personas (algún científico/a y algún hombre de acción) que, mira por dónde, con unos cálculos de ordenador y algún otro artefacto lo salvan todo finalmente. Me pregunto si ese tipo de «soluciones» tan benéficas pretenden llevarnos a creer que, de darse ese tipo de contingencias, cualquiera va a poder resolverlas con un bolígrafo y un portátil (si es que la batería aguanta la paliza) y todos tan felices, sin mayor recuerdo final de los supuestos fallecidos en la catástrofe imaginada, pues la alegría de superarla es lo que cuenta, claro…

Otras variantes fílmicas de argumentos catastróficos más lineales: **Battleship** (de 2012, dirigida por Peter Berg) que presenta el desastre terrestre por vía destructora *alien*. Está realizada con bastantes recursos y con actores conocidos, como **Liam Neeson** (que suele hacer papeles de lo más variado) y **Taylor Kitsch** (que es el protagonista, impulsor de la resistencia que finalmente vence a los invasores), el cual también representó al personaje humano principal en la curiosa película cuyo título es **John Carter** (dirigida en 2012 por Andrew Stanton). En ella, un humano cualquiera se veía transportado a un **Marte** habitado por indígenas en guerra con dos facciones, una humanoide y otra más somáticamente alienígena, tomando parte él a favor de esta última con una milagrosa potencia física que adquiere —*supongo*— favorecido por la menor gravedad marciana, película que no voy a comentar con más extensión, aunque permite pasar el rato, estando basada en la serie «marciana» del escritor **Edgar Rice Burroughs.**

Y volviendo a *Battleship* (inspirada en el juego juvenil de la guerra de barcos), el film presenta un primer desembarco agresivo de *aliens* fuertemente tecnificados que van destruyendo las estructuras electrónicas de **la Tierra** y liquidando especialmente la flota de guerra para facilitar la invasión definitiva. Pero, al quedarse aislado un buque-museo de la Marina americana que finalmente es destruido, surge una vez más la reacción terrestre de un puñado de gente, pocos y listos, que lleva a la aniquilación de la imponente tropa invasora.

Y no dejaré de mencionar aquí, pero solo por el parecido del nombre, a la tremendista **Starship Troopers** (dirigida por Paul Verhoeven en 1999), en la que la intensidad de la confrontación con una tremebunda raza arácnida alienígena en un planeta exterior es tan expresiva que hace falta tener un estómago estable para ver las escenas de batalla y de descuartizamiento intensivo… mucho más visualmente exagerado en el film que en la novela original —*donde se ahonda más en el contenido humano del argumento*—, escrita en 1959, con el mismo título, por el militar americano y escritor de SF **Robert A. Heinlein** (edición en español, *Tropas del Espacio*, consultada en publicación de Ediciones Orbis, Barcelona, edición de 1984).

Es decir, por aquí y por allí catástrofes, unas naturales y otras de visitantes indeseables. Pero llama la atención la gran cantidad de films que, con recursos o sin ellos, con buenos guiones o menos buenos, con actores de renombre o con desconocidos, tratan sobre lo mismo. Una de dos, o alguien ha hecho encuestas universales sobre cuánto o cómo estos «finalismos» interesan a la gente o alguna preocupación sobrenada por las cabezas pensantes de este mundo, al menos a nivel de creación.

Se dirá que, bueno, es imaginación, es ficción. Me permito señalar las muchas creaciones de ciencia ficción, desde el viaje a la Luna de **Verne** a la imponente robótica imaginada por **Asimov** y otros muchos escritores anticipando imponentes avances, que ya son realidades a fecha de hoy. Espero y confío que el catastrofismo permanezca para siempre en el rango de las anticipaciones que son pura y simplemente ficciones y no ciencia.

Pero… por si acaso, si yo fuera una persona de mente preclara y formación científica o simplemente miembro del estamento gobernante, sí que me tomaría en serio y lo pondría muy adelantado en la agenda, el destinar recursos (y un control digno, justo y público de su empleo) para investigar y vigilar tanto el estado de la propia Tierra en sus límites, como los cielos cercanos y/o lejanos. Y en régimen de unidad, caray, y no cada uno tras su bufanda y los demás que pasen frío… Dado que actualmente nadie podría dudar de lo global que es **la Tierra** y de lo universal de sus gentes.

Porque en un documental que acabo de ver en una única ocasión, se afirma que todos (todos) los humanos actuales descienden de una población de unos cien habitantes prehistóricos, que quedaron después de que se sufrió una extinción masiva, teoría revulsiva que chocaría de frente con la idea de razas, poblaciones, naciones y estamentos pretendiendo ser mejores o distintos. Al haberlo visto incompleto y de pasada, no tengo más datos viables o fiables sobre el mismo.

Pero, sea o no sea real o con cierta base dicha teoría, a ver si nos dejamos de zarandajas egoístas y arreglamos aquí abajo las muchas cosas que ya deberían estar arregladas, como la población y los recursos.

Y allá arriba lo que haya que poner, por si anuncia algún meteórico trastazo con otra extinción masiva o por si hay que salir del Planeta escopetados…

Testimonial: *¿Volviendo a dónde?*

Lazos de retorno

Que ni sé a dónde, ni sé por qué…

Me defino como un miembro de la gran mayoría de la población urbanita de este reino o país, nación o autonomía… región o provincia: he abandonado la grandísima, agobiante e hiperactiva gran urbe para depositar mis esperanzas en una moderna localidad de los alrededores, donde vivo en un dúplex precioso (bueno, coqueto), soleado (bueno, francamente caluroso), luminoso (realmente cubierto de toldos hasta la última ventana), que me ofrece una gran cantidad de ventajas: un edificio nuevo (después de año y medio de perseguir deficiencias de primera ocupación), bien dotado de servicios, como: una hermosa piscina (que, lamentablemente, recibe poco sol, con lo que está bastante fría); un cuidadísimo césped (que dilapida el agua y cuesta un carísimo mantenimiento a los comuneros); un pádel (que sirve para presumir con los amigos, porque no sé jugarlo); y entretenimientos para que los niños (que yo no tengo) alboroten todo el día.

Pero como en la ciudad el ruido era estridente, el olor apestoso, la circulación imposible, los transportes atestados… cuando de noche levanto los toldos y me tumbo en la terraza, respirando aire limpio y llegando a medio discernir el brillo de las estrellas, considero que todo el exagerado esfuerzo económico que me demanda… vale la pena. Es verdad que soy un esclavo civilizado de bancos e hipotecas, que absorben la mayoría de mis ingresos, pero el resultado bien lo merece. Todo el mundo pretende gozar de la «calidad de vida» (casa moderna, de preferencia más grande de lo preciso, sistemática y onerosamente «minimalista», cuartos de baño ostentosamente grandes, aparataje electrónico por todas partes, reformas múltiples, necesarias o superfluas), eso es progreso, y yo tengo (a base de madrugones, sobresaltos, esfuerzos, trabajo y tiempo) acceso al mismo.

Lamentablemente, la gran ciudad nos llama, a trabajo, a gestiones, visitas, consultas que son efectivas y realizables en ella. Antes de la era automóvil, si uno vivía en los extrarradios podía tardar días en desplazarse a sitios que hoy parecen vecinos y entonces remotos: debido a la lejanía, estos pueblos del entorno no podían ser residenciales, amparaban solo a sus aldeanos, cuya vida empezaba y discurría en los límites de su término y, consiguientemente, con necesidades simples y básicas.

En cambio ahora cualquiera tiene compromisos, reuniones, relaciones, visitas, desplazamientos en una complejidad y exigencia que antes no existían. El reloj —*una artificiosa naturalidad*— es el gestor de la civilización, el gran ídolo de la igualdad global, el halo del desarrollo de cada vida en su corto camino hacia el **Hades**. Y es el dato que tengo muy presente, en mi ruta hacia el infierno capitalino, mientras estoy entronizado en un esplendoroso autocar, cómodo y amplio, que me lleva a la ciudad y me evita atascarme, como pasa cuando me desplazo con el coche.

Pero la sensación de paso del tiempo me está haciendo sospechar que mi cronómetro digital, inoxidable, sumergible, supermoderno, no me está informando bien y siento como que el momento actual se me ha desacompasado. Tengo pendiente de entregar una solicitud documentada y es posible que no llegue a tiempo porque, precisamente hoy, la circulación aparece más complicada que nunca. O quizá siempre esté igual y soy yo quien malinterpreta la situación por falta de comprobación previa.

El caso es que el autocar interurbano apenas avanza terreno en la vía «rápida» de conexión entre la ciudad y las miles de viviendas suburbanas que de ella dependen. Estamos sumergidos en un mar de carrocerías alegremente pintadas y tristemente detenidas. Aunque tengo una ventaja: tomé la hora con mucha antelación.

La máquina que me transporta no deja de ser un gran serpentín metálico de agudas aristas escamoteadas. Todas ellas parecen rozarse y tintinear, como protestando de una situación sobrecargada con un efecto de recordatorio sobre la inanidad de la persona ante la enormidad de los artefactos y la longitud de los recorridos, cuando los atascos igualan la velocidad con la que era habitual en la época de los carromatos de mulas. Y es que, en efecto, vamos muy despacio.

Claro que puedo estar confundido sobre la fiabilidad de mi reloj, el gran Moloch de la existencia: es posible que se haya parado, los artefactos suelen ser puntillosamente *murphianos* a la hora de averiarse, produciendo el mayor perjuicio posible a quien depende de ellos en momentos de urgencia. Pero no puedo comprobar su pulsación con este continuo roce de ruido motorizado que me rodea y, sin la disciplina relojera, la distancia se empapa de subjetividad y, por lo tanto, de inquietud: es imperativa una comprobación.

Hasta que, algo después, distingo un cronómetro exterior en lo alto de un edificio comercial: marca la misma hora que el mío, que supuestamente funciona mal. Así pues, todos los relojes pueden marcar correctamente pero también podrían haber sufrido un virus temporal afectando a su rutina electrónica habitual: evidentemente tampoco tengo razones válidas para fiarme de ningún marcador callejero cuando hasta la ordenación del tráfico falla.

Si la hora que indicaba fuera exacta, aún me bastaría para llegar puntualmente a mi tarea pero, encerrado en este cubículo artificial, uno se encuentra impotente para cambiar nada: imposible acelerar el viaje en medio de una atestada calzada, es como una trampa que se ha cerrado y de la que no se tiene la clave de apertura.

Incluso podría resultar que, de llegar tarde, me encontraría, al final, que no puedo culminar mis objetivos; así que lo aconsejable sería ahorrarme el paseo y regresar a mi punto de partida… si pudiera apearme y retroceder. Pero estoy encerrado en mi cómoda prisión convencional y no confío en encontrar ningún medio de evasión.

Lo mejor sería preguntar la hora a algún pasajero cercano, cosa que no haré porque su reloj también podría marcar erróneamente, induciéndome a más confusión. Además, yo no daría crédito a la información que me aportara, porque cualquiera puede contestar una pregunta por compromiso y de un modo aproximado, sin estar verdaderamente bien informado. En las relaciones ordinarias, la exactitud rara vez está al uso.

Y, aún peor, podría ponerse a charlar conmigo, que solo debo estar atento al discurrir del tiempo, con lo que se me produciría una incómoda dicotomía: conversar superficialmente con alguien mientras evalúo profundamente el estado de situación de mi futuro sin dejar de lado la imposibilidad de mi presente.

Además, charlando, uno incluso se pasa de parada, por lo que definitivamente no voy a preguntar. Mas, en ningún caso tal cosa resultaría aplicable aquí porque este transporte solo tiene una y está al final del trayecto. Pero, bueno, la pura verdad es que no quiero conversar con desconocidos. Incluso ordinariamente soy capaz de no subir a un transporte atestado y esperar a otro en el que pueda desplazarme con garantía de no llevar un pasajero al lado durante todo el resto del camino.

Es que, si pudiera conseguir que esto marchara más aprisa… Pero no, en realidad tal cosa está fuera de mis capacidades así que mi único interés debe residir en desencadenar un muestreo de comprobación horaria, por ejemplo mirando las manos de cualquiera que esté cerca y tenga al descubierto su artefacto. Sería una buena solución, sencillamente percibiré los datos objetivos sin tener que hablar con otro y la información que obtenga solo me la deberé a mí, no estará mixtificada por la personalidad ajena correspondiente. Mas, para distinguir algo, estoy demasiado hundido en el asiento y lejos del puñado de gente que, más o menos, me acompaña.

Mi reloj, en efecto, apenas se ha movido en el largo tiempo que llevo elucubrando, luego demuestra que está funcionando pero no a un ritmo correcto. Decididamente no es fiable. No obstante, para llegar a una conclusión incuestionable, es preciso comprobar las cosas en profundidad para no incurrir en falsedades que puedan provocar errores, pero no tengo ningún otro medio de contraste.

Como el reloj se lleva en la mano izquierda, tengo que recuperar frecuentemente mi nervioso brazo porque anda removiéndose del bolsillo a la rodilla y rasca tensamente la tela del pantalón vaquero para luego asirse sin sentido alguno al asiento anterior… El sol está de mi lado y, antes enmascarado por edificios altos, ahora atraviesa el vidrio formando un engañoso espejo y me deslumbra… o más bien alumbra y templa este pequeño instante de mi existencia irritante e hiperactiva, se filtra por las pupilas acalorando mi mente y remueve los recuerdos sumergidos, casi ahogados, en la vorágine del presente, los caldea y los hace bullir, para brotar hasta la superficie en oleadas de libertad al escapar de agobios e impotencias.

El reloj ya no importa, la cita se disuelve en bruma, los coches se van derritiendo en la calzada, el asfalto se cuartea, salta y se pierde en el espacio gaseoso, para dejar libre de estorbos un lugar invitador y cotidiano que colonizan a toda prisa las selvas y bosques primigenios en los que la vida diaria, aun arriesgada, resulta tan simple…

No hay país, nación, ni civilización global, ya se han diluido en un vacío espacial y temporal. Los gritos animales estremecen el aire, las hojas de helechos gigantescos abanican el ambiente y un fino lodo chapotea bajo las pisadas. El lento, rudo y efectivo medio de transporte de una pata tras otra es incuestionablemente eficaz y mi largo cuello oscilante hace tartamudear mi bramido, mientras el rebaño saurópodo es mi orbe, mi región y mi provincia y ¡toma ahí, futura civilización de enanos bípedos! Voy utilizando los recursos a toneladas sin destruir la naturaleza, ¡a ver si aprendéis!…

Exactamente eso, a ver si aprendemos alguna vez, de alguna manera y sobre alguna cosa…

¿Y si no aceptamos cambiar las cosas como son actualmente? ¿Pues cómo serán… mañana?

Décimo noveno comentario: *Mirando el agua*

El agua: eso que falta y eso que sobra. Y no es precisamente por escasez de líquido, dado que unos dos tercios del Planeta son agua, pero al estar en su mayoría concentrada en océanos salados (que representan el 97 % del agua total del globo), en principio no podemos usarla para necesidades de supervivencia directa… Y como somos —*los humanos*— lo único que realmente nos importa —*nos importamos*— en el mundo, pues la consideración que tenemos del agua es siempre antropocéntrica, como se puede comprobar en esa ventana hacia el entorno que es la TV.

El agua amenaza con faltar en lugares donde apenas llueve y, en ocasiones, rozando la privación y por eso miramos al cielo, esperando algún chaparrón. Tanto más importa a la gente que vive habitualmente en el desierto puro y duro y no ya en zonas medias semidesérticas, esas que ya van camino de perder el «semi». En cambio, otros lugares pueden verse afectados por inundaciones violentas, por lo que se mira al cielo precisamente por el efecto contrario, la riada.

Y con referencia al deshielo, parece que los polos terrestres están soltando de modo impenitente el agua que durante siglos han tenido domeñada en modo hielo, así que la descongelación lleva camino de convertirse en el árbitro de **la Tierra,** literalmente la que queda fuera de los océanos, cambiando incluso el aspecto y el uso de lo que todavía persiste.

No sé si, como en el comentario anterior, la preocupación implícita por el tema es lo que lleva a la TV a incluir, además de las películas de congelaciones y reventones, series documentales en las que **Alaska** es una referencia habitual, *La familia que vive en Alaska, Los últimos de Alaska, Alaska última frontera, Trenes de Alaska...* tal vez como una voluntaria llamada de atención sobre algo inconcreto, o como un simple reclamo para evitar aburridas repeticiones y para destacar las ventajas de una idealmente apartada vida excéntrica y aislada, en lo que compensa o no la dureza y privaciones del helado y largo invierno con la expresión de la belleza del entorno salvaje y sin renunciar a modernismos útiles, como vehículos, armas de fuego, herramientas de laboreo, etc.

Y, como no podía ser menos, no hace mucho que el exigente paisaje de **Alaska** me había deslumbrado cuando pude visionar una película completa y sin interrupciones, que fue ***El legado de Bourne***. No tengo afición personal a la serie Bourne, de la que en su día llegué a ver los dos primeros films y no continué con los siguientes. Apenas recuerdo algo de los mismos y es una explicación, no un juicio de valor en el que pueda referirme al guion, la interpretación o la puesta en escena de las que forman esa serie. Es, simplemente, que me incomodan profundamente las historias que aluden a conspiraciones o las desarrollan y ello puede llevarme a eludir su visionado y su seguimiento. Pero, como se verá y por razones concretas, no siempre...

... Hace algunos meses, saltando de canal en canal, encontré una película que desconocía y que parecía estar ya en su último tercio. Pero esa parte me interesó de inmediato y me sumergí en la acción de una persecución cinematográfica que mantuvo mi atención sin interrupción, hasta que finalizó el film y que, una vez terminado, me dejó con bastante interés como para recordar lo visto, preguntándome acerca de la parte de la historia que me había perdido, esto es, la causa del efecto que era la huida. No se trataba de especulaciones intelectuales ni filosóficas: había sido un espectáculo puro y duro que me había captado por su potencia visual. Se trataba de una larguísima y agónica escapatoria de una pareja en motocicleta, perseguida violentamente por distintos vehículos a través de las calles, filtrándose por sectores atascados de tráfico en algún país de Oriente y eso era todo lo que podía concluir de la acción, a falta de lo anterior. Supuse que, como suelen, volverían a darla algún o algunos días después, lo que no sucedió o, por lo menos, no supe dar con ello. Pero se quedó en mi agenda.

Tiempo después pude verla, completa, en casa de familiares que tienen contratos de televisión de pago y así conseguí contemplarla en su totalidad pero en un ambiente familiar, de esos en los que —*lógicamente*— no puedes abstraerte de presencias y comentarios. Me sorprendió que la complicada historia se narraba en *flashbacks* previos a la persecución de referencia y en realidad no conseguí enterarme gran cosa de qué iba el argumento, como tal y en detalle. Cuando llegó la parte de la huida, nuevamente me enganchó con la intensidad de la primera vez, aun no habiendo aclarado todavía las razones que habrían llevado a los personajes a esa situación. Y, claro, necesitaba tenerla en mi archivo y visionarla de un modo solitario y personal para llegar a conocer lo que la película pretendía expresar y sus causas.

Encontrar y comprar el DVD me resultó harto difícil, tanto que finalmente no lo conseguí. Pero mi familia me la pasó grabada (aunque sin versión original), lo cual me permitió gestionar el visionado a mi conveniencia, revisarla cuantas veces precisara y tratar de entender el contenido de lo que era un largo prólogo, seguido del desarrollo de la historia y posteriores momentos de la persecución.

Vaya por delante que, para mí, el brillante atractivo de la huida en la última parte del film provenga, probablemente, de que las motos son algo que me resulta familiar: dos parientes cercanos míos han sido, con distintas suertes, pilotos de competición y algunos más han dominado la mecánica, así que esas monturas —*pequeñas o grandes, básicas o potentes*— me han acompañado durante mucho tiempo, ya fueran de pista, de ruta o de ciudad. Buena parte de mi vida, desde la infancia, transcurrió cerca de ese medio especializado y de alta velocidad y —*aunque yo nunca piloté en carreras*— su proximidad técnica casi permanente hace que, por el solo hecho de intervenir tales vehículos en algún acontecimiento, se despierte mi interés de forma casi automática. Las motos, como elementos habituales del modo de vida actual, podrían basar mucha especulación, generalmente crítica, sobre su papel en esta época pero aún no me he permitido ese análisis, así que me quedo con la forma y no con el fondo, de momento.

Por lo cual mi predilección por la famosa persecución podía deberse pura y simplemente a la conexión temporal que me sugería el uso y abuso de las distintas cilindradas que participaban en la huida y los múltiples episodios peligrosos, reales o editados, que presentaba. Pero claro, era necesario poner orden en la historia completa y eso significaba tener que ver previamente dos tercios de la filmación que trataban de temas poco claros y seguir pistas complicadas. Me disgustaba el hecho de no entender en su totalidad por qué causa se desataba la persecución final. Por eso la visioné tres veces completas en distintas ocasiones. Puse un orden teórico en los sucesos y, después de cierto esfuerzo, completé el entendimiento y pude encajar las piezas, casi de rompecabezas.

Alaska iniciaba el film. Una panorámica visión de increíble belleza, ahora sí en sentido real y literal, tan intensa que te hace agradecer la perfección de los medios de rodaje mientras contemplas unas resonantes cataratas de deshielo cayendo a un pequeño lago rodeado de nieve, inmensos bosques blancos por todas partes y montañas, imponentes montañas heladas, solitarias a pérdida de vista. Un remedo de un planeta sin habitantes...

Y la película termina también en el agua sin límites, con un viejo barco pesquero navegando a través de un cálido mar inmenso, marcando suaves olas de azul eléctrico mientras se pierde en la distancia en un marco de blancas y apacibles nubes.

Hielo, agua, nieve, deshielo...

¿Qué pasará si se produce una posible glaciación que haga inhabitables enormes sectores de la masa terrestre actual de todo **el Planeta**? Ya sea porque sí o por un acontecimiento espacial sobrevenido, siempre posible... ¿Qué pasará si los polos se derriten y aumentan el nivel del agua costera hasta extremos envolventes que harán sumergirse por todas partes islas y sectores ribereños en la inundación? Ya sea porque **el Planeta** se ha cansado de las salvajadas a las que lo sometemos o ya sea porque lo hemos forzado a un imparable calentamiento global… mientras que los hielos ártico y antártico han alcanzado por estas fechas la menor extensión de la historia o de buena parte de ella.

¿Y para llegar finalmente a situaciones catastróficas habremos elegido y pagado durante años a hordas de miles de gestores políticos y económicos multinacionales? ¿Incompetentes, incapaces y egoístas?

Por favor, véase la película **2012**…

Vigésimo comentario: *Más película*

Respecto a **El legado de Bourne** (*The Bourne Legacy*), la película de la persecución y huida referida al principio, mi interés por la misma se concentró en dos cosas más: que, al no ser continuación directa de las Bourne originales, salvo alusiones, se me aparece como un film autónomo y distinto; y que me ha hecho trabajar durante cierto tiempo para entender el por qué de lo que pasa en la historia tal como ha sido rodada. Y lo he entendido, al menos lo bastante como para encajar la continuidad del guion y comprender lo que sucede en la cinta y sus causas. Raras veces necesito más de una segunda vez para entender cuestiones que en una película no he aclarado en un primer visionado y esta es una de ellas pues, como dije, han sido tres revisiones del film completo. Razón por la cual, entendida y valorada por repetición, acaba rozando mi categoría de favoritas, en la que se encuentran otras varias.

Hablaré primero de la película. Tras los primeros fotogramas que presentan el arranque del film en **Alaska,** durante un largo tiempo de desarrollo se van sucediendo las peripecias del protagonista, entrecortadas con brusquedad por sucesivas vueltas atrás hacia otros personajes, los cuales van tejiendo el complicado entramado de razones y antecedentes de por qué le pasa lo que le pasa, mientras le pasa. A lo largo de una gran parte de la cinta, el protagonista está solo en el transcurso de la historia y yo diría que sigue profundamente solo, incluso hasta la extenuación, durante casi toda la historia narrada. Se me aparece como un paradigma de absoluta, íntima e intensa soledad humana asumida, por obligación, como sistema de vida, ya sea en medio de ninguna parte entre la nieve o a través de una atestada ciudad capitalina y dejando de lado si realmente él es consciente del significado profundo de que, salvo por las huidas accidentales, encarna el más profundo aislamiento personal frente a un mundo que él no parece necesitar pero del que, de un modo u otro, depende tanto su esencia como su existencia.

Respecto a las retrospectivas (*flashbacks*) que pretenden ir explicando, gota a gota, la trama que lo va envolviendo son tan complejas al ser presentadas como para necesitar, como dije, de varios visionados para entenderlas bien. Y, sin embargo, superada la comprensión, resulta, nuevamente, el diseño de una conspiración a nivel gubernamental montada por una agencia, la misma inspiradora del propio Bourne original. Se entiende que, tras desertar ese agente en la saga anterior y hacerle discurrir por distintos acontecimientos conflictivos, la agencia política habría desarrollado otros dos nuevos programas, independientes entre sí, llamados «Outcome» y «Larx», con la complicidad oficial y la finalidad obsesiva de conseguir «sujetos» con habilidades mejoradas, manipulando **la fisiología humana** mediante tratamientos químicos que les provocan artificiales avances físicos e intelectuales, exclusivamente con objetivos y manejos políticos.

Esto de las «mejoras» sonaría muy bien, incluso razonable por causa de la evolución natural ya habida en la especie humana desde los homínidos a los humanos actuales, buscando la ayuda de simple ciencia impulsora evolutiva. En esta cuestión, cabría preguntarse cuánta influencia de aquellos salvajes pobladores primitivos queda todavía en el genoma actual, si nos atenemos a la violencia que, ordinariamente, aún pulula por muchos sectores hoy día. Pero en lo que se refiere a la actualidad parece que, sistemáticamente, las mejoras genómicas siempre amenazan aplicarse para tortuosos fines político-militares, como los contemplados o sugeridos en esta película, difícilmente defendibles.

El propio jefe (interpretado por **Edward Norton**) de la trama política de Outcome conversa con uno de sus sujetos, manipulados y prescindibles, durante una de las primeras misiones del mismo, tratando de justificar sus acciones en el caso del objetivo que le ha encomendado y que ha resultado con perjuicio para terceros inocentes. Para borrar la protesta o disconformidad que le ha debido plantear su agente, defiende ese tipo de actuación ante el protagonista considerando a los miembros de su organización como «traga-pecados» (traducción al español) porque, resumiendo, hacen cosas malas para que las cosas buenas permanezcan «puras» (sic). Esto sí que es hacer tirabuzones con las palabras para justificar barbaridades y mantenerse despectivamente ajeno a la ética. Aquí en la ficción pero, previsiblemente, algo parecido puede suceder o estar sucediendo en la realidad.

Como he mencionado, hay un montón de *flashbacks* que van cortando sucesivas veces la peripecia central del solitario protagonista, al menos durante la primera mitad de duración de la cinta. Puede ser que los responsables de la realización hayan considerado que es el tiempo necesario para que el espectador se acople con la historia y aclare por sí mismo la red tortuosa que van creando los miembros de la «camarilla» que junta a militares retirados con jefes de otras agencias, en un poderoso conglomerado al que llaman «Investigación Nacional», dentro del área de Seguridad Nacional (definiciones que parecen valer para todo y no necesariamente bueno), organización que tiene una disponibilidad de medios reales y personales extremos.

La peripecia arranca del hecho de que la agencia maneja a seis sujetos del programa Outcome independientes y desconocidos entre sí, esto es, agentes «mejorados», probablemente procedentes del ejército como el personaje del protagonista mismo, que estarían actuando con éxito y que representan un paso conductista más allá de lo que en su día significó Jason Bourne para la agencia cuando actuaba en el programa previo de la organización (Treadstone), hasta que desertó y les puso en jaque. Por ello siguieron adelante, no solo sin cesar en su tinglado sino intensificando el «mantenerlo y no enmendarlo», al desarrollar otros programas paralelos extensivos de intensificación corporal. Al parecer sin aprender nada de los fracasos o mejor dicho, sin aprender nada ético o humano, sino impulsando medios de mayor calado para estirar científicamente artificiosas capacidades avanzadas en su propio provecho, pues desde luego en ningún caso resulta en beneficio de los propios «sujetos», enganchados a pruebas y tratamientos médicos permanentes que no pueden controlar ni abandonar.

El título, **El legado de Bourne**, así como el puñado de alusiones que se hacen a veces en el desarrollo del guion, sirven para entroncar el film, de alguna manera, con el éxito de las películas Bourne previas, pero sin aparecer en esta **Matt Damon**, protagonista en ellas.

Es lógico considerar la conexión con las filmaciones anteriores, dado que el director de *El legado…* es **Tony Gilroy**, quien había sido precisamente guionista en las Bourne de la serie previa. A la vez, él mismo y su hermano **Dan** han sido también los guionistas de *El legado…* y en cuanto al montaje (la edición) lo ha realizado el tercer hermano, **John,** con el prestigio añadido de ser, los tres, hijos de **Frank Daniel Gilroy,** escritor y ganador de un premio Pulitzer. Con lo que posiblemente, al ser el director del film el autor de los guiones Bourne anteriores, pueda conocer muy bien la consistencia de este estilo de «tramas» así como la interrelación entre agencias conspiradoras y agentes entrenados y sus peripecias, dentro del ámbito de las películas basadas en creaciones literarias de **Robert Ludlum.**

La agencia conspiradora (y la presentan como **muy** conspiradora) necesita desaparecer de la actualidad sociopolítica por causa del escándalo Bourne, dado que —*siguiendo el entronque no presencial con ese personaje que aquí nunca aparece, salvo en foto*— ese su anterior agente está enredando en **Nueva York**, además de contar con aliados que declararán en el Senado contra la camarilla. Naturalmente, dadas las personas de alta influencia que participan en la agencia, su libre utilización de medios militares sin tener que dar explicaciones, la enorme cantidad de recursos políticos, administrativos y económicos, legales e ilegales, de que disponen, se acuerda «cerrar el tinglado», para lo cual solo hay que destruir, literalmente, el programa Outcome y a los seis agentes «de campo» que lo componen. Sin más, borrarlos de un plumazo y en palabras del jefe (Rick Byer, encarnado por **Edward Norton**) hacer desaparecer todo «menos la ciencia», esto es, pasando a la reserva pero conservando todo el entramado del cruel sistema como antecedente para reaparecer en el futuro con otra apariencia.

Y esta pretensión de manejar personas llevadas al límite y usadas como peligrosas herramientas es básica en la película y en lo que expresa: los agentes «mejorados» lo son mediante la administración de medios químicos (dos tipos de píldoras diarias, una para mejora física y otra intelectual) de los que dependen permanentemente, estando su evolución periódicamente revisada e inspeccionada por los científicos creadores del sistema, a sueldo de la agencia política y a los que también liquidarán brutalmente para borrar cualquier indicio del asunto, los cuales entienden, o simulan creer, que hacen lo que hacen «por la ciencia, solo por la ciencia».

Es oportuno preguntarse sobre la complicidad, en la realidad cotidiana, que pueda existir, o no, entre la ciencia y la política. Los científicos interpretados en la película asumen como válida la figura de científico amoral profesional: trabaja en nombre de la ciencia, pero a sueldo del organismo oficial correspondiente, y es indiferente a las consecuencias externas de su trabajo fuera del laboratorio, no se interesa, ignora, si es que no desprecia la posibilidad de saber para qué desempeña su actividad, al considerarse a sí mismo esencialmente exento de responsabilidades sociales o éticas, ya sea porque realiza un trabajo tutelado políticamente o amparándose en la ciencia como excusa. Con semejante libertad personal frente al mundo, el equipo científico se permite experimentar al límite —*en el film*— con unos individuos que, como marionetas peligrosas, van a ser utilizados en misiones paramilitares precisamente por causa de tales mejoras inducidas, pero diluyéndose la responsabilidad de los científicos frente al resultado en la propia puerta de su laboratorio. Ya lo dice de ellos, en un cierto momento, el protagonista: solo cargan el arma.

Pues también así se creó la primera bomba atómica. Y cualquiera sabe cuántas barbaridades más, que no conocemos, al situarse a la ciencia en el campo límbico de la irresponsabilidad. Que conste que para nada me arranco contra la Ciencia, con mayúscula, pues buena parte del progreso, al menos actualmente, depende de la tecnología y la experimentación pero creo que algo falla en un sistema en el que podría eludirse, e incluso protegerse, el trabajar sin control ético ni social alguno y sin temer por los resultados de su actuación (o persiguiendo precisamente esos resultados) en áreas humanas, individuales o globales de importancia básica o primordial, llevando las situaciones al límite. Y, creo que es la sugerencia de la película, que circunstancias así existen y que luego pasa lo que pasa…

La filmación, claro, es básicamente espectáculo y, a pesar de tanta deriva, mantiene concentrada la atención en el protagonista. Los personajes centrales, buenos o medio buenos, y excluiré a los malos en esto, concitan la participación del espectador, bien por diversión, por interés, por atracción, por identificación o por simple expectación. De modo que en el film se va aumentando la presencia del protagonista principal (luego se le añadirá una compañera no sentimental) y de sus habilidades personales, por entre medias del entramado de apariciones de los conspiradores y sus maquinaciones, hasta que a media película todo se centra en la persecución desplegada contra él, priorizando el uso de los muchos medios institucionales de los que los conspiradores disponen arbitrariamente para decretar la urgencia de lo que fue, y es, la opción primitiva: matarlo como sea pero hacerlo ya.

Desde pronto en la historia ese agente, por nombre críptico Aaron Cross (antes de captarlo la agencia se llamaba Kenny Kitsom), nos ha sido presentado desde los primeros fotogramas, que lo sitúan en solitario en un sector de entrenamiento individual en **Alaska,** con avanzadas capacidades físicas y síquicas obtenidas gracias a las pastillas diarias y que ignora que están liquidando a todos los agentes (simplemente les modifican las píldoras y al ingerirlas, mueren). Al estar aislado no le pueden aplicar este «borrado» y tras un viaje imponente por las montañas, llega a un refugio gestionado por otro agente, aislado en medio de un territorio deshabitado y allí residente, donde deberá reponer su dotación de comprimidos químicos y entregar las muestras de sangre a que vienen obligados periódicamente para su envío —*en dron*— a la agencia citada, en total ignorancia ambos de la situación real. Como bien comenta el protagonista, por allí no hay ningún otro ser humano en quinientos kilómetros. La agencia lo sabe, así que en cuanto a ellos dos, recurre a medios técnicos de alcance.

Saliendo de la casa el agente Cross, y por un margen de segundos, un misil lanzado por el dron revienta la cabaña y mata al agente residente (interpretado por **Oscar Isaac,** a quien he visto como piloto espacial en la, para mí, decepcionante *Star Wars - El despertar...* de J.J. Abrams en 2015 y también como profesor en un deprimido colegio americano en la película *No nos moverán,* título original *Won't*

Back Down, de 2012) pero no acaban con él en un primer momento y se ve abocado a iniciar la huida.

Empieza para Cross un viaje denso y acosado tratando de burlar la persecución y la muerte. Con solo liquidarlo, la agencia procedería a escamotear ya todo el tinglado y a diluir responsabilidades. Y está marcado, lleva una baliza subcutánea y el mando militar que ordenó el ataque recibe la señal de que aún está vivo y saben quién es. Su supervivencia, a partir de ese momento, depende exclusivamente de él y de sus habilidades. Gracias a las mismas, con escenas imponentes, y destaco una, impresionante, que recrea una situación de impacto con intervención de lobos, reales y/o virtuales, el protagonista consigue despistar a sus verdugos por un lapso temporal. Pero con los medios de que disponen, los conspiradores van a dar con él otra vez en algún momento no muy lejano y no van a soltar la presa. Y a él se le terminan ya las píldoras que lo mejoran…

Parando ahora en esta historia y comentario, justo hoy he visto en la televisión el film **Hulk** (de 2003, dirigido por el taiwanés Ang Lee), que creo que fue el primero de los actuales y está protagonizado por **Eric Bana** (el muy convincente Héctor de la película *Troya* y el cruel jefe «romulano» de *Star Trek XI*). Todos conocemos, y desde hace mucho si recordamos series televisivas del siglo pasado, interpretadas por **Lou Ferrigno**, de qué va el argumento de la película. Pero lo que despierta mi interés y viene al caso, en estas líneas, es que sea, también, otra muestra más de la tan repetida irresponsabilidad, en este caso inmersa ya en la demencia científica que nuevamente actúa en el sentido de estimular artificialmente sentidos y capacidades humanas, incluso cayendo en la monstruosidad (también se

contempló tal idea en *Frankenstein* y en los filmes *de Soldado Universal*) y no solo sin prever sino sin lamentar las consecuencias, ni por parte de los científicos ni de los militares.

Pues no se tratará de catástrofes planetarias o de origen sideral, de glaciaciones mortales, volcanes de destrucción total o inundaciones globales pero de hecho es más
de lo mismo, aunque sea una pura anticipación creativa:
catastrofismo advertido y, en el caso o casos menciona-
dos, con el agravante increíble de usar **mercancía humana**
para experimentos manifiestamente indignos, a sabiendas
de quienes los promueven. Como aquí nadie escarmienta,
tampoco parece quedar tan claro como debería que **eso**, la
irresponsabilidad científica, la irresponsabilidad política, la
irresponsabilidad social, la ausencia de crítica y autocrítica
en cuestiones humanas y planetarias y la falta de control
de actuaciones gubernamentales, ya originó los holocaus-
tos en **Europa** y las destrucciones de Hiroshima y Nagasaki
en **Japón.**

Y, probablemente, siguen con más de lo mismo.

Vigésimo primer comentario:
Uno, dos, tres, cuatro

Cuando un escritor desarrolla su obra solo hay, aparte de la edición que lo hace tangible, dos componentes humanos: uno, que es el propio autor que imagina y plasma su creación por escrito; y otro, que es una persona «ideal», el ente individual, de entre muchos, que es quien ha de leer la obra y con su lectura se introducirá o participará en la acción. Pero en la creación fílmica tienen que coincidir infinidad de componentes profesionales y personales, y actualmente son tantos que los títulos de crédito de los intervinientes (ya sean actores, equipos de realización, en muchas ocasiones por duplicado o triplicado, asistentes, entrenadores, expertos de infinitas ramas técnicas, asesores, especialistas, transporte, *catering*, efectos especiales, entrenadores y así minutos y minutos de oficios y nombres propios), los títulos de crédito, repito, forman parte del film de una manera inseparable como una larga lista acompañada de música también muy fílmica, sugerente o melódica que ayuda o favorece el seguir la enumeración en su totalidad, según va pasando al final de la cinta, pues poner los créditos completos al principio haría insoportable esperar tanto para iniciar el visionado. Es, efectivamente, asombroso que el resultado final, la película, sea creíble sin patinar por algún lado con tanta intervención colectiva, aunque algún detalle se escapa siempre en muchas, tal vez en todas.

Pero, sin duda, aunque el director sea la premisa determinante del resultado de un film, el destino final son los espectadores, nosotros, donde quiera que nos encontremos. Y, como somos humanos, reaccionamos ante situaciones y acontecimientos humanos. Bien es verdad que la gran ventaja de las películas es suscitarnos ya sean sensaciones, emociones o sentimientos sin la gran desventaja de vivirlos y sufrir realmente por ellos ya sea por defecto o por exceso o por privación. Quiero decir que si alguien se conmueve ante una pantalla por una narración fílmica, eso empieza y acaba allí mismo: no se lleva la emoción al autobús o a su coche sino que inmediatamente después recupera su estado de ánimo habitual, aunque en algunos casos se salga impactado de lo visto pero no con la intensidad personal con que lo fue dentro del lugar del visionado, para proseguir con su vida ordinaria.

En la base de lo contemplado y de lo percibido estamos los espectadores y recibimos el mensaje porque los actores en la acción también son personas y, más que interpretar, es que nos interpretan humanamente. Lo que vemos, lo que nos llega, son los personajes concebidos a través de su plasmación final como aparece en la pantalla sin que, en el momento en que visionamos, seamos conscientes de la totalidad de los medios de producción que desarrollan el film.

Es verdad que los actores (él o ella) no son seres humanos como tú o como yo en el sentido literal de su aparición en pantalla, puesto que han de recrear a imaginados personajes de una narración de forma creíble. Pero también ellos al rodarse el film, y para conseguirlo, lo hacen como personas que nos ceden su habilidad, su actuación, su imagen y su criterio interpretativo de los acontecimientos que la cinta y luego la pantalla potencian y conservan con la ilusión de realidad. No importa que en una película la aparición de los intérpretes consista materialmente en fotogramas (ellos no «están allí» físicamente cuando los vemos, de hecho —*una vez filmados*— su esencia humana se va con ellos a sus casas), pero es tal el poder de una filmación que su apariencia de humanidad permanece para siempre, incluso cuando ya no están. Para tal credibilidad es preciso conjuntar la habilidad profesional de los actores (definición genérica, esto es, hombres y mujeres o viceversa) y el oficio o genialidad del director, sin olvidar los medios técnicos, y contando con que, en muchos casos, el resultado depende además del presupuesto de que se disponga para el rodaje. Pero al espectador primordialmente le interesa lo que se cuenta (la realización) y cómo se cuenta (los actores que encarnan la trama), con un especial interés en estos...

Y es precisamente en **El legado de Bourne**, además de algunas películas icónicas, donde totalmente sin buscarlo me he encontrado con la importancia de la interpretación. Y aquí señalo: *uno, dos, tres, cuatro*. Ahora diré el por qué.

Primero, el protagonista principal. El personaje de Aaron Cross/Kenny Kitsom lo asume un actor llamado **Jeremy Renner**. En esos momentos, no lo conocía (aunque ya *a posteriori* he descubierto que sí, sin saberlo) pero desde muy pronto en la película discerní la notable capacidad del mismo para expresar con especial credibilidad lo que cualquiera, en el lugar de su personaje y en el plano de la realidad, sentiría. A pesar de que el interpretado es un agente «mejorado» en sus capacidades de hombre de acción, el actor, que actúa posiblemente con preparación física personal real y pese a que pueda ser un personaje-estereotipo de los que distintos actores han asumido muchas veces antes, en su caso consigue expresar la parte de humanidad que aún le puede quedar al personaje y que la manipulación química no habría logrado eliminar por completo. No es un soldado universal rígido y estático, es un pobre muchacho de reformatorio, repescado con trampas por el ejército y que, dada su pobreza mental, acepta ofrecerse como cobaya para los experimentos de mejora, viéndose finalmente arrollado por los acontecimientos. Y el actor se adapta a las situaciones como si realmente las estuviera sufriendo de forma acuciante en su propia persona real, plasmando el hecho de que, por muy «mejorado» que esté, era y sigue siendo básicamente humano.

Hay momentos intensos y diversos que trasladan la capacidad de este actor para expresar con el rostro, con los ojos y la mirada, con el fruncimiento de la frente, incluso con las apenas moduladas quejas de dolor contenido, lo que le está sucediendo a lo largo de la historia, de modo que lo percibes como una realidad patente. De hecho, la actuación compensa con su humanidad el hecho incontestable de que su personaje es un agente de campo y de acción que, por tanto, *mata*. Y que ha requerido, al menos por mi parte, tener presente la convicción de que simpatizo con la actuación pero no con el contenido. Es un espectáculo duro, como ocurre en tantos otros casos (incluso más crudos y de peor ralea), con personajes de película o de creación, y consiguientemente hay que discriminar entre la admiración por el actor o la actriz, así como por la realización y tratar de mantener cierta ética racional acerca de los componentes creativos que conforman la acción. Pero, después de tres visionados completos, me ha parecido una interpretación fabulosa por su parte y en toda su extensión. Lo cual no me hace ni comprender ni aceptar situaciones como la que se narra, si es que ocurren en la vida real.

Visto lo cual, busqué información sobre el actor y descubrí que sí que lo había visto previamente, sin saberlo. Fue en *Los hombres de Harrelson* (film en versión actual que he visto hace tiempo y de pasada), donde hace de agente chulo y corrupto que termina siendo traidor, por dinero, a su puesto de policía. Es un personaje complementario e interpretado exactamente como he dicho, como un tío indiferente, interesado, cínico y que se deja tentar fácilmente por «el lado oscuro de la fuerza». Me ha parecido que era bastante más joven en aquella filmación, sin mucha seguridad pues no he vuelto a ver ese film y, como no puse mucha atención entonces, no puedo decir más. También descubrí que intervino en **Misión Imposible IV** (dirigida por Brad Bird en 2011), donde de nuevo interpreta a un agente (Brandt) que acaba formando parte del equipo de Ethan Hunt; en ella he tenido ocasión de volver a verlo y detectar (que no lo habría logrado, de no haber visto antes *El legado…*, que me lo descubrió) que efectivamente, a pesar de que su personaje no es estelar, ya se capta cómo, en todas las circunstancias en que interviene, aparece su capacidad para expresar lo que el guion y su profesionalidad de actor le exigen hasta modular, por contenido que pueda ser, con su rostro y su mirada en un puro lenguaje corporal, lo que está ocurriendo y, especialmente, lo que debe sentirse al vivirlo.

También he visto sus intervenciones en *Los Vengadores* y *La Era de Ultrón*, como personaje de equipo (nuevamente de una agencia, ahora futurista), donde no hay mucho lugar para la expresividad, dado que el personaje es profundamente estático, así que su interpretación también lo es, aunque un poco más diversificada en *Ultrón*. Y, en el mismo papel que en la cuarta parte, ha intervenido en *Misión Imposible V: Nación oculta*, donde representa al mismo personaje de la entrega anterior pero ya formando parte del funcionariado de la Organización, de aspecto circunspecto y contenido, seguramente como conviene al papel interpretado que solo ofrece una gama de matices moderados.

Siguiendo a ese intérprete no dejaré de señalar a la hace poco visionada, macabra y salvaje película **Hansel y Gretel** (*Hansel & Gretel: Witch Hunters*, de 2013, del director noruego Tommy Wircola), film germano-estadounidense que, en su catálogo de excesos, donde los protagonistas apenas están más que para dar y recibir «leña», tampoco da muchas oportunidades, con sus entornos negros y ritmos acelerados, a ofrecer grandes dotes interpretativas aunque los intervinientes, **Jeremy Renner** y **Gemma Arterton** (también vista en *Furia de titanes*, *Prince of Persia* y otras) cumplen exactamente a la medida con las exigencias de un guion abiertamente violento y lineal, que sabe lo que expresa y no pretende más que el desarrollo de una historia cruenta que, a mi parecer, ni siquiera en cuento parecería muy adecuada para niños, mucho menos filmada con un buen catálogo de barbaridades (en el pase aparece no recomendada para menores de doce años). Finalmente, el film se deja ver como una mezcla de terror muy básico y fantasía macabra, sin más, y que cada uno opine lo que le sugiera.

Y por una casualidad de las que ocurren a veces, de repente en la televisión básica encuentro a **Renner,** de nuevo como protagonista en un film ya empezado y titulado **Matar al mensajero** (*Kill the Messenger*, dirigido por Michael Cuesta en 2014), que tuve ocasión posteriormente de volver a visionar en otra única ocasión pero sin tenerlo disponible en mi archivo. No quiero ampliar comentario aquí pues la película y su interpretación, así como el desarrollo propio del contenido (basado en hechos estrictamente reales) son tan destacables, en mi opinión, que necesitaré otro lugar y volver a ver otra vez el film, si fuera el caso, pero quede ya aquí expresado el profundo impacto que me ha producido la cinta y lo que narra y cómo transcurre, en este caso asumiendo el actor un personaje muy distinto a los anteriores.

Segundo, la coprotagonista en el papel de la científica igualmente perseguida Martha Shearing, que es **Rachel Weisz.** Sí que conocía a la intérprete, que reúne una filmografía tan extensa que difícilmente ha podido alguien no haberla visto en distintas intervenciones. Es cierto que al aparecer en *El legado…* tuve incluso dudas, pues la recordaba de *Reacción en cadena* (*Chain Reaction*, dirigida en 1996 por Andrew Davis), junto a **Keanu Reeves**, y me parecía una persona distinta, no por su actuación sino por el físico: la recordaba muy joven y diferente, una muchachita de grandes ojos al principio de su carrera (en la película y en persona), científica también, que se ve arrollada por acontecimientos provocados —*cómo no*— por una conspiración, no recuerdo si de carácter político o mercantil. Igualmente la he visto en *La momia* (*The Mummy* , junto a **Brendan Fraser,** dirigida por Stephen Sommers en

1999), conservando aún su aspecto juvenil y sus grandes ojos. También he visto *El jardinero fiel* (*The Constant Gardener*), igualmente con la intervención de **Weisz** y, efectivamente, ya percibí cambios físicos: aquí se me aparece como una mujer adulta, ya borrada en el rostro, incluso en el cuerpo, la candidez juvenil y donde interpreta a una defensora de derechos humanos en el Tercer Mundo que termina víctima, cómo no, de una conspiración, en este caso económica, que arrastra también a su marido inocente (**Ralph Fiennes**). Esta película es de 2005 y fue dirigida por Fernando Meirelles.

Pues bien, en ***El legado de Bourne***, mayor, delgada, un tanto atlética, achicados ya aquellos grandes ojos, con un dominio contenido del papel que le ha correspondido, representa a una científica que es salvada por Cross, *in extremis* y por necesidad propia, de su asesinato por los conspiradores que siguen en su empeño en liquidar a los dos últimos testigos, en el caso de ella por haber sido una científica que se salvó milagrosamente del masacrado equipo de experimentación. Por ello se ve obligada a huir con él durante todo el desarrollo posterior, aportando los matices asombrados de alguien que entiende ser víctima de fuerzas demasiado imponentes como para abarcarlas, razonarlas o intentar oponerse a ellas, asumiendo sin discusión que la huida es el único camino, hasta donde pueda llegar.

Tuve ocasión reciente de verla en otra película, ***Dream House*** (de 2011, dirigida por Jim Sheridan y con título español *Detrás de las paredes*), difícil de contemplar, oscura y complicada, llena de dramáticas sugerencias, de dudas y de sombras, interpretada por **Daniel Craig** (en un papel muy diferente de los que suele asumir en películas de acción de éxito) y **Rachel Weisz**, representando ambos a un matrimonio en medio de determinadas, complicadas y duras tensiones sociales, personales y vecinales (los protagonistas —*haciendo aquí un comentario puramente incidental*— se convirtieron en matrimonio real después de la película). Densa en la narración, nos lleva por caminos muy conflictivos hasta un final impactante y sorprendente. Ya en ella **Weisz** se acerca en su apariencia a como aparece en *El legado…* Tiene en su haber, como actriz, bastantes premios tanto cinematográficos como de televisión y teatro.

De los dos personajes centrales en ***El legado de Bourne*** a que me he referido, que se encuentran profundamente solos ambos en y ante el mundo, incluso cuando sus destinos los unen en la historia que se narra y que concitan el protagonismo a distancia de otros personajes del film, voy a destacar un hecho en el desarrollo de sus interpretaciones (esto es, en el guion): tras encontrarse en una misma huida, ambos tienen que escapar juntos, alojarse juntos, viajar juntos, enfrentarse a perseguidores juntos y huir en una delirante persecución igualmente juntos. Y cuando digo juntos entiendo que están inequívocamente solos ante un mundo hostil aunque estén uno junto al otro, pues sus destinos, imposibles de anticipar para bien o para mal, no pueden diversificarse y han de transcurrir forzados en la misma dirección casual, aunque ambos se salvan la vida mutuamente en distintas ocasiones.

Pues bien, en todo el denso periplo de la historia nunca hay ninguna relación no ya íntima sino prácticamente ni emocional entre ellos, ni tampoco beso alguno. No hay ningún contacto físico que no sea de entreayuda, que los hay —*por necesidad*— con frecuencia en razón de los acontecimientos. Puedo decir que es la pareja con una relación «más blanca» que he visto en una filmación de este estilo e incluso en muchas otras, aunque es verdad que, desde que se juntan en el film y hasta su final, apenas deben transcurrir cuatro o cinco días en la acción. Y, sin embargo, el matiz básico del agradecimiento sí que se plasma de forma evidente en cada uno de ellos, respecto del otro, a lo largo de la durísima huida. Y concitan unos personajes y una relación mutua que, aun sin intimidades, en muchas ocasiones nos resultan entrañables y, sin necesidad de adivinarlo, afectuosos. El poder de la expresividad.

Tercero: el malo de la película: Rick Byer, papel interpretado por **Edward Norton**. Sí que conocía a este actor de otros visionados, incluido su *Hulk* (el segundo de ellos, *The Incredible Hulk*, dirigido por Louis Leterrier en 2008). Otros que también he visto no me han concitado un especial recuerdo, salvo una excepción por una interpretación intensa en el film titulado **El ilusionista** (The Illusionist, película del 2006, dirigido por Neil Burger). En este film, aparte de su intervención bien ajustada del personaje del propio ilusionista, se me clavaron ya entonces esos ojos de mirada estática y que consiguen expresar, solo con mantenerla fija, lo que se pretende transmitir.

Pues bien, nuevamente esos ojos invasores dan cohesión al personaje inhumano (o si nos atenemos a muchas realidades modernas, diría que perfectamente humano, en el peor sentido de la palabra) que es el jefe de la trama Outcome, dotando de una frialdad glacial a todas sus intervenciones, ya sean las directivas a su equipo conspirador, tanto si las dirige al alto mando como a la base de intervención y ordenando las sucesivas matanzas con la tozudez tranquila y obstinadamente indiferente y profesional de alguien que, sabiéndose esencialmente liberado de responsabilidad, pretende imponer cualquier medio para un fin, como un dios olímpico que jamás duda de sí mismo, de su poder y de sus decisiones, perfectamente consciente de cuánto de injusto y cruel ordena y de la potencia del equipo que le obedece, sin el menor escrúpulo nunca. Todo con la mirada. Impresionante.

Cuarto: aquí me refiero a un personaje que aparece finalmente como recurso extremo de los conspiradores para cazar a sus víctimas, introduciendo en la persecución a un «mejorado» de última generación, un producto final de la agencia obtenido con otro programa ulterior de mejoras extremas (denominado *Larx 3*), que está diseñado para carecer totalmente de sentimientos, obedecer órdenes a ultranza y tener máximo grado de resistencia al dolor y de éxito en las misiones a las que le envían. Y es que, para ello, han elegido a un intérprete —*totalmente desconocido para mí en ese momento*— que consigue encarnar exactamente ese papel, para el que se requiere convicción, agilidad, frialdad, dureza y tozudez, pues ni siquiera habla.

Y eso es lo que aporta y con un matiz de peligro sistemático que impone y que nos sugiere con su presencia, además de que incluso comentan los propios conspiradores para qué barbaridades lo utilizan. No tiene más nombre en el film que el de su programa, *Larx 3*. Su intérprete es **Louis Ozawa Changchien**, actor que, por familia, es de origen japonés y chino (de Taiwan). Con un físico delgado pero imponente, unos ojos cruelmente amenazadores, una fácil flexibilidad corporal, digamos que amarga la poca existencia que parece quedarles a los protagonistas cuando son perseguidos obstinadamente por toda la policía de **Manila** y además por este potente *Larx*, que se les echa encima hasta el propio difícilmente previsible final de la historia.

En otro momento posterior a *El legado...*, cuando ya me resultaba conocido el intérprete, lo he visto intervenir en otra película, **Spectral** (producción americana de 2015, estrenada en 2016, dirigida por Nic Mathieu), como sargento en una operación militar en choque al límite entre lo humano y lo infrahumano en colisión bélica, donde su interpretación no llama especialmente la atención, sumergido entre otros muchos soldados como él mismo, aunque destaque por sus rasgos.

Y, sin referirme más aquí a la película de que se trata, **El legado de Bourne,** sí que debo añadir: y en ella uno termina con la idea de que, de una manera o de otra, lo que finalmente se salva —*aunque tantos mueran*— es la organización de los conspiradores que, ya permanezca o aparentemente desaparezca, dispone clandestinamente de sus medios, su experiencia, sus hallazgos, su química, su empecinamiento, su mala baba y más tarde o más temprano, esa u otras como ella, volverán a repetir e impulsar tales horrores.

En relación indirecta con tantos horrores, ya sean audiovisuales o reales, habituales en este mundo tambaleante, me remito a lo que dice, en *Los Vengadores*, un anciano surgido en medio de una multitud sumisa y arrodillada, al ser el único en levantarse y enfrentarse al asesino alienígena **Loki** cuando este, que pretende, y aparentemente consigue, dominar a la gran multitud de personas que ha acorralado, les aúlla que «no hay en toda la Tierra un hombre como yo». El anciano le contesta:

«Sí, siempre hay en **la Tierra** hombres como tú…»

Lamentablemente, no hace falta más comentario por mi parte…

Vigésimo segundo comentario:
Cómo y por qué

Ambas cuestiones son aplicables a todo, tanto a la rutina terrenal como, por forzado que pueda parecer, también al entorno sideral si nos preguntamos, en el caos del *Big Bang* primigenio, **por qué** apareció este Universo en expansión, lleno de pedruscos, unos ardiendo y otros chocando o dando vueltas, camino de cualquier parte, en aquel «entonces» en el que había que buscar sitio o vagar para siempre y **cómo** los más densos capturaban a otros menores en su órbita y se creaban los sistemas solares, en los que todo empieza y todo acaba conforme a sus propias reglas, dentro de una urdimbre física inaprensible, en su complejidad, para el estado actual de la ciencia y, por supuesto, aún más difícilmente comprensible para los simples humanos que andamos erráticamente por aquí, sin saber ni cómo ni por qué.

Pues entiendo que, ya sea la ingeniería espacial o ya sea la filosofía más elaborada, trátese de especular sobre agujeros negros o meter las narices en los agujeros térreos —*sean simas o volcanes o la propia mente*—, todo lo centramos en un solo componente: el género humano. Y no lo digo porque me crea —*pero para nada*— que somos la creación más imponente de un sistema espacial que es prácticamente

225

infinito e ignoto o defienda considerarnos lo *ultimate* en la aparición solitaria de la vida en el Universo, ni que nuestros esfuerzos, todavía infantiles, por mandar cacharros a volar por el espacio o nuestros anhelos juveniles de que en algún momento podamos enviar «fuerzas expedicionarias» espaciales me parezcan efectivos —*por más que en parte puedan ser ideas de mi gusto personal*— y que me crea, repito, que **el cómo** del propio Universo explica nuestra presencia, porque a lo mejor ni siquiera ha sido así como ha sucedido o como sucederá ni alcanzaremos a concluir **por qué** habrá pasado lo que haya pasado.

Los habitantes del Planeta han barnizado históricamente sus «pequeñas vidas», muchas veces en el paso de los siglos atropelladas y sometidas por otros de su misma especie, con razones para vivirlas: con ese fin, los dioses han sido un recurso asumible porque daban sentido a fenómenos amenazantes que, no siendo de comprensión humana, había que suponerlos obra de entes superiores reales pero inalcanzables, salvo por respeto y reverencia; en la práctica, es difícil distinguir si, en cuanto a los dioses, más bien que hacernos ellos a nosotros a su semejanza tal parecía que los hicimos nosotros a ellos a la nuestra, en figura y actitudes. Hablo de primitivos, asirios, egipcios, griegos, romanos... A partir del siglo primero de esta era yo no me permito analizar religiones ni creencias posteriores a esa fecha, dejando a la historia y a la ciencia su interpretación y perspectivas sobre los contenidos de sus porqué y sus cómo respectivos.

De modo que no he aclarado nada sobre los **cómo** y **por qué** en tan «sesuda» disquisición anterior. Pero insisto en que sus contenidos posibles son columnas irrenunciables tanto de la vida humana como de la sociedad que se ha creado, más allá de creencias o suposiciones, hasta donde llegue el entramado social o hasta donde quiera llegar el individuo aislado en considerar ambas cuestiones. Se trataría de cómo son las cosas-por qué existen, cómo somos-por qué existimos, cómo está estructurada la sociedad-por qué, en resumen, conseguimos sobrevivir.

Y creo que hay una pista sistemática a lo largo de la historia, ya se entienda como la continuidad con la que la población se estructura en torno a gobernantes que previamente han asumido el poder, o bien —*visto al contrario*— por el hecho de que determinadas personalidades, que previamente han asumido algún tipo de poder, hacen estructurarse en torno suyo a la población a la que alcanza territorialmente su poderío. Las caras pueden ser dos, pero la moneda, finalmente, es solo una.

Caben diversas lecturas, pero elegiré: que ello haya sido así no por casualidad, no por los mamporros que un Conan primitivo haya repartido a su alrededor para concitar sumisiones sino porque la vida, en sí misma, se creó en su origen como una alianza (un salto hacia adelante, una búsqueda de mejores perspectivas) entre células individuales que, al unirse, forman, frente al mundo amenazante que les rodea, un ente más potente de lo que podrían ser individualmente. Luego la evolución natural selectiva haría el resto, pero siempre en el camino de la multiplicidad orgánica y, finalmente, social.

Y la vía del cómo y del por qué, a mi parecer, se abrió para siempre: primeros organismos, más uniones entre ellos; primeros animales dotados con sistemas de distintos órganos, más progresión hasta conformarnos a nosotros mismos mediante igual fórmula: la pluralidad biológica. Y nosotros seguimos estableciendo unidades complejas crecientes, la principal de las cuales es la sociedad —y *actualmente, la sociedad global*— existente desde que la primera humanidad dio paso a la organización tribal fueran cuales fueran las razones, quizá simplemente instintivas en torno a un dirigente. Y ahora y aquí el sistema sigue siendo el mismo, solo que aún más masivo en cuanto al número: cual células individuales, todos apiñados en torno a un gobierno con el puro y simple objetivo, involuntario, de la progresión y todo ello sin siquiera habernos parado a considerarlo.

Mas como seguir con ello puede resultar un rollo, incluso para quien lo escribe, que necesitaría suponer y estirar razones y métodos de cómos y porqués que excederían seguramente la propia capacidad razonadora, me voy, directamente, al objetivo: los gobiernos.

Esas superestructuras políticas y sociales que detentan desde siempre la potestad de actuar, ordenar y obligar, supuestamente con el objetivo finalista de que las cosas funcionen en una sociedad. Y que, al mismo tiempo, nos sumergen en unos entramados, en unas telas arácnidas de obligaciones, sumisiones y contribuciones que nos hacen a todos individuos, por un lado, y ciudadanos, por otro lado, pero siempre, y más que nada, *contribuyentes*, sea cual sea la opinión, conforme o no, de cada uno.

Para la parafernalia de un gobierno puede que en el Libro Mayor seamos todos iguales aunque, en la práctica, cada uno sea socialmente considerado tan distinto como diferentes de hecho somos en persona pero las circunstancias personales, finalmente, no alteran el hecho de ser servidores, aunque varíen las formas, de las estructuras colectivas que compartimentan la sociedad en sectores para facilitar su control por parte de un poder plural, porque una sociedad avanzada requiere de muchas actuaciones y sus finalidades precisan de especializaciones, esto es, administradores, para que las cosas simples o complejas funcionen.

Bueno, ya he desprendido de la madeja los dos objetivos finales del comentario, por sí mismos: los que mandan, que por muy elegidos que hayan sido son los únicos que ostentan y utilizan el poder clásico (el Gobierno) con la mayor amplitud; y los que administran tanto las órdenes que reciben de los que mandan como la aplicación concreta de los recursos colectivos en lo que se relaciona con la población (la Administración), conforme a normas y protocolos.

Porque no, no son la misma cosa aunque unidos formen la pirámide del poder sobre la amplia y maltratada base ciudadana, el **Gobierno** legislando e imponiendo y la **Administración** obedeciendo y aplicando. Todos saben lo que es el gobierno, resultante del partido que sale designado por la votación popular (elecciones democráticas), sea del color político que sea el agraciado (en una lotería en la que «ganar» significa formar parte del beneficio directo en una organización que recibe y controla, precisamente, los recursos y muy especialmente los económicos) pero que es y será una organización puramente política y, en su mandato, pasajera. La Administración, por su lado, es una organización permanente y profesionalizada con un cierto nivel de independencia, mayor o menor según sea sobre ella la influencia del Gobierno. Una vez más, la eficaz tendencia a la cohesión se demuestra con ello, donde dos sectores distintos quedan concentrados para mejorar el rendimiento. Claro, como todo, está formado por seres humanos y, por tanto, otra cosa es que cumplan y que lo hagan bien.

O, al menos, eso es lo que quisiéramos nosotros. No tengo mucho que añadir al descontento y desconfianza arraigados en este viejo y desencantado país que es **España,** que *ni antes ni después del descubrimiento de América consiguió encontrar* la manera de progresar socialmente, ni a nivel colectivo ni individual (otra cosa fueron, y son, las grandes fortunas que se crean en cada momento temporal y su causa, a evaluar en algún otro momento) y, más o menos, así seguimos, a trompicones.

Generalizando, la pobreza, la miseria, el abandono de tantos siglos, con las invasiones y las guerras sufridas, nos ha convertido, incluso a fecha actual (sigo generalizando) en indiferentes, acomodaticios, un tanto fatalistas y al mismo tiempo —*para compensar*— fanáticos de la diversión personal, escapistas a las responsabilidades, buscadores de lujos compensatorios, faltos de respeto a nosotros mismos y a los demás, demasiado amigos del amiguismo y en exceso descontentos con la vecindad (ya sea esta personal, local, regional, nacional o internacional), creándose un sordo egocentrismo muy extendido que no puede considerarse excepcional. Total, que así nos va.

Y, nuevamente, el **porqué** todo esto: pues porque si hubiera dirigentes dignos, que trabajaran en el gobierno correspondiente con dedicación exclusivamente profesional (y no en obediencia a entramados políticos artificiales) para la sociedad que les paga sus importantes sueldos, que —*repito una vez más*— salen de nuestros más o menos escuálidos e indefensos bolsillos, ocurriría que el que manda daría un buen ejemplo, digno de ser imitado: es sabido que de maestros buenos, surgen buenos alumnos; con jueces trabajadores, sus oficinas llevan los pleitos con diligencia;

de catedráticos dedicados, egresarán mejores profesionales y, así formados, estaríamos orgullosos de ser ciudadanos y conformes con trabajar en y por la zona y el país de origen para mejorarlo y enaltecerlo, para borrar la mugre de los siglos de miseria y abandono, y —*como mandan las viejas células primigenias*— multiplicar rendimiento e impulsarlo... pero, claro, si hubiera gobiernos ejemplares de una vez. Que dejaran de ser esa definición interesada e ineficaz como dirigentes partidistas, para convertirse en profesionales de sus respectivas titulaciones, en su caso contratados para fines concretos, conocedores y expertos al límite en las materias a las que vayan destinados y entregados a ellas por convicción y por oficio y capacitados para trabajar en equipo sin directrices políticas, sino exclusivamente sociales. Y, no lo olvidemos, conforme les exige su encomienda, esto es, su cargo.

Y, como cualquier otro dirigente de empresa, si no valen, despedidos sin esperar a que finalicen los plazos de mandatos y partidos. Así trabajarían bien y con responsabilidad personal en el ejercicio de sus áreas de gestión, con esa importante cualidad que se llama **dignidad.** Y evidentemente, abandonando los clientelismos y las complicidades de la política y respondiendo automáticamente de su gestión, en beneficio de la sociedad.

En tal caso el Gobierno (ahora me refiero a ese conjunto de «gestores» al que acabo de hacer referencia) estaría formado por profesionales independientes o autónomos, unidos por un encargo perentorio, una finalidad, un objetivo, que sería el progreso del territorio y entonces la siguiente rama del poder, la Administración (servida por funcionarios, que no son gobernantes, sino gobernados) trabajaría, en la cercanía del ciudadano, con la eficacia de un reloj suizo y además cabría ejercer un control efectivo y eficaz sobre recursos y gastos además de establecerse responsabilidades inmediatas.

Porque son la Administración y sus funcionarios y empleados los que realmente dan continuidad al desarrollo y ritmo de la sociedad, en resumen a su funcionamiento, y de ahí el nombre, tan repetido. Por eso, en el pasado ínterin de finales de 2016, en que no había gobierno (solo había un «retén» cubriendo provisionalmente «el puesto»), la sociedad no se hunde en el caos; la educación abre sus puertas como siempre, la sanidad atiende a los ciudadanos, las carreteras se mantienen, los alimentos siguen su viaje de aprovisionamiento, los medios de transporte conservan sus rutas, los puertos sus estibas y los que tienen empleo pueden acudir a sus trabajos o si, por desdicha, no los tienen, recibirán su subsidio. No digo que mejor, pero desde luego, tampoco digo que peor que cuando hay un gobierno establecido. Dado que el sistema administrativo, el trámite, sigue trabajando en continuidad automáticamente y como siempre, dada la estabilidad «funcionarial» de empleo y puesto, independiente de los vaivenes del equipo ministerial que manda políticamente en la cumbre y sin perjuicio de que a todos nos gustaría que se depurase hacia la renovación, la sencillez, la participación, la transparencia, la eficacia, la ausencia de presiones políticas... En resumen, que fueran también sus componentes altamente profesionalizados.

Porque señalo que socialmente más importante, a pie de calle, es el empleado público o funcionario, que siempre estará, y está, ahí frente al ciudadano (y que de hecho también es un ciudadano más), de lo que lo es un gobernante que estará temporalmente en el poder, preocupado por sus consignas políticas y grupales y alejado del aliento de la vida diaria. Porque la Administración, aunque no tiene más remedio que obedecer al Gobierno, aunque adolece de vicios y defectos históricos, aunque sus servidores (funcionarios y empleados) trabajen unos de más y otros de menos por una irritante falta de previsión gubernamental en las dotaciones de puestos de trabajo, aunque tengan que «administrar» órdenes de un color político hoy y mañana de otro y que estén obligados a ser los lebreles que persigan las incidencias de los ciudadanos, que son quienes les pagan el sueldo sin por ello ser sus «patrones», y que se preguntan si, realmente, les sirven a ellos o al poder y aunque a veces les barnice la apatía y la indiferencia, la Administración, repito, es lo único que da continuidad de servicio a la sociedad, estemos con la calidad y extensión de este servicio más o menos conformes. Valga este pequeño resumen para distinguir los matices y sin omitir que la responsabilidad, la transparencia, la dignidad y el cumplimiento igualmente serían consustanciales y exigibles a los trabajadores de la/s administración/es, en el desempeño de sus puestos.

O, en un mundo ideal, que la política y sus adictos cambien profundamente su trasnochada sistemática en su área particular y de un modo trascendental en la sociedad global y sus estructuras.

Pero como, siendo la situación como es y mientras no mejore, las cosas son como son y nosotros como somos igualmente y, a falta de más datos que quizá relegue para algún otro comentario, me limito a desear (pues otra cosa no puedo aportar) que, en algún momento de esta vida, vea cómo los entes rectores de todo el país se profesionalizan, dejándose de sus ridículas batallitas de «conquista» y de sus dudosos, repulidos e ineficaces discursos políticos y partidistas y pasen a exigirse a sí mismos seriedad, honestidad y dedicación y puedan darnos, con su simple eficacia, ejemplo de lo que es, o debe ser, la **dignidad** (cualidad de la que también forma parte imprescindible la honestidad), y quizá descubran la satisfacción de ser mejor uno mismo y por su influencia consecuentemente los demás. Para que, pudiendo entonces nosotros ser también mejores, dejemos camino abierto al progreso, ahora y aquí. *Para el mañana.*

No es perjudicial, al menos para mí, recurrir al idealismo, dada la rudeza, la exigencia, la decepción, la falta de medios, la falta de igualdad, la falta de oportunidades, la tensión y los desencuentros de la vida diaria. Y no me valen de consuelo las excepciones felices y satisfechas, y aún menos los conformismos, así que me puedo permitir exigir —«idealmente» también— que se modifiquen las actitudes oficiales hacia la sinceridad, el buen hacer, la siempre citada dignidad, la honradez, el sentido común, la eficacia y, cómo no, la justicia… para todos.

Como *debe ser.* **Porque** *así debe ser.*

Vigésimo tercer comentario:
Un alza a la baja

Tiempo atrás comenté el aparente decaimiento del número de gorriones en todas partes. En principio, no tendríamos aquí más culpa en ello que la de cualquier otro lugar geográfico allende las fronteras: simple indiferencia, o artilugios y químicas modernas y masivas que previsiblemente tendrán su influencia en ello, por explicarlo de algún modo.

Pues leo ahora en la prensa un artículo basado en un informe de Seo/BirdLife (Cfr. Matías de Diego, en **20 Minutos**, 2017), referido a las cigüeñas españolas, por estar al alza los datos de población de esas grandes aves, aunque en el futuro podría tornarse a la baja. O no, pero no es la cuestión. Se trata del expresivo y curioso resultado de que las cigüeñas, que eran migrantes habituales, salvo pocas excepciones que se quedaban por alguna zona en invierno, ahora más bien hay que considerarlas pobladoras de pleno derecho por haberse afincado. Esto ya se está observando desde hace algún tiempo, resultando que muchas de ellas, concretamente la cigüeña blanca, se han establecido de modo permanente en la península y ya no migran.

Aunque, paralelamente al contenido del informe, entiendo que eso no me sorprende, dado el calentamiento global que está intensificando tanto la temperatura en el país en general, menos según qué zonas altas, convirtiéndolo en aún más cálido y favoreciendo el que las zancudas no se molesten en hacer turismo africano, ya que aquí se encuentran cómodas todo el año. Bastaría la situación climática para justificar su presencia. Pero el informe va por otro lado.

La cigüeña es grande, luego tiene bastante necesidad de comida. Y, aquí viene lo llamativo, históricamente recurría a los alimentos rurales naturalmente disponibles pero ha actuado, una vez más, la presión humana para variar su dieta. No, por una vez no es que las desplacen de sus sitios habituales, como ocurre con muchos animales, con la desatada tendencia social «desarrollista» de construir edificios por todas partes. Más bien se trata de uno de los beneficios sucios que encuentran algunos animales en la propia mugre humana. Y, en este caso, es el auge y dimensión de los vertederos suburbanos lo que, según el informe, está reteniendo a las cigüeñas, la disponibilidad alimentaria que encuentran en los mismos.

Vale, entiendo que es fácil concluir que con ello no hacen nada malo, incluso que aprovechan (como las gaviotas en distintos lugares) la manía humana de conseguir tanto alimento que mucho del mismo haya que tirarlo, esto es, el desperdicio de recursos. Pero creo que no es un consuelo que ello le beneficie a alguno (sean cigüeñas o sean ratas) puesto que la «solución» solo es superficial y el mal ya está hecho previamente con el desparrame alimenticio, que ocurre aún más con la influencia amenazante de las fechas de caducidad en los envases, que en muchas ocasiones se convierte incluso en una obsesión individual. Los alimentos para la población requieren de mucha explotación agrícola, de mucha inversión, coste, transporte, intermediación y expedición y todo ello cuesta esfuerzo y dinero y representa valores añadidos tanto a lo largo de la vida útil del producto como en su adquisición final y en su precio. Total para luego, en parte (en un gran porcentaje si multiplicamos muchos «pocos» por la cantidad de habitantes), tirarlo a la basura y terminar en el vertedero pudriéndose.

El informe advierte, respecto de las cigüeñas, que antaño los vertederos, supongo también que más moderados entonces que ahora, en su «oferta» de mercancía pútrida solo suponían el 2 % de su alimentación. Y actualmente, según la misma información, representan nada menos que el 75 % de su comida. Impactante, pero aún puede ser que no se entienda el verdadero resultado de este hecho. Y que es, a mi criterio, lo que paso a considerar sobre la base de esta información.

Veamos, entiendo que al vertedero llega la basura orgánica o mixta que, o se ha vertido tal cual, sin revisión, o de haber sido revisada, lo útil ya se ha retirado y rechazado lo que no interesa. Así que lo que se encuentre allí muy recomendable no será. Porque, en efecto, en la rebatiña de restos no solo habrá mucha comida en pudrición, con sus numerosos catálogos de hongos y bacterias, sino mucho plástico variado y mucho vertido (que habrá pasado «inadvertido», perdón por la rima) que hay que considerar que es no recuperable y sí sospechoso por sí mismo: especialmente productos químicos que originariamente hayan llegado allí en polvo o en líquido, naturalmente mezclados y revueltos con todo lo demás, impregnando las cosas. Productos ignorados, provenientes de distintos desechos pero que cualquiera puede entender que representan una amenaza potencial para lo que sea.

Y «lo que es» son muchos animales de esos que encuentran comida fácil y no distinguen entre el pringue que la misma pueda contener, solo haciendo alusión a su nivel de podredumbre. Me permito recordar que las ratas son especialmente dañinas, más que por ellas mismas, por el estado de peligrosidad del entorno en el que viven, ya sean los alcantarillados o los vertederos, de modo que su alimentación en ellos les convierte en pequeñas bombas vivientes cargadas con desechos, en buena parte químicos y en otra parte infecciosos, pero exactamente culpa del Hombre.

Y no, mejor no pensar que, bueno, así la comida contaminada servirá para quitarlas del medio (a las ratas, y todos sabemos el inmenso número que circula por todas las ciudades) porque no ocurre tal cosa: la sabia naturaleza ya hace a los animales cuyos partos son frecuentes y con numerosas crías que, a cambio, vivan poco (si vivieran mucho, el mundo sería —y *tal vez lo será*— solo suyo), por lo que la eficacia del veneno lento, como es la comida contaminada, apenas tiene repercusión en su número como sí que lo tiene la abundancia de la misma, en su aquí y ahora. Quizá influye en que los contaminantes impidan que la disponibilidad de comida, por sí misma, sea aún más beneficiosa para ellas ya que precisamente, si no fuera pútrida, alargaría también su vida, sin disminuir sus partos y entonces ¡bum!

Pero las cigüeñas no viven en ambientes apestados, andan por los cielos y los campos y anidan en sitio altos. Claro que —*como a los humanos* **todo**, *incluso nosotros mismos si se trata de «los otros», nos molesta en nuestro camino de reyes de la creación*— también entramos en conflicto con la población «ciconia» y es que al ser animales grandes, requieren de enormes nidos que construye la pareja apilando ramas, con un resultado imponente e incluso compartiendo varias parejas nidos aún mayores. Para ello necesitan sitios altos y, como nos hemos cargado la naturaleza, hay pocos disponibles y los que hay, por lógica, son edificios.

Tradicionalmente algunas anidaban en las torres de las iglesias (y en mi conocimiento, nadie estaba disconforme con ello) pero actualmente hay protestas frecuentes por el hecho del peso que el mismo acaba teniendo y lo poco o mucho que incida en el mantenimiento del tejado. Ignoro en qué otro tipo de edificios ocurre lo mismo aunque, volviendo al informe de referencia, parece que los hay, dado que el mismo hace alusión al recurso disuasorio, mediante sistemas artificiales, como adosar a los tejados y alturas construcciones metálicas con colecciones de puntas afiladas que les impidan posarse, para repelerlas, así que no sé cómo esos animales lo van resolviendo, pero ahí están. Y hago positivamente una expresa excepción con el trato que se les otorga en la localidad de **Alcalá de Henares** (Madrid), donde he oído que se les tutela y se les publicita con la mejor intención.

Para mí, sobre la situación general de estas zancudas hay una pista en la serie de humor llamada *La que se avecina…* con un divertidísimo capítulo, de entre muchos que lo son, que trata precisamente de eso: una cigüeña ha construido un nido en la cúpula de la terraza del bloque comunal (no sé si en el tejadillo del ascensor o de la escalera) y el protestón de siempre (Antonio Recio, el mayorista de pescado) organiza una de las suyas pidiendo que se quite de allí, no sabe muy bien por qué, pero quiere que desaparezca.

Y, como de costumbre, lo hace destruir sin contar con nadie y andando por la terraza comunal incluso con una escopeta de caza y dispuesto a lo que sea. Como es lógico, algún vecino más razonable le hace ver que las cigüeñas y sus nidos, hoy por hoy, están protegidos legalmente y puede ser un delito actuar de tal manera. Al tío le da igual pero, mira por dónde, aparecen dos controladores que vigilan a cigüeñas marcadas y resulta que la mamá ciconia es una de ellas y la están siguiendo por GPS, o algo parecido, al haberla visto volar de forma rara, cosa que tal vez la tenía meditando cómo volver a montar su nido destruido... con el escopetero esperando abajo.

La comunidad de vecinos entra en alarma, dan una primera excusa para no franquear el paso a los controladores y proceden, con su comicidad correspondiente, a reconstruir el nido a toda prisa con materiales de restos metálicos y chatarra, dándole una forma inadecuada y desastrosa además de las dificultades de subir semejante cosa hasta el tejado. En tanto, la cigüeña parece decidida a bajar a lo que fue su casa y darle un aviso a Antonio Recio en la propia terraza mediante una «suave» caricia de patas en la cabeza, y el hombre dispara y la mata. Vale, esto no es nada divertido en sí mismo pero tiene su contenido de razonamiento y de enseñanza, aunque solo sea por el rechazo que despierta.

Y, como regresan los controladores acompañados de la Guardia Civil para forzar la visita de inspección, vuelve el espectador a ver esperpentos divertidos en las actuaciones vecinales para despistar a los visitantes, como invitarles a un pausado refrigerio para ralentizar su acceso y darse tiempo para resolver el asunto en la terraza y, esperpento final, vistiendo con alas falsas al conserje y convenciéndolo para que se tire desde la terraza del bloque, como si se desplazara volando con aleteos, para que los guardias y controladores crean que es la cigüeña de referencia, que está viva y que se va. Claro, se entiende que el conserje se da el batacazo (que en la vida real sería algo muy serio pero aquí es en tono de humor) y la comunidad tendrá que responder legalmente de lo actuado y con fuertes multas.

En resumen y considerado como un asunto más de esos que parecen hablar claramente de lo que la civilización, entendida como progreso humano sin límites y especialmente permisivo en lo que a abusar de la naturaleza se refiere, repito, que la civilización —*que más bien parece incivilizada*— está forzando al medio natural con recursos peligrosos y actuaciones impropias, como pueden ser muchas situaciones perjudiciales para el medio ambiente que, eventualmente, se volverán contra el género humano en lo que aún tenga de relación o, finalmente, de dependencia de la naturaleza.

No olvidemos que el Hombre **no** puede vivir sin el Planeta pero que **el Planeta** vivirá, y mucho mejor, sin el Hombre. Lo de las cigüeñas es un comentario al socaire del manejo, uso y abuso humano de los medios naturales y su desvergonzado desprecio hacia la naturaleza en general y su habitual indiferencia sobre la pervivencia de la propia humanidad.

Pues, como siempre, hay que considerar barbaridades el que el aire esté impregnado de contaminantes, que hayamos originado lagunas tóxicas por desagües químicos, que se talen intensivamente bosques para explotar recursos al límite, que existan vertederos como medio para librarse de toneladas de basura invasiva, que el mar contenga enormes «islas» de vertidos plásticos, que los animales coman alimentos envenenados, que el agua se colme de purines, que hasta los manantiales naturales se contaminen en ocasiones de *escherichia coli* (humana), que los peces superiores estén repletos de mercurio, las verduras cultivadas regadas con insecticidas y abonadas con química, que las vacas se hayan vuelto «locas», por definirlas de esa indigna manera en tiempos cercanos, que la leche sea, de tanto retocarla, una bebida indistinguible, que las frutas excedan de tamaño y carezcan de sabor, que las carnes se traten con hormonas (que luego se mezclarán con las propias de las personas y a saber el resultado final), que se mezclen genes de distinta procedencia para conseguir cultivos transgénicos...

... Tan solo parece anunciar que, de una forma o de otra, los transgénicos seremos nosotros, de camino a la extinción o al desastre. Como contempla la película **Jurassic World** (de 2015, dirigida por Colin Trevorrow), en sentido contrario, cuando finalmente nos enteramos de que el *Indominus*, bicho parecido a un T-Rex modificado y «producido» para alentar el negocio mercantil de un zoológico basado en agresiva ingeniería biológica, para estimular el asombro de los visitantes (hasta que se desmanda y se fuga, causando el pánico), resulta ser producto de la manipulación genética profunda que lo ha hecho novedosamente capaz de camuflarse cambiando de color, de poder comunicarse con los peligrosos velociraptores, de tener la fuerza del depredador supremo y porque además es listo... ya que resulta ser tan transgénico como para tener, artificialmente combinados, genes de: sepia (cambio de color), de velociraptor (comunicación entre animales); de T-Rex (por la envergadura), de inteligencia avanzada (por habérsele incorporado genes humanos) y algunos otros más. Menuda oveja Dolly…

Claro que ahí no acabará ni acaba todo: la montonera de películas de superhéroes mediante uso y abuso de la técnica biológica y de superagentes por causa de la química ya sugieren demasiado, en el propio campo de la humanidad. Ni siquiera permiten a la especie humana evolucionar naturalmente… hay que forzarla y a ver qué pasa.

Pues vaya perspectiva… ya resulte de ello Harry Potter o Lobezno. ¿Y qué de los que no son, o no quieran ser, nada de eso? ¿Al vertedero?

Testimonial:
Pasando por los 90 y sin crisis

El mundo alrededor, pero cerquita…

Soy una persona moderna. Mi nivel de vida es acomodado pero *¿adónde podría llegar si alcanzara a vivir en un mundo decididamente futuro?* Posiblemente conseguiría mucho más, dado que el porvenir añadirá ventajas y mejoras a esta evolucionada existencia de la que ya gozamos, llevando bienestar y técnica hasta la perfección.

¿Qué observo en uno cualquiera de mis días? Que tengo un sueldo adecuado y suficiente; que mi instrucción es avanzada y mi educación francamente buena, gracias al apreciable sistema docente que me formó en mi juventud; que los fundamentos de mi bienestar, es decir, casa e implementos, también se encuadran en un sector de comodidad y modernidad que no llega a alcanzar la categoría de puro lujo simplemente porque yo me siento mejor usando las cosas sin tener que santificar y adorar determinados objetos, solo porque valgan gran cantidad de dinero. Mi comunicación social también es aceptable, incluso buena, con familia y amigos y, aunque sufro de las habituales dificultades y sobresaltos en las relaciones personales, acostumbro

a resolver civilizadamente los malos momentos y sigo mi vida.

*No sé si en ese hipotético, pero casi seguro, **futuro** sobrevivirá la organización familiar y amistosa pero, desde luego y como mínimo, los avances electrónicos podrán suplir con ventaja su eventual ausencia, mediante oferta de situaciones virtuales sustitutivas.*

Mas… en mi actual panorama agradable y fértil, tiene que haber —*porque lo percibo insinuándose a mi alrededor*— un fallo, una deficiencia, alguna (aunque residual) leve «cojera» social que me incomoda, aun por poca importancia que revista. He concluido que, dada la rutina de mi entorno, tal defecto podría radicar en el ámbito de mi **trabajo.** Pero aun así resulta dudoso: tengo un empleo que me gusta sin deslumbrarme; que me obliga sin sacrificarme; que absorbe mi tiempo sin hundirme en la indisponibilidad. Y del mismo obtengo unos ingresos apreciables, perfectamente ajustados al resto de mis circunstancias y que, si bien no alcanzan a colmar mis parámetros platónicos, al menos me otorgan suficiente seguridad como para encarar la existencia diaria sin traumas ni carencias.

¿Cómo podría darse una situación menos favorable en una época futura en la que habría un mayor desarrollo del bienestar?

Insisto, en este esbozo de mi equilibrado paraíso actual, en que tiene que existir un problema, algún disparate, cierta dificultad objetiva. Y sin duda la hay pero ignoro cuál es. Como el elemento positivo no puede existir por sí mismo sin tener un factor de equilibrio o de comparación —*o sea, algo negativo, aunque sea de un modo marginal*—, es cuestión de seguir investigando hasta identificarlo. ¿La razón de tal empeño? Pues que uno necesita una comprensión completa de todos los ámbitos de su existencia para poder encarar el porvenir con las mayores ventajas.

Aunque cabe preguntarse si en un futuro perfecto, ¿también se tolerarán las deficiencias como mecanismo compensatorio de un eventual exceso de felicidad?

¿Que cómo puedo desconocer tal cuestión crucial? Pues seguramente porque, entre tanta comodidad ordinaria, tiempo compartimentado, progresión económica, palpitación emocional, encajonamiento social… el tiempo disponible no es suficiente como para extensas elucubraciones teóricas o búsquedas de infinitos así que, en verdad, sigo ignorando cómo o dónde descubrir la inevitable deficiencia que impide a mi mundo de hoy ser casi perfecto. Es decir, que —*como poco*— me molesta y —*como mucho*— me atormenta ya que sé con seguridad absoluta que los fallos son consustanciales con la vida presente, que el entorno actual no es aún totalmente eficiente.

Así que, al identificar y tratar de resolver los defectos, se está despejando la vía de la existencia futura.

Para tranquilizar mi ánimo y encauzar el discurrir de mis hábitos ordinarios con mayor equilibrio, he decidido meditar sobre dicho asunto sistemáticamente en los momentos libres entre las tareas obligatorias, es decir, primordialmente en el tiempo que empleo en desplazarme entre **casa** y **trabajo**. Así estoy casi seguro de que, en algún momento, daré con el hallazgo y lo despejaré, una vez localizado.

De hecho, voy a empezar hoy mismo, no hay que dejar para el porvenir lo que pueda ser aclarado en el presente.

Empieza mi día de trabajo: he salido de casa, cerrado mi puerta y me pongo a la espera de que alguno de los tres ascensores se digne a recogerme en la planta de mi vivienda.

Por las luces de situación, observo que uno de ellos está en parada técnica: tenemos un conserje que ejerce su limpieza, precisamente, a las horas de mayor congestión de gente saliendo de la finca, es decir, sobre las 8 de la mañana. Va fregando ostensiblemente las cabinas por turnos y mantiene la que acaba de asear totalmente abierta e inutilizable hasta que se seca, dejando ese ascensor sin disponibilidad durante bastantes minutos para, después, continuar con el mismo sistema en los demás. En consecuencia, no hay tres sino dos que se puedan usar en tiempo real, de ahí el apelotonamiento.

Me complace creer que el futuro será tan autosuficiente que las cosas no se ensuciarán, ejerciendo el mantenimiento automático por sí mismas, sin interrupciones.

En mi caso concreto, si se tiene en cuenta que hay ochenta apartamentos en el inmueble, me veo obligado a confiar —*como todos los que viven en los pisos altos*— en la llegada de un ascensor. Las cabinas son pequeñas —*por eso hay tres*— y solo transportan a cuatro pasajeros de una vez. De modo que quienes, como yo, estamos por encima de la media altura, los vemos llegar ya ocupados por los de más arriba. Así que, cuando paran a mi llamada y abro la puerta, todos nos miramos con caras aparentemente impasibles y, con un simple murmullo inconcreto, hay que dejarlo ir y pulsar llamando a otro, una y otra vez, hasta que se produce la casualidad de una vacante. La cuestión es que estoy demasiado alto para bajar por la escalera y demasiado bajo para pretender un sitio en el aparato.

Un maravilloso y desarrollado futuro optará por cintas continuas que no requieran de paradas, simplemente se salta en ellas y adelante.

De modo que sigo esperando que el azar me permita entrar, con otros tres apretados y semidesconocidos habitantes del inmueble que pugnan por no rozarse en el descenso hacia el piso bajo; ahora no es momento de meditar en mi ignorado asunto porque mi atención se vuelca en la posible captura de un sitio, aunque sea después de apretar botones, acechar ascensores, abrir y cerrar sus puertas y asfixiarme luego en su interior. Y así ocurre, en efecto, de modo que doy por perdida la oportunidad de desarrollar una buena cantidad de I+D personal por tener que plegarme a las exigencias del sistema de vida actual, concretado en este momento dentro de un ascensor.

En esa futura inefable existencia, con sus avances, no habrá una obligada cercanía física, lo que ha de incrementar la comodidad personal y, en el curso de un apacible y sensato sistema social, no se deberá desperdiciar tiempo libre en esperas.

Al fin, he llegado al portal. Lo encuentro bien remojado en toda su extensión, nadie podrá salir sin comprobar a su costa la efectividad y prontitud del servicio de limpieza, efectuada bien temprano… como si no hubiera otras nueve horas por delante para realizarla, dado que el empleado habitualmente cobra horas extras sobre su jornada. Y, como hay que pisar y marcar unas huellas culpables, uno se desliza a toda prisa con aspecto escapista ante la reprobadora mirada del trabajador, mientras se masculla un «… sss días».

En el futuro, este podrá ser un oficio extinguido por cuanto una sustitución robótica está en camino de entronización.

La calle me recibe, con su hálito helado en invierno y la brevísima brisa mañanera tibia del verano. Es una vía de comunicación importante. Caminaré durante varios minutos en dirección al **metro** y espero poder dedicarlos a mi investigación particular. Solo que, primero, debo atravesar la calzada por un paso de cebra que no se respeta, colándome osadamente y con la máxima alerta de supervivencia entre la infinita fila de apresurados y hoscos conductores que se victimizan por el retraso que el peatón les inflige al cruzar.

En mi esplendoroso y previsible futuro no existirá el tráfico masivo, aligerado por el incremento local del transporte aéreo a la misma puerta de las casas.

Una vez pasado —*sin consecuencias*— el mal trago del cruce, recorro una larga acera hasta la entrada del subterráneo, trayecto adecuado para unos pensamientos oportunos. Claro que no puedo detraer mucho mi atención en una introversión profunda porque hay que ir evitando darse golpes en el brazo al tropezar con los retrovisores de los coches mal aparcados que la invaden, en implacable búsqueda de almacenamiento vehicular mientras otros automóviles pasan por la calzada. Además, hay que mirar al suelo para no chapotear en escapes de aceite de motor dejados por los que se han ido e, incluso, dar un rodeo para evitar un viejo coche inmovilizado donde viven suciamente unos vagabundos y en cuyo entorno se almacena basura e inmundicia.

Nuestro avanzado porvenir aportará una superficie diáfana y límpida, inmaculada al menos en materia de desperdicios.

Claro que puedo optar por otro camino, más despejado y mucho más largo. **Pero el caso es que, por aquí, se tarda tan poco…**

He llegado al acceso del **metro**. Mucha gente baja conmigo por las largas escaleras. Es una estación nueva, llena de luz y artificiosos contrachapados de colorido plástico brillante. Este es un medio de transporte ecológico, rápido y seguro. Claro que también es incómodo, sucio y ruidoso. **Pero no se puede tener todo…**

En el andén nos apelotonamos. Las estaciones principales tienen gran cantidad de gente aunque, como la mía es la segunda de la línea, siempre encuentro un asiento. Es verdad que he tenido que adquirir la costumbre, me guste o no, de permanecer alerta al llegar el tren, adivinando donde caerá una puerta, para pasar rápido al interior y poder elegir. **Es que voy demasiado lejos como para ir incómodo.**

He tenido suerte o buena vista al conseguir un asiento de ventanilla —*aunque en un túnel no hay paisaje*—, ahorrándome duplicar el inevitable roce con los otros viajeros pues, al ser tres plazas adosadas, sin separación alguna, el pasajero que se siente en el medio deberá ir comprimido por los otros dos y no seré yo. **El problema se reduce a la mitad.**

De mi estación a la siguiente todo va bien y nadie se acomoda en el sitio del medio. Pero la que viene a continuación es más problemática: la escalera de acceso al andén desemboca justo a la altura de este vagón, entra mucha gente y es evidente que pronto habrá compañero de asiento. **A ver quién toca…**

Al llegar a la parada amenazadora, atisbo con cierta angustia el pelotón de público pugnando por entrar: me puede tocar el hombre maduro y rechoncho (bueno, gordo) o la señora de generosas carnes (en fin, francamente obesa) y ambos se desparramarán en el asiento, de modo que mi cadera quedará rodeada por redondeces hasta que alguno llegue a su parada. **O ahí seguirán eventualmente hasta que yo me baje.**

Mas tal vez me tocará en suerte la mujer que lleva un pequeño, notablemente hiperactivo, a la guardería y que, sin falta, lo ubicará sobre sí de modo que me pateará el pantalón y la chaqueta y me lanzará manotazos, dando gritos, durante todo el trayecto y sin que puedas protestar por nada. ¡Que es una criatura! **Un momento feliz será cuando desciendan en la oportuna parada.**

Pero quizá me toque la rumbosa y deslumbrante extranjera, de apretada vestimenta, que se acomodará en el asiento con sendos golpes de cadera, bien dotada de encrespada y larga melena que, consciente de su grandeza, pasará el tiempo mesando y removiendo, de modo que me azotará el rostro con ella en varias ocasiones. **Pero todo lo que empieza ha de acabar, bien porque salga ella o salga yo.**

Y, por fin, pudiera acompañarme la señorita gimnástica, casi anoréxica, que abulta tan poco como para ocupar medio sitio pero que, a continuación, sacará y abrirá un libro, colocando su codo en mi costado al sostenerlo y cruzará una pierna de modo que su zapato irá ensuciando mi pantalón, obligándome a replegarme como pueda. **Al menos serán dos contactos localizados y solo mientras nuestros trayectos coincidan.**

Pues no, ninguno de ellos se ha aposentado al lado pero no me voy de rositas: ha ocupado el asiento un muchacho grande, un tanto mal aseado y con sucias playeras. Bien, nuestros costados no se tocan pero sitúa un cargado macuto entre sus piernas, abriéndolas descompasadamente en V. En consecuencia, cada rodilla entra en contacto con sus vecinos, pasajeros de ambos lados, y yo soy uno de ellos. En su envidiable inconsciencia, va sumido en el berrear de unos cascos, sumergido en su paraíso privado aunque a mí solo me llegan retumbos y chirridos.

Los futuros medios de transporte colectivos, en los que no he pensado hasta el momento, habrán sustituido los asientos compartidos por lugares autónomos independientes.

En medio de las habituales molestias transcurre mi viaje, así que no tengo tranquilidad para poder teorizar sobre lo que me importa. No obstante, domino y minimizo mi incomodidad a favor del beneficio que el uso del transporte colectivo aporta al **medio ambiente**.

Y «mi» fabuloso futuro nos lo agradecerá.

Llego a mi estación, donde hay unas escaleras mecánicas que son digna muestra del progreso técnico. Aunque, como sale tanta gente a la vez, nuestras cabezas, escalón a escalón, se sitúan a escasos centímetros del trasero de quien nos precede y los muy rápidos, que suben por la izquierda para ganar algunos segundos, te van golpeando sucesivamente, pam, pam, pam. **Pero solo se trata de unos cuantos, aunque larguísimos, segundos.**

El último tramo hacia la calle es una escalinata fija, de piedras de granito sucias y desgastadas que me hacen fijar doblemente mi atención: aquí no limpian más de dos veces en semana, muchas veces los tintes de orín y vómito de días anteriores permanecen en los precisos lugares que volverán a ser hollados en el jolgorio del próximo festivo. Intento zigzaguear para evitarlos. Es el precio a pagar por trabajar en el centro de la urbe. **A cambio, está tan bien comunicado…**

Mi oficina está aquí mismo. No he tenido tiempo de pensar en la deficiencia vital que me inquieta. Tampoco lo haré en la hora que tengo libre al mediodía porque almuerzo un plato rápido en un bar cercano que, si bien es un poco *—mejor dicho, extremadamente—* costroso, envejecido y triste, ofrecen buena comida aunque no barata. **Pero yo me lo puedo permitir.**

Mientras estoy en el establecimiento, tampoco podré meditar porque estaré rodeado de ruido, conversaciones, televisión y menaje. Tanto menos me resultará posible durante la jornada de trabajo, transcurriendo las horas ante un ordenador que, todavía, no es capaz de pensar por mí. **Pero minimiza tanto el esfuerzo…**

Por lo tanto, volveré a perseguir mi fallo, mi carencia, mientras regreso otra vez en el **metro**, finalizado mi día de **trabajo** y en dirección a mi **casa** y seré capaz, tal vez esta misma noche, de concluir mi búsqueda. **Aunque seguramente, lo dejaré para mañana porque estaré cansado y adormecido.**

Pero, desde luego, renunciar al vehículo privado para usar el transporte público presenta otra ventaja: como no conduces en medio del tráfico caótico y frenético, **te evitas tensiones emocionales…**

¡Y era antes de «la» crisis! **¡Wow!**

Vigésimo cuarto comentario:
Noche de Hulk

Pues sí, he tenido oportunidad de ver un **Hulk** que no había visto antes de ahora (*The Incredible Hulk*, dirigido en 2008 por Louis Leterrier), y que protagoniza, en el sufrido personaje de Bruce Banner, el actor **Edward Norton,** al que ya he mencionado en dos ocasiones por su actuación en *El ilusionista* y especialmente por su intervención como jefe de la agencia conspiradora en *El legado de Bourne*. Es de suponer que al interpretar el actor esta última película tal vez habrá recordado que en *Hulk* él mismo representaba, siendo el humano Banner, precisamente a una persona también víctima de desastres científicos con finalidad militar, escapando agónicamente de sus perseguidores.

En cambio, en **El legado de Bourne** asume precisamente la interpretación del papel contrario y se convierte en arbitrario juez y verdugo de personas que a su vez son igualmente víctimas de la ciencia con objetivos políticos, como sujetos «mejorados» que no tienen derechos pero sí fecha de caducidad y a los que solo les cabe huir, mientras puedan, de una muerte artificialmente sentenciada. De cualquier modo, cuando los actores interpretan los personajes del guion que aceptan quizá son conscientes, o tal vez no, de las semejanzas o diferencias que comportan en cada caso, supongo que depende de cada cuál y de las oportunidades que le ofrezcan, y que posiblemente ni siquiera entrarán a consideraciones ni comparaciones, dado que interpretar es su ocupación y su trabajo y simplemente lo realizan como se les requiere en cada caso.

No cabe duda de que, en las películas de Hulk, el principal protagonista es este precisamente, el gigante incontrolado en el que deviene un humano corriente (bueno, en lo que tenga un científico, aquí llamado Banner, de persona corriente), otra vez por culpa de los entresijos de una ciencia amoral por falta de control independiente y al servicio de las apetencias militares, que en este film se ciñe solo a las decisiones de un general de alto grado y baja ética, al que incluso su propia hija rechaza y al que cualquier persona con algo de lógica distributiva también rechazaría. Este hombre, capaz de movilizar con total frialdad contingentes de soldados a su orden para verlos morir ante sus ojos con indiferencia y sin hacer nada por evitarlo, es presentado como que además de pretender controlar al primer ente Hulk permite, incluso alienta hacer los consiguientes experimentos, una vez más con bioquímica, en otro soldado adicional, al que se le presenta en el film como siendo ya previamente un tanto paranoico, para dar paso a la subsiguiente batalla final entre ambos gigantes artificiales.

Durante la primera parte de la película no es Hulk sino Banner el protagonista, huyendo a toda prisa por calles, callejas y callejones de algún lugar de **Brasil,** donde estaría escondido (igual que **Ruffalo/**Hulk en *Los Vengadores* estará refugiado en la **India**), intentando preservar por tramos su existencia humana, cuestión repetida en distintas apariciones en otras películas que introducen el doble personaje. Es lógico que «el humano» intente seguir siendo persona, dado que no es capaz, salvo en breves lapsos y pocas veces en esta cinta y en alguna otra posterior, de conservar algún rasgo de su esencia humana cuando se convierte en el gigante. Eso se nota mucho en la ya citada *Los Vengadores*, donde el siguiente intérprete moderno de Hulk, **Mark Ruffalo** (que es el tercero, después de **Eric Bana** —*en el film de 2003, dirigido por Ang Lee*— y de **Edward Norton** en el de 2008 antes citado), incluso consigue diseñarnos a los espectadores la dicotomía absoluta entre la persona y el gigante, al que llama «el otro tío» (traducción al español), subrayando claramente que al realizarse la transmutación nada queda en Hulk de lo que fue Banner, hasta que este pueda reaparecer al desaparecer el gigante, provisionalmente, claro, y debiendo asumir la responsabilidad por sus destrozos. En este caso, el actor también intervino en la filmación como base de referencia para la posterior animación del gigante y su voz también fue, lógicamente adecuada al caso, la de su Hulk.

Por ello, los intérpretes que han encarnado a Banner pueden realizar con libertad su trabajo como actores digamos «normales», puesto que Hulk es una aparición que discurrirá en paralelo al protagonista humano por medios audiovisuales creativos y que en la vida real —*en el rodaje*— no se solapa a su otro yo, si es que el gigante tuviera alguna noción del «yo» humano. Y significando para el actor realizar su papel como un prólogo independiente que precede, anuncia, lamenta o justifica la aparición del gigante, cuando tal cosa ocurra, pero independiente su interpretación del mismo.

La figura de Hulk a mí no me dice mucho. En cierto modo me recuerda más a los Transformers, y sus escandalosas batallas de gigantescos mamporros, que a un superhéroe, pero la tendencia de Marvel es reclutar cada vez más a distintos componentes sobrehumanos surgidos de sus cómics e irlos llevando antes o después a las películas-guía (*Thor, Iron Man, Capitán América, Los Vengadores*), como ocurre concretamente en **Capitán América, Civil War** (dirigida por Anthony y Joe Russo en 2016) con la aportación, como novedad, de un nuevo par de humanos con distintos ingenios corporales voladores y ya sugeridos en episodios anteriores (llamados Halcón y Máquina de guerra), además del inconcreto Visión (mezcla de Ultrón y de Jarvis y quizá también de componentes humanos), con el que parecen no saber muy bien qué hacer, la mentalista Maximov (a la que en el mundo del cómic se le llama Bruja Escarlata), que a mí personalmente no acaba de convencerme, los dos agentes humanos punteros de *Shield* (Barton y Romanov) que repiten su lineal intervención e incluso se introducen nuevos superhéroes ocasionales, como la Pantera Negra, también a un Spiderman jovencito que se inicia en el heroísmo y a un «mago» de su propio cuerpo que se estira y encoge a voluntad procedente de su propio film anterior (*Ant-Man*, 2015, director Peyton Reed). Sin embargo, en esta **Ruffalo** y su Hulk no intervienen. No obstante, el catálogo de súper-intervinientes se infla notablemente en la película.

La verdad es que en esta última cinta, *Civil War*, la rebatiña entre superhéroes resulta ya claramente excesiva aunque, para hacerla más llevadera, los dividen en dos facciones enemistadas y que se pelean brutalmente entre sí por culpa de la defensa que hace el Capitán América de un antiguo amigo/colega en el ejército, Bucky, que reaparece en *Capitán América: Soldado de Invierno* (dirigida también por los hermanos Russo en 2014) y que, otra vez más por los manejos bioquímicos de los malos malísimos, ha sobrevivido también desde la Guerra Mundial hasta la actualidad, para ser usado como un asesino cuasi-autómata (el Soldado de Invierno), dirigido por los conspiradores .

Sin conocer el guion de la próxima cinta, *Infinity War*, que parte de esta situación dividida y enemistada, el hecho es que en esta de *Civil War* se puede reconocer una **característica muy humana**: que no hay bien que cien años dure, esto es, que son amigos hasta donde lo son y luego dejan de serlo y, además, se enfadan y se pelean seriamente, pues al final solo eran amigos circunstanciales. Es cierto que la batalla, al estilo bruto superhéroe, es posterior al arranque del conflicto y que es azuzada por malos entendimientos entre las dos facciones (una liderada por Iron Man, la otra por el Capitán América) por causa de entremetimientos de tipo político entre ellos, pero la mecha de la batalla la enciende concretamente un nuevo individuo aislado que monta adicionalmente su conspiración vengativa personal usando las consignas de matanza que transforman a Bucky en el Soldado de Invierno y hala, a matar por ahí, como ya venía haciendo en guiones anteriores.

Y aunque al final se aclara que el cenizo citado ha sido el verdadero conspirador, culpable de las maquinaciones y enemistades, la ruptura ya está enconada y la coalición de superhéroes ha quedado rota, incluso varios de los perdedores han sido llevados a prisión, aunque unos rápidos fotogramas finales parecen sugerirnos que el Capitán (que previamente puso a salvo a Bucky, mientras que la facción

Iron Man quería trincarlo) supuestamente los va a liberar por las bravas.

Dentro de las filmaciones Marvel, los sucesos de esta ya quedaban implícitos en la inmediata anterior, **La era de Ultrón** (de 2015, director Joss Whedon, que fue posterior a *Los Vengadores*, de 2012 y anterior a *Civil War*, de 2016), la cual, a mi parecer, complicó tanto la historia como para plantar la semilla de la imaginativa disensión posterior entre los personajes en *Civil War*. Recordemos que la cinta versa en que los tejemanejes de Tony Stark *(Iron Man)* con la ingeniería concienciada del estilo de su «asistente» electrónico, Jarvis, sobrepasan ya los límites de la herramienta, desembocando en un pequeño ejército de robots de apariencia y expresión humanas y, en su empecinamiento en investigar, mezclar e inventar, algo se descontrola y aparece Ultrón, el súper-robot que la lía buena, dejándoles sin el útil y apreciado Jarvis y obligando a los héroes a enfrentarse, con grandes dificultades, a un descontrolado súper-ente metálico y sus muchos secuaces robóticos que buscan la extinción de la humanidad por medio de un desastre global. Es lógico que otros superhéroes se sintieran descontentos de que Stark (un tanto megalómano y creído) haga y deshaga y luego todos tengan que ponerse al trabajo heroico para controlar a los desmandados enemigos que han producido sus experimentos, dando lugar a una batalla verdaderamente épica, aunque aquí aún todos a una. Pero luego *pasa lo que pasa*. Y, en materia de robótica, cualquiera sabe lo qué pasará o, simplemente, lo qué está pasando… pero tomemos nota del aviso.

Y como empecé refiriéndome a **Hulk,** terminaré con lo mismo. Que también es más de lo mismo: el empecinamiento científico-militar en convertir seres humanos en máquinas de batalla ultraevolucionadas o lo que ellos consideran como tal: *chute* de porquerías químicas o de radiaciones que, por mucho que pretendan que al afectado lo convierten en un «súper» (que, dejando aparte ese personaje, generalmente son más bien soldados físicamente potenciados que otra cosa), lo cierto es que, más tarde o más temprano, los problemas crecen… y mucho. Porque si hemos visto los trastornos increíbles que los robots descontrolados pueden crear (en *La era de Ultrón*), además de los conflictos que surgen de personalidades humanas modificadas (en *Hulk*), realmente a los primeros y principales que complican son a los propios sujetos que hayan sido eventualmente «mejorados». Es decir que las mejoras (como en los films de la serie Bourne) artificialmente provocadas, provengan de donde provengan, al final no son a su propio beneficio sino a su costa.

Y, como dijo el consiguiente creador de sabios refranes, como el que reproduzco y hago mío: Mamaíta, que me quede como estoy…

Vigésimo quinto comentario:
Un poco de vuelta atrás en el tiempo

Acabo de «pillar» en la sobremesa una especie de safari audiovisual gratuito hacia atrás en el tiempo. Se trata de una película, totalmente desconocida para mí hasta el día de hoy, protagonizada por **Anthony Perkins** y **Audrey Hepburn**, titulada **Mansiones verdes** (*Green Mansions*, de 1959), que una cadena regional daba en los rellenos ordinarios de tarde. Pues bien, como la película se rodó, ya hace muchos años, en Guayana, Venezuela y Colombia me pareció interesante verla, una vez comprobado en la pequeña ficha técnica del listado que no se trataba de persecuciones políticas ni de agentes más o menos encubiertos, ni conspiraciones, ni viajes amazónicos complicados con animales agresivos o con destrozos arbóreos para desplazar indígenas, con los consiguientes accidentes humanos o naturales.

La película la dirigió **Mel Ferrer**, que por entonces era el marido de ella y ambos ya habían participado juntos, como actores, en otros films. De entre las muchas películas que **Hepburn** ha interpretado y que le aportaron bastantes premios, he visto cierta cantidad pero como mis preferidas señalaré *Charada* (de 1963, director Stanley Donen) y también me interesó mucho *Robin y Marian* (de 1976, director

Richard Lester), que da un giro de tuerca finalista a las historias generadas en torno a la figura mítica de Robin Hood.

En cuanto a **Perkins**, quien procedía originalmente del teatro, cuenta con una filmografía también muy extensa, y es especialmente conocido por *Psicosis* (*Psycho*, dirigida por Alfred Hitchcock en 1960), también lo recuerdo en *Asesinato en el Orient Express* (*Murder on the Orient Express*, dirigida por Sidney Lumet, en 1974), sobre una novela de **Agatha Christie**. El actor cosechó varios premios (uno el Donostia del Festival de San Sebastián en 1991), y también había intervenido en una película española.

En un primer momento de la que acabo de ver, él (luciendo muy joven en 1959 aunque es un actor que conservó mucho tiempo su apariencia juvenil, nacido en 1932 y fallecido en 1992) es un muchacho alto (como de 1,90), delgado y moreno, que aparece por la selva huido de una rebelión política tras la muerte de su padre, quien había sido un ministro del gobierno derrocado. Está obsesionado con encontrar oro en esas tierras salvajes para pagar una revuelta armada contra los que mataron al padre. Llega a un poblado indígena y, afincado en él, pasea por un bosque que se considera tabú, donde se encuentra con una chica que los nativos consideran una hechicera. Simpatizan ambos pero posteriormente los indígenas les persiguen y, después de algunas peripecias, ella se refugia en un alto árbol que los indios queman, supuestamente matándola. Eso origina que el muchacho (**Perkins**) se enfrente en revancha al «malo» indígena.

Finalmente no se sabe si la pareja (**Perkins y Hepburn**) sobreviven y se reúnen, pues aparece un final nebuloso que admite cualquier interpretación. La película no ofrece mucho, pareciendo lenta e inconcreta, la figura de **Hepburn** como muchacha india también es un tanto evanescente y el personaje del muchacho no tiene mucho contenido, ni las aventuras mucho gancho. Aunque se deja ver, para mí lo más interesante es contemplar cómo aparece la fotografía y el color de las selvas sudamericanas en una época anterior a la perfección extrema de la fotografía actual.

El protagonista murió el año siguiente de recibir el premio Donostia. **Perkins** había sido también hijo de un actor y, por su parte, uno de sus dos hijos (tenidos con Berry Berenson) también ha sido (o es) actor. Como dato complementario, su viuda murió nueve años después que él, al encontrarse viajando en uno de los aviones que estrelló el 11-S.

Como si la oferta de visionado de estas películas obedeciera a un lote que contuviera varias de un mismo intérprete, por la noche han ofrecido nuevamente otra de **Hepburn,** haciendo de secretaria de un novelista, y formando con otro actor un dúo un tanto enloquecido. Pero, al verla ya comenzada y dado que los créditos en las películas antiguas van al principio y no al final y no conocer previamente el film, no sé el título y sí que advierto que opté por interrumpir un visionado mareante. El coprotagonista, del que he tardado un par de horas en conseguir recordar su nombre sin saber por qué, dado que me resultaba muy conocido, es **William Holden**, lo que no me ha aclarado nada sobre la historia filmada. Y no sé más datos sobre la cinta, de título ignorado y no investigado.

Es una casualidad que el mismo día dos películas antiguas tengan que pasar por los comentarios realmente con poca pena y poca gloria, sin quitar valor ninguno a los actores de las mismas, que cumplían como profesionales. Pero me he estrujado el coco y no consigo extrapolar algún comentario significativo fuera de la narración.

Sigo intentándolo y lo más que puedo aportar, de la primera, la de la selva, es que en la misma se plasma, sin expresa intención, cuán alejada naturalmente está la población indígena de los habitantes de origen europeo en un mismo país. Por excepción, en esta obra no se trata de enfrentamientos ni de que el «blanco» vaya allí con exigencias o maldades para conseguir sus finalidades, es simplemente que el discurso fílmico ya los dibuja separados, incluso cuando están juntos: los indígenas con sus taparrabos, sus flechas y sus supersticiones y si bien se consideran hospitalarios, alguna maldad sibilinamente dibujada en las intenciones y acciones del hijo del jefe. El extranjero, que lo es aún estando en su propio país, un tanto desorientado y desclasado al ser aceptado entre ellos pero al que incitarán para que se salte el tabú del bosque y mate a la hechicera por ellos (lo que no ocurre, por amor), se aparta de lo habitual pues no hace ostentación de agresividad ni de maldad propia, como es acostumbrado en películas «selváticas» en que los malos de verdad, al menos en la actualidad, son los blancos. Aquí no hay grandes confrontaciones, cada cual es como es y lo que pasa es accidental, a pesar de las persecuciones y las dudas.

En cuanto a la segunda, después de marearme a diestra y siniestra tratando de poner un poco de razón en las locas idas y venidas de los protagonistas (que a lo mejor incluso estaban dibujando entrambos una historia original), sin conseguir ninguna lógica de desarrollo, opté por interrumpirla, como dije, y trasladarme hacia mis asuntos personales.

Para concluir, pese a lo dicho, que el *cine* es la máquina de ficción más poderosa que conozco actualmente y, aunque quizá quede desbancado por el recurso a las pantallas de electrónica virtual, aún conserva su vieja y extensa gloria. Sea del carácter que sea lo que ofrece a la visión del espectador, no solo se puede sacar alguna conclusión del visionado sino que hay tal cantidad de ofertas varias, que por lo menos permiten desarrollar y diseñar las líneas maestras de las preferencias individuales, al margen de la publicidad que lanza las películas, la acogida de la crítica, la aceptación del público y su capacidad, mayor o menor, para resistir el paso del tiempo.

Ya quisiera yo elegir y defender las líneas maestras de mis preferencias en áreas sociales de la vida diaria real, en lugar de ser esclavo o participante, a mi pesar, en el flujo de las mismas.

Mientras espero que, mañana, me cunda más el análisis… la filmografía o la noticia diaria que toque lo dirá.

Vigésimo sexto comentario:
Derivando, por nada

Pues la verdad es que no hay nada de lo esperado arriba. No digo que no haya algunas noticias de interés pero no consigo sugerencias de arranque y no tengo nada especial que decir de ellas. Tampoco he visto cosa alguna en el ámbito televisivo-cinematográfico que promueva el comentario, salvo que repiten hasta la saciedad *Los Vengadores* y a mí ya me excede su visionado, pues no dejo de verla si es tan fácil acceder sucesivas veces a la misma. Y por ello debería tener algo más que decir que no haya dicho antes ya que, lógicamente, siempre habrá otras cuestiones que considerar, aunque sean de menor alcance que lo ya tratado, por lo que ampliaré los datos que ya aporté en momento anterior, a fin de iniciar el arranque (a ver si me ilumina la inspiración, ya que la minimusa que me la aporta debe de haberse tomado el día libre) y dar entrenamiento a la imaginación, por si se digna empezar con brío.

Destacaría de tanto visionado, y por ampliar comentarios, a los secundarios del film citado y que entre ellos me llama la atención el *malo* **Loki** en muchas de sus intervenciones, casi estelares, dado que su actor expresa bien, e incluso muy bien y con meditada contención y sarcasmo, la maldad retorcida de que hace gala su personaje, a pesar de dejarnos con el regusto de que el interpretado (que no el actor) es un poco tonto, al menos por buscarse los contendientes que se busca y recibir «leña» de ellos una y otra vez e igualmente por montarse sus actividades maquiavélicas de un modo algo caótico y no muy bien planeado, quizá por la soberbia que le produce su conducta megalómana, por supuesto en el film.

Así le va como le va pero, como en algún momento lo define el personaje de Bruce Banner en la historia, diré que también a mí me parece que «casi se le acaba cogiendo cariño». Pero claro, es un decir porque literalmente el tío —*en la película*— ensarta y mata a la gente con la mayor tranquilidad, frialdad e indiferencia y muchas veces haciendo ostentación y orgullo de lo que hace. Aunque también Banner compensa esa «casi» simpatía en otro lugar al definirle como que «tiene una jaula de grillos en la cabeza… está chiflado». A mi entender, **Loki** no está pirado, en absoluto, salvo en el eventual tinte de locura que pueda tener tanta maldad por el alcance de la misma, tratándose más bien de un ente viciado en esa dirección por algún defecto o trauma que lo ha deformado o malformado en el curso inicial de su vida, si es que no se debe a una influencia concreta de la impronta genética (pues es un alienígena doblemente desplazado de su mundo de origen y, como no sabemos lo que puede haber por ahí, pues a lo mejor «depreda» por herencia biológica). Sin olvidar para nada, como el mismo **Thor**, su hermano adoptivo apunta a la envidia personal, la ambición y la venganza, lindezas todas muy fáciles de entender desde un simple punto de vista terrestre. Visto así, el personaje resulta mucho más humano y creíble que su *divino* hermano, el esplendoroso y comprensivo **Thor**. Por cierto, en español, su nombre, **Loki,** le viene al pelo por lo que entendamos, por similitud semántica, haber de locura en su actuación.

Hasta los ropajes del «malo» conciertan con su personalidad, por el uso intensivo del negro en los mismos, en parte entrecruzado de verde (que, cuando se «pone los cuernos» que anuncian su supuesto o esperado reinado o triunfo creyéndose ya victorioso, resalta con una larga capa del mismo color verde), pero vestimenta, repito, que al actor que lo interpreta, dotado con una figura acorde con su altura y excelente planta y controlada expresividad, le viene a la medida. Destaco muy especialmente su aparición en el asalto al museo de **Sttutgart** descendiendo mayestático por una preciosa escalinata palaciega, vestido de gala al estilo humano y con un aspecto imponente y tremendamente elegante. Total, para ir matando gente con su bastón alienígena, que lo mismo le había dado ir «de trapillo». Pero bueno, sirve para apreciar y subrayar la interpretación, muy correcta y ajustada, que hace el actor británico que la desarrolla en el film.

Conozco algunas otras intervenciones del intérprete de ese papel, **Tom Hiddleston,** como militar en *War Horse* (*Caballo de Batalla*, dirigida por Steven Spielberg, en 2011) y brevemente (no he seguido la serie con continuidad) en *El infiltrado* (2016), siendo muy posible que lo haya visto, sin recordarlo, en otras películas pero no lo sitúo porque, si ha actuado vestido normalmente y actuando «como persona», no habré puesto la misma atención que en su **Loki**. En la saga, únicamente lo he visto —*aparte de su intervención en Los Vengadores*— en la película inicial de **Thor** (*Thor,* de 2011, dirigida por Kenneth Branagh), en la que estalla el conflicto entre **Loki** y su familia adoptiva en el planeta Asgard y es en ella aún más malvado y embustero, además de enorme creador de conflictos complicados. Y más de lo mismo en *Thor: el mundo oscuro* (*Thor. The Dark World*, de 2013, dirigida por Alan Taylor) y, de haber otras en la saga, previsiblemente seguirá en su papel. Y, desde luego, es absolutamente cierto que sin la presencia de este actor en las películas Marvel en las que interviene, se habría perdido una interpretación que, una vez vista en ellas, parece resultar imprescindible.

El personaje de **Coulson**, interpretado por el actor **Clark Gregg**, segundo de a bordo del jefe de la organización Shield, en cambio, aparece como un personaje amable, tratable y buena gente, al margen de que no deja de ser un componente de una red defensiva que oscila entre lo militar y lo científico, con sus extensiones al espionaje (deducido varias veces en la película, tanto en alusiones al jefe —*Fury*— o señalando a algunos de sus miembros como la agente **Romanov**, por ejemplo). Siguiendo con **Coulson,** a quien precisamente en la película lo mata **Loki** a traición y por la espalda, añadir que he entrado varias veces en una serie actual de la TV, a lo largo del primer semestre 2017, que se denomina *Agentes de Shield*, donde me lo he encontrado —*vivito y coleando*— dirigiendo la red en propio nombre. Ahí me entero de que a él y a algún otro agente actualizado —*pero agente de base, nada de superhéroes*— los han repescado, estando ya muertos como le ocurrió a él, para revivirlos mediante el *chute* de genes alienígenas que los han puesto otra vez en circulación como si no les hubiera pasado nada y con el mismo aliento pausado y bonachón en su caso. Mucho más de los capítulos de esta serie no puedo aportar porque, lo siento, no me ha enganchado, no he llegado a dilucidar los argumentos o razones de que anden por ahí y, como no me han proporcionado componentes claros de advenimientos extraterrestres, dejé de seguirlos. En el plano de la mera suposición, esta resurrección quizá se haya debido, precisamente, a que el personaje cae bien como persona. O por si lo hacen reaparecer en algún episodio de película posterior.

Y hago una referencia más respecto a la que parece la tercera en el mando de Shield (o tal vez la segunda, pero hablando de mando concretamente «de a bordo», sobre todo después de la muerte de **Coulson** en el film), que es el personaje de **Maria Hill,** que asume la coordinación de la nave de modo inmediato al jefe de la organización, le cubre las espaldas y está atenta permanentemente al mismo y a sus órdenes (y que en su historia en la línea de cómics, base de las películas, parece tener una vida imaginada más compleja). Interpreta el personaje muy dignamente la actriz canadiense **Cobie Smulders**, sobre la que no sé mucho más, salvo que actúa como debería ocurrir en una realidad como esa, además de con una gran presencia. Mencionaré que —*al percibirlo de oído*— me pareció por algún tiempo entender (solo tengo acceso a versión con doblaje) que el apellido del personaje interpretado era «Gil» y, teniendo en cuenta a la vez el nombre propio, incluso buscaba en su persona algún indicio claro de que fuera un nombre hispano. Naturalmente hice lo lógico, que fue buscar el elenco de la película y aclarar que el citado apellido resultaba ser de estirpe inglesa (Hill) y que, igualmente, el nombre propio asignado a este personaje es así también en su versión anglófona, esto es, que en el film se llama, como dije arriba, **Maria Hill.**

Siguiendo con los personajes, haré alusión aquí a la ya citada agente **Romanov** de la línea de films de los superhéroes, quien aun formando parte integrante habitual del equipo de los superhéroes, siempre queda definida como una espía de origen ruso (ella dice, en un momento en que intenta sonsacar información a **Loki**, que está eventualmente prisionero, «… yo soy rusa, o lo era…»), con grandes habilidades de lucha cuerpo a cuerpo, una historia infantil tétrica a cuestas y gélidamente fría en sus misiones, que en versión cómic —*y en algunas alusiones fílmicas*— es llamada la Viuda Negra, apelativo que permite más de una interpretación respecto de los modos y maneras en que el personaje cumplía con su deber como espía.

Interpreta el papel **Scarlett Johansson**, quien también interviene en varias más de la serie, como *Ultrón*, *Capitán América: El primer vengador* y *Civil War* y en *Iron Man*, actriz a la que previamente había visto —*en un personaje y actuación tan absolutamente distintos que me costó trabajo identificarla como la misma*— en la película **Diario de una Niñera** (*The Nanny Diaries*, de 2007, director Robert Pulcini), una historia totalmente alejada de heroísmos y aventuras, situada en el aquí y ahora (bueno, de hace unos cuantos años, en el film) sobre el trato un tanto vejatorio que solían recibir las empleadas de hogar, en concreto las encargadas de atender a los niños de alta clase social, donde su personaje naturalmente termina *colisionando* con el sistema doméstico citado. Por cierto, en ella comparte guion con **Chris Evans**, con quien actuará de nuevo más adelante, ya siendo Evans el Capitán América, en varios episodios de la saga correspondiente.

Esta actriz polifacética tiene una larga lista de películas interpretadas y recuerdo en concreto, vista hace tiempo y vuelta a visionar, la inquietante *La isla, (The Island,* de 2005, dirigida por Michael Bay) y la entretenida *Hemos comprado un zoo, (We bought a zoo,* de 2011, dirigida por Cameron Crowe) y continúa ampliando actualmente sus interpretaciones.

Y como no consigo estirar el aliento creativo más allá, pues hoy aquí lo dejo, esperando mejor momento desde mañana.

Podría considerar como una situación magnífica el no tener que comentar barbaridades sociales, políticas corruptas, actividades torticeras, disensiones internacionales, sino gozar de lo que podría considerarse como una rutina tranquila, serena y amable pero, ¡vaya! resulta que me «activo» mucho más cuando tengo que comentar injusticias o ineficacias varias y trascendentes por aquello de que un caballo corre cuando lo fustigan.

Ojalá a mí no me fustigaran más, aunque me durmiera de puro aburrimiento… ¿O no?

Testimonial: *¡Basta ya!*

Contemplo, con una preocupación que no sirve realmente de nada, pues empieza y termina en mí, el creciente, sucesivo e incesante número de asesinatos por motivos pasionales o, dicho de otro modo, las muertes o agresiones (generalmente a mujeres pero no siempre) a manos de sus parejas o exparejas, eso que se denomina «violencia de género».

Digo que no sirve de nada mi preocupación porque, pobre de mí, no soy nadie en el campo de la prevención de las agresiones, en este caso en sentido amplio y general: no tengo influencia alguna en su finalización ni capacidad ninguna para evitarlas cuando ocurren. Entran, como es lógico, dentro de mi rechazo continuado hacia las manifestaciones sociales que derivan en confrontación y sus graves resultados cuando desencadenan violencia y conflictos que, a mi parecer, incluso parecerían exigir la intervención de un arbitraje profesional previo y obligatorio, en ocasiones ya «anunciadas» y que, en un alto porcentaje, podrían minorarlas.

Pero claro, ay de mí, que incluso defiendo que la política y el gobierno y la ciencia y la técnica se ocupen de unos simples pajarillos (los gorriones) dedicando medios para descubrir por qué están desapareciendo, tanto más es evidente que pretendería idealmente por todos los medios

que ya son posibles (pues no se logra lo que no se intenta) evitar las situaciones a que me refiero. Valga como modesta contribución mi deriva creativa con este **testimonial**. Y entiéndase que si el mismo pareciera ir a favor de un género, tan solo se debe a la influencia estadística. En la vida real, nunca, bajo concepto alguno en materia de **violencia** sufrida, habrá que distinguir más que **víctimas**, clamando por justicia.

Como no quiero pararme en lamentaciones, a falta de actuar en algo, aporto lo que puedo y lo que controlo: mi imaginación. Y por tanto, aquí va **un cuento**. Y, repito, la violencia de género es inadmisible, como toda violencia. Y que quien lo lea, concluya lo que el mismo le sugiera. Mucho, poco o nada.

Hijos de cierva

Para nosotros, el único tiempo mensurable es el convencional regido por la medida de nuestras cortas existencias, y olvidamos que el pasado es una dimensión casi infinita de grandes aventuras de pequeñas vidas.

Hubo un tiempo en **la Tierra** en que los animales eran todos libres e independientes, tanto de otros como de su especie, rigiéndose por los acontecimientos según se topaban con ellos, sin vivir en rebaños o manadas.

En aquel tiempo los **ciervos** viajaban mucho y, como estaban solos, todos ellos tenían en la cabeza grandes cuernos macizos y sólidos para defenderse si eran atacados por un animal más feroz. Se relacionaban brevemente para reproducirse: luego la hembra portaba y velaba por el cervato hasta que era lo bastante ágil y rápido como para asumir una vida independiente en soledad y le dejaba a ella seguir adelante con la suya.

Cierto día, dos **ciervos** se encontraron casualmente huyendo de unos lobos, al pie de un terraplén, sin conocerse ni gustarse. Como no tenían escapatoria y los cánidos atacaban, ambos se defendieron juntos: estaban en buena forma, eran muy fuertes y también tuvieron la suerte de empitonar al jefe del grupo, que se lesionó, se retiró cojeando y eso hizo que todos los demás desistieran de la persecución. Claro que los lobos, que no comían a menudo, permanecerían más esqueléticos y cabreados de lo normal: quizá el jefe muriera por el batacazo o lo suplantara en su puesto otro más osado y más capaz pero eso ya no era asunto de la pareja.

El caso fue que ambos **ciervos** celebraron la victoria con berridos, y cortando el aire con los cuernos, se miraron: uno era un gran macho que había corrido muchas aventuras; el otro una hembra más joven, pero con experiencia porque ya se había enfrentado a distintos peligros. Y claro, con la emoción del éxito y la atracción, descubrieron que disponían de una defensa mucho más eficaz estando juntos.

La hembra se alegró de tener los recursos de un gran bigardo siempre dispuesto a empitonarse con cualquiera. Y el macho aceptó la bondad de estar juntos porque dos cornamentas asustaban mejor que una sola y además no tenía que buscar una novia eventual porque la tenía consigo de modo permanente.

Pero como su pareja tuvo que quedarse al cuidado del primer cervato cuando ya lo tuvieron, el macho seguía zascandileando solo por la zona y se encontró a otra hembra, la cual le bufó amenazante. Él la miró con desconfianza pero pensó «si dos nos defendemos bien, tres lo haremos mejor», así que abrió sus bellos enormes ojos amistosamente, se acarició orgullosamente la espalda con los cuernos y exhaló un suave berrido, que no era hostil. Se acercó a ella, le susurró su propuesta y, mira por dónde, la nueva se dejó convencer por tanto pavoneo y amistad.

Y así, teniendo dos novias y unos cuantos hijos, sin haber perdido batalla ante predadores que empezaban a respetar seriamente a su grupo, ya no se topó sino que buscó a una tercera hembra. La encontró y pensó «ya somos cuatro» y empezó a mecer su florida cornamenta... cuando apareció ante su vista otro macho.

—Eh, tú —dijo el recién llegado macho joven—, ¿qué pretendes aquí?

—¿Yo? —dijo el **ciervo patrón—,** pues estoy aumentando mi rebaño. Conmigo hay dos hembras...

—Ah —dijo el joven—, y además quieres esta, que yo iba a convencer para que me aceptara. Ahora verás...

Y se tiró hacia él, que reaccionó al instante, y ambos se embistieron, enredando los cuernos, levantando nubes de polvo y hierba, insultándose y empujando cuan fuerte podían. Y el **grandón**, ya muy curtido por su lucha con lobos y muy crecido por el poderío de su grupo, lo venció.

—Confiésate vencido —le dijo.

—Lo estoy —aceptó el joven—, ahora nos vamos.

—Ah, no, no —dijo el **gran jefe**—, tú te vas pero ella no. Se queda conmigo.

El vencido se quedó pasmado. ¿Cuántas novias quería ese bruto? Por su lado, el **ciervo** hembra, que había aguardado el fin de la batalla con curiosidad, se quedó aún más pasmada. ¿Qué se cocía allí sin su permiso? ¡Ni que en lugar de un bello ejemplar independiente y adulto fuera un pastel de bellotas! Decidió protestar pero se encontró los cuernos de **su incipiente grandeza** a su costado y eran muy pero que muy puntiagudos y fuertes.

—Ella se queda conmigo y se acabó —dijo el **dominador**—, porque aquí mando yo.

—Pero —alcanzó a decir la joven— ¡nunca he oído que un ciervo mande y ordene sobre otro, sin su consentimiento!

—¿Ah, no? —dijo el **sultán**—, pues solo tienes dos opciones: o te quedas, o te mato.

—Pero —dijo ella— nunca he oído que un **ciervo** mate a otro si no hay pelea...

Con todo el jaleo, como las otras dos hembras y los pequeños andaban por allí, el **Gran Jefe** se creció en su autoridad, ¿qué pensarían los críos si cedía en tan importante asunto?

—¿Ah, no? —dijo el **Tirano**—, pues ya verás que sí: ahora mataré al macho vencido. ¡Tú, ven aquí!

El ciervo perdedor estaba muy fatigado de la pelea y muy escamado por la postura de aquel bestia, así que en lugar de huir, que era lo lógico —y *también por miedo a ser alcanzado*— agachó la cabeza y acudió.

—¿Quieres que te embista? —le dijo el **Rey** con voz de trueno.

—No, no —dijo el otro—, ya tuve bastante, déjame en paz.

—Pues entonces, ¿quién manda aquí?

—Tú, tú, si te empeñas.

—Pues entonces, joven macho, como soy quien manda y bajo pena de muerte, vete a esa joven hembra y córtale sus cuernos para que aprenda a ser sumisa...

—Pero —dijo el vencido— sin cuernos no podrá defenderse de los lobos…

—Se quedará con nosotros —dijo el **Emperador**—, que la defenderemos.

El **Gran Ciervón**, señor de bosques y estepas, poseedor de hembras y cervatos, ya para entonces había concluido que era el más fuerte y también el más sabio, porque había acertado a cambiar las costumbres cervícolas y, sobre todo, porque había visto que le tenían miedo.

—Desde ahora y para siempre soy el **Dueño**, **Señor** y **Jefe** de la especie y estableceré las normas: solo **Yo** puedo tener los cuernos más grandes. Los machos jóvenes me servirán como lacayos y huestes. Y las hembras ya no podrán tener cuernos, así que se les cortarán desde jóvenes.

—Pero —dijo la señora, su primera novia— los necesitamos para defender a los pequeños…

—Ah, hembra ignorante, bocazas —dijo **Él**—, a un jefe nunca se le discute.

—Pero yo soy tu igual desde que el principio, no puedes obligarme.

—Tú, mi primera esposa, tendrás tus cuernos. Ninguna más.

Como le concedía un privilegio, y ya iba siendo mayorcita para enfrentarse, la señora cedió: allá las otras, eran secundarias y no habían demostrado su valía luchando desde el inicio del grupo cuerpo a cuerpo junto al **Dictador**.

—¿Quién es este loco? —dijo la joven forastera por la que se había formado el lío—, ¿por qué le obedecéis? ¿Por qué os quedáis con él?

—¡Cállate, extranjera! —tronó el **Dios-de-los-ciervos** en la tierra—, tú, mi sirviente —le dijo al joven macho—, ¡rompe los cuernos de las hembras!

Y el joven macho optó por acercarse a la segunda señora **de Ciervo,** la cual tenía un cervato casi recién nacido. La madre temió por él si se resistía y había pelea. Así que aceptó y su cornamenta fue rota y tirada de un trompazo.

—Y desde ahora y por su oposición a mis deseos —dijo el **Señor Tonante**, dueño de los rayos y los truenos—, ninguna hembra de **ciervo** tendrá cuernos, para que así dependan de **Nos** para siempre. Y además, dado que son siervas, se llamarán «ciervas».

Y el macho joven lo miró, ahora sí, arrobado por tanto y tan intenso poderío. No en vano él ya era el segundo en la cadena de mando.

—¡Y tendrán que obedecer nuestras órdenes, primero las mías y luego la de los otros machos, incluso las de sus propios hijos, si son machos! No tendrán independencia, servirán a la especie con la defensa de sus crías hasta la muerte, si es que nosotros nos vemos obligados a huir y, cuando sean viejas abandonarán el grupo, no acepto improductivas…

El joven macho se dirigió a la hembra forastera que pudo haber sido su novia, considerando que le tocaba el turno de descornar.

—¡Gran borrico! —dijo ella—, obedeces a un loco y atacas a tus posibles parejas…

—¡Vamos, vamos! —apremió el **Gran Legislador**—, coloca a esa cierva en su lugar.

Pero la hembra berreó una burla, dio una espantada y salió galopando. Como pesaba menos y era más ligera, aunque el **Enorme Tronador** salió tras ella, no pudo alcanzarla. El joven **ciervo** le seguía, pero no pretendía adelantar a **Su Autoridad**, por prudencia. Sin embargo, cuando **la Suprema Jefatura** se paró, burlado en sus narices y se revolvió, encalabrinado, se lanzó a cornear al joven macho, a las dos antiguas hembras y, por no dejar títere con cabeza y para dejar bien clara su posición ante todos, a los cervatillos. Y, cuando les tuvo a todos bien amedrentados, dijo:

—Soy el **Gran Padre y Señor** de todos los ciervos. Me iré a capturar hembras que aumentarán mi rebaño, a retaguardia de cualquier macho, criando a mis hijos para la guerra cérvida.

No se esperaba que, en lo alto de un cerro cercano, le hubiera oído la hembra libre, la cual berreó burlona y desafiante mientras removía y oscilaba su hermosa cornamenta. El **Gran Cornudo** pensó que resquebrajaba su autoridad.

—¡Cierva! ¡Más que cierva! —dijo el supremo **Azote de la Cervidad**, bufando de ira—. ¡Que no te vuelva a ver más!

Y, para no volver a verla, la solución fue darse la vuelta y caminar soberbiamente… hacia el otro lado.

****

No nos demos la vuelta en cuestiones de seguridad, libertad y derechos, los de todos y muy especialmente los de los indefensos. Quienes puedan exigir, que exijan. Quienes no puedan o no sepan, que mediten sobre los hechos, pues a nadie nos son ajenos.

Aunque solo sea porque le pueden pasar a cualquiera o pueden ocurrir en la familia de cualquiera…

Vigésimo séptimo comentario:
Barrer para dentro

O de cómo no estar nunca conformes con nada. Incluso civilizados, concienciados, *bonvivants*, sin problemas económicos, con un entorno paradisíaco, sin sobrepoblación, aun así veo y compruebo que los grupos humanos, en este caso naciones, no tienen remedio.

Leo la noticia de que un país precioso y conocido, situado en un lugar privilegiado cual es **Centroeuropa** pero lindando con la cuna de las civilizaciones occidentales que es el **Mediterráneo**, toca la flauta (en este caso, el rifle) como muchos otros aunque, ciertamente, no contra seres humanos. Voy a omitir aquí su nombre, por vergüenza ajena, pero se trata de un pequeño país donde más de la mitad de la superficie es boscosa (las estribaciones orientales de los Alpes llegan allí) y que también dispone de una amplia costa dispuesta para los visitantes.

A la vez es un país con un bajo nivel de población y sus naturales disfrutan de un buen nivel de vida. Y, claro, su territorio concita un importante sector turístico. El turismo, para algunos países, por ejemplo **España,** es un afanoso foco de ingresos, caiga lo que caiga por su causa. Así que toda el área medioambiental queda sujeta a los empellones turísticos, por considerarse altamente prioritarios aun causando innegables perjuicios. En **España**, valga de nuevo el ejemplo, país donde el agua no sobra y muchas veces falta, he oído que los turistas gastan el doble de agua que el español medio en su uso diario y eso teniendo en cuenta que aquí solemos ser bastante amigos de la ducha y de la lavadora automática.

Cuestión la del sobreconsumo turístico que, por razones obvias, nadie tiene ni tendrá interés en pensar cómo racionalizar oficialmente, pues solo interesa el lucro económico de algunos, aquí y ahora. Basta, simplemente, con meditar sobre los daños producidos drásticamente en sectores que afectan al **medio ambiente** en tiempos presentes, y que constituyen, desde ya, una previsible degradación para el futuro, y en los que el apisonador paso turístico masivo está repercutiendo o podrá repercutir aún más. Y hablo de naturaleza, no de dinero. Entre otras razones porque no sé si el dinero tendrá una influencia existencial permanente hasta donde llegue la pervivencia o sobrevivencia de la especie humana. O, de pronto, dentro de unas decenas de años cambiará a lo que realmente es (un intercambio de servicios o mercancías, hoy con carácter anónimo por medio de la moneda) o a lo que el desarrollo espacial, la superpoblación, el agotamiento de los recursos o tal vez un progreso imponente o un desastre cíclico, hagan del mismo.

Por lo cual, y ante las fundadas y razonables dudas, **Medio Ambiente** debería ser la rama de gobierno prevalente en cualquier lugar, en vez de esa coletilla «molona» en la que lo convierten cuando lo cuelgan como un apéndice de cualquier cosa o discurso oficial. Y, como no me cuesta nada decirlo, si de mí dependiera, lo convertiría en una flamante y común Secretaría de Estado, por delante de todo lo demás. ¿Parece una exageración? Pues lo sea o no lo sea, ¿de dónde dependemos todos y en todo? Sí, ya, ya sé que de un municipio, un país, bla, bla, bla. Pero yo entiendo que de donde dependemos de manera absoluta es de nuestro mundo. Y por más que lo llenemos de lucerío nocturno, asfalto kilométrico, construcciones artificiales y artificiosas (a las que, no lo niego, me pliego no ya por comodidad, que también, sino porque no sé qué otra cosa hacer ni tengo algo finalista que proponer desde mi pequeño sitio en el presente), lo que yace y subyace cimentando todo el desarrollismo civilizado sigue siendo **el Planeta**. Y no va a cambiar porque le removamos la costra, porque bajo ella hay lo que hay y lo que seguirá habiendo, con nosotros o sin nosotros. Y si destruimos la superficie que nos sustenta, es la humanidad quien pierde o perderá todo y no el Planeta, que es infinitamente más denso que su simple corteza superficial.

Dicho lo cual, vuelvo al país con que inicié el comentario. La noticia (Cfr., entre otros, «Tierra Viva» de ***20 Minutos,*** febrero 2017) es que el gobierno del país europeo citado va a permitir, este año, matar 93 **osos** de los 450 que quedan en su boscoso territorio, así como 10 **lobos** (la verdad, lo de los diez lobos no me lo explico, aunque lo supongo, pues trasluce como un «complemento cinegético», aunque no se indica) y debo suponer, repito que sin saberlo realmente pero por similitud con experiencias previas conocidas, que la «oferta» irá a beneficio de cazadores que pagarán sus buenas divisas para liquidarlos seudoheroicamente en un entorno seguro y controlado y además de profunda belleza, en lugar de irse a polvorientos safaris (que para nada tampoco defiendo), con el fin de autoprovocarse la artificiosa y absurda adrenalina que es matar grandes animales sin riesgo alguno (a distancia, usando arma de fuego con visor de precisión y sin preaviso para que no tengan posibilidad alguna de escapar, mientras que se conservan las ventajas del ocio en un país europeo) y precisamente a uno de los mayores y decadentes bichos europeos (creo que, como grandes, también quedan algunos bisontes en **Polonia**); y respecto a los lobos, puede que sean la opción residual que se oferta a algunos escopeteros que no se atreverían con una presa tan grande, o tan cara, como el oso, pero sí que dispararán al pobre bicho huidizo, carroñero y temeroso en que se han convertido los lobos y que además les saldrán más baratos al pagar la factura.

Y si eso (la «venta» de la matanza que, al parecer, repiten anualmente), por excepción de entre muchas ofertas similares, no fuera el caso en ese territorio, que no lo sé pero que lo supongo y creo que no me equivoco, las cacerías mercantiles se dan en muchísimos lugares y territorios del Planeta, por lo que las consideraciones correspondientes valen por sí mismas. Y en nuestro país ya se ha sabido de regias cacerías a altos precios, para hacerse luego la foto, carente de gloria y sobrada de crueldad, sobre el cadáver abatido y sus restos trasladados y colgados como macabro trofeo.

Incluso si la matanza de animales, en esta o en cualquier zona, no fuera por negocio sino con ejecución directa por agentes de su gobierno, me pregunto si, con tales ejemplos del estamento oficial, en el futuro —*cuando a un país o a todos les sobre población de forma imparable*— será aplicable igual medida de «limpieza» con los seres humanos, pasando de ser «mercancía barata» a considerarse «basura biológica», como ya se sugería —*no forzada pero sí impulsada*— en **Soylent Green.** Sentar precedentes es un acto potencialmente peligroso. Ya se han sentado muchísimos previamente pero siguen en la misma línea de abusiva disminución de la vida natural y abusiva progresión de la población humana.

Por supuesto, en el caso de ese país al que me vengo refiriendo el mismo es soberano, razón por la que puede hacer con «su patrimonio» (no sé muy bien qué clase de patrimonio pueden ser los animales de vida natural, pero así, descaradamente, se les considera) lo que le parezca oportuno, dado que no hay más remedio tal como las cosas son en el presente. El argumento que dan, para suavizar la decisión de cargárselos, es que hay encuentros indeseados entre humanos y esos animales y, claro, el turismo puede resentirse (esto último lo digo yo, pero como que se entiende). Vamos a ver: ni yo ni nadie «normal» quiere encontrarse a un oso a la vuelta de una esquina (realmente eso solo puede ocurrir con cierta frecuencia en **Alaska** o en sectores muy salvajes), esto es, durante un relajante («primero yo, luego yo y después yo») paseíto ocioso por un bosque primigenio. Y, si tal encuentro pudiera ocurrir, no importará que haya 93 ejemplares menos pues, aunque solo se topen con uno, bastará para lo que pueda ocurrir. Pero lo principal es que el bosque, como la selva, es un componente medioambiental absolutamente indispensable y que debe gozar, como todo el medio natural, del respeto humano, esto es, exige precaución y equilibrio en la forma de considerarlo. Y se debería pasar de «administrarlo» a cuidarlo y protegerlo radicalmente. Con determinación y urgencia.

No es el medio natural quien debe respetarnos a nosotros, sino nosotros al mismo, como a un progenitor. Porque el medio, el bosque, «está en su patria» desde el principio de los tiempos del Planeta, estaba ahí cuando aparecimos (y esperemos que estará ahí cuando ya no estemos), nos acogió como a cualquier otro ser viviente, de forma natural. Y nosotros vamos y, siglo tras siglo, lo arrasamos, al conjunto completo y a los animales que forman parte del mismo, como el botín de una rapiña. E incluso cuando lo protegemos, lo hacemos con finalidades interesadas, como extraer sus materias primas o administrarlo como tirón turístico o, en último extremo, como «herencia» de nuestros descendientes. No me importaría si fuera respetado absolutamente por esta última o cualquier otra causa ética, pero que de una pajolera vez se le considerase de interés humano prioritario, con prohibición radical de perjudicarlo. Tanto más en esta **Europa**, en general sobrepoblada y sobreconstruida, que mínimamente aprecia los dones naturales, aunque pretenda que lo hace, de boquilla.

Los comentarios de lectores que he leído en la noticia suelen apuntar a que deberían «cazarse» los osos (mediante narcolepsia, se entiende) y trasladarlos vivos a sitios donde ya no existen o casi. Como por ejemplo los Pirineos, donde ya se han introducido algunos, «importados» de terceros países que aún tienen, como el de referencia, cierto nivel de población úrsida, (con un importante problema de consanguinidad en los pocos que hay en los Pirineos). Y claro, aquí me daría la risa (y desde luego no me burlo de la excelente intención de los lectores que proponen trasladarlos, antes bien al contrario) si estas cosas me dieran algún motivo de reír, que es que no. Ni el país del safari tendrá interés en exportar esta «mercancía», porque gana con su gestión inmediata de recursos (sea cobrar dinero por la cacería o facilitar el turismo… y cobrar dinero) ni los países con mínima población de/o sin osos tienen más que un interés superficial y publicitario en la repoblación y aún menos con un número ni siquiera muchísimo menor de los 93 ejemplares. Y, precisamente, por las mismas razones: además de los gastos de traslado, el pago a los equipos intervinientes, el seguimiento de los osos que se sitúen y la eventual colisión entre animales libres y humanos… ¿libres? ¿Quizás demasiado libres? Ahora me refiero a los humanos…

Para acabar: esto sería un tema a asumir muy seriamente por la **Unión Europea** y llevar a todos sus díscolos miembros a acuerdos serios y honestos en materia de animales y medioambiente, despejando esas áreas de la presión humana. Y evitando, con programas y controles previos, tener que matar para resolver las imprevisiones anteriores. Y las actuales, que no cesan.

Pero ¿es solo a mí o como que parece que la Comunidad Europea les tiene miedo a sus países miembros en cuestiones «marginales», como esta? Claro, no les queda empuje más que para las cuestiones de dinero o trajines macroeconómicos de cualquier «pelo» mercantil.

Qué decepción que lo que parecía aportar un futuro luminoso y justo se haya convertido en un presente desencantado…

*Y que conste, que aún así, lo prefiero a una **nada** de contrario.*

Vigésimo octavo comentario:
Nada de desalmados

La palabra «desalmado» es una definición aplicable a quien actúa manifiestamente sin solidaridad ni compasión, o bien con tortura y tiranía. Me refiero al miembro de la especie humana (por no llamarlo voluntariamente «hombre» ni «persona») que abusa cruelmente de otros o que carece de compasión. Pero estos otros no necesariamente se refieren solo a la categoría de seres humanos, pues tan desalmado es quien tortura a otra persona como quien tortura —*y demás abusos*— a criaturas vivas de otras especies. Entendiéndose que quien actúa así, y en ambos casos, **no tiene alma.**

En efecto la definición verbaliza y concreta que quien comete esas barbaridades, impropias del alma, es un desalmado como forma rotunda de definir a tal gente en una palabra. Por supuesto, se puede entrar a analizar y elucubrar sobre qué es el alma, si existe físicamente o si es un hálito virtual. Pero entiendo que todos sabemos, con religión o sin ella y por básica que sea nuestra conciencia sobre nosotros mismos, que «alma» implica o resume todo aquello de sustancial y evolutivamente bueno, creativo, empático y participativo que haya en nosotros, sea en la medida que sea. Y que por poco o nada que pensemos en «ella», sabemos que por ahí anda, presta y dispuesta a barnizar de riqueza emocional nuestras acciones, cuando lo necesitamos o tal vez siempre como componente individual.

Otra cosa distinta es que las personas obviemos la influencia del alma en nuestra vida, por decepción, por indiferencia, por cansancio o por la presión lesiva de lo que nos rodea. En esto, como en todo, cada uno es cada uno. Pero no por eso somos desalmados, siempre que lo que nos agobia no lo «paguemos» brutalmente con los demás.

La introducción viene al caso porque hoy he leído que, en este país de conflictivas «almas», la vieja lucha por dignificar el reino animal ha dado otro minúsculo paso (pues alguno, un tanto mísero, se ha dado antes de ahora). Se trata de que el **Congreso** de los Diputados ha aprobado ¡por unanimidad! la decisión de retirar de los animales domésticos (solo afecta a las mascotas) su previa calificación legal como bien patrimonial, es decir, una cosa como cualquiera otra. Justo en un comentario anterior me referí, precisamente, a la situación «patrimonial» de la propia naturaleza en el contexto de la sociedad humana. Pues bien, esto concreta más la cuestión, aunque a un nivel muy, muy reducido. Un grupo político, de relativo nuevo cuño, llamado Ciudadanos (bonito nombre) ha defendido —y *logrado*— que los animales domésticos dejen de tener la definición legal de «cosas» o «bienes» patrimoniales que tenían hasta ahora.

Siendo cosa, lo primero que resulta es que un objeto pertenece, subrayo, pertenece de pleno derecho al ámbito individual privado, en el que el hombre (definición genérica) es dueño y señor. Y uno puede tratar bien o mal a las cosas que posee porque son de su propiedad y pertenecen a su dominio personal, las puede rechazar, olvidar, destrozar, vender, comprar, ceder, negociar, regalar o, por el contrario, conservarlas, mejorarlas o cuidarlas… Y lo mismo, legalmente hablando, podía pasar con los animales domésticos, como «cosas» (despreciado así su «hálito» vital) de nuestra absoluta propiedad. Salvo las torturas y abandonos, considerados de orden público.

Los abusos que se han dado en este país, rozando lo incomprensible y tanto más lo inaceptable, que han incluido burritas violadas con palos y dejadas muriendo en agonía por parte de grupos juveniles incontrolados, desmembramiento de cachorros cruelmente plasmados día a día en vídeos por parte de algún ente que a sí mismo debía de ignorarse como miembro de la especie humana, abandonos de animales recién nacidos, aún respirando y tirados a contenedores de basura, perros o gatos quemados vivos o a los que se ha abandonado con amputaciones espantosas, cuando no se les ha despellejado arrastrándolos atados a un coche, animales varios a los que se ha dejado morir de inanición al socaire de «la crisis». Y además de ello, como un etcétera, todo lo que no conocemos o lo que nunca ha salido a la luz…

Aquí estoy hablando de noticias concretas y publicadas por la prensa pero, en relación con las mismas, indico que, si considero tan críticamente las torturas a animales, con toda-toda-toda evidencia, soy consciente de que —*tal vez más excepcionalmente*— cualquier desafuero, cualquier tortura, cualquier barbaridad también puede ocurrir y suceder en el ámbito de humano contra humano. Y solo tengo que expresar a este respecto que si yo pudiera detener con una varita mágica o milagrosa semejantes hechos, los mismos no volverían a cometerse más, tanto en unos como en otros casos.

Pero soy muy poca cosa en el mundo. No poseo capacidades mágicas, no tengo ámbito de poder social, no formo parte del gobierno ni de la oposición, no dirijo agencia ni organización alguna. Soy ciudadano de «a pie» sin influencia directa en mi entorno. Y la única que eventualmente tengo, como la de cualquiera, es la que yo considere que ejerzo, de forma infinitesimal, a través de los representantes políticos elegidos (sí, esos de los que habitualmente abomino, y lo seguiré haciendo mientras las «cosas» no cambien) y, lógicamente, con la forma en que administro socialmente mi propia vida. Pues bien, debo de congratularme cuando no solo se da algún paso positivo en dirección a la **dignidad** social, sino muy especialmente porque esa votación haya sido unánime (cosa increíble en el ámbito de la política). Es decir, se ha concitado, a nivel político y social, la creencia de que **toda** nuestra sociedad, allí representada por ellos, estima a nivel personal y de calle, que —*al menos*— los animales domésticos NO son cosas, no son un objeto cualquiera del patrimonio personal.

Si todos los representantes políticos, al votar positivamente, lo han hecho así por convencimiento, por timidez o por vergüenza ante los medios o por no significarse en contrario o en abstención, no deja de ser un acto increíblemente ético, que ya quisiera yo en el resto de sus mandatos respecto a las demás cuestiones sociales.

El resultado de la votación implica que los animales de nuestras casas seguirán, como siempre, viviendo con las personas que los acogen pero las cuales legalmente no podrán considerar a sus mascotas sin limitaciones y a su antojo, como era —*vuelvo a decir que solo legalmente, escasamente en la práctica*— posible hasta el momento. Pues la situación ciudadana de hecho va muy por delante (la ley a aplicar sin duda lo deberá tener en cuenta) en el sentido de que la tenencia de mascotas ya es, desde hace tiempo, considerada por los propios «dueños» de un modo mucho más humano y evolucionado de lo que lo hacen las leyes, sea cual sea la intensidad con que los respectivos «amos» los consideraran. Conforme que unos se habrán quedado cortos en la atención a sus animales y otros se habrán pasado «tres pueblos» en los mimos y las consideraciones. Eso no cambiaba, ni cambia, el hecho evidente de que una grandísima parte de la población ya los consideraba, y sigue haciéndolo, dignos de respeto en cuanto a su vida y en cuanto al trato a otorgarles. En otras palabras, teniéndolos por compañeros en la vida.

Sin embargo, dado que siempre hay un «pero...» o más, queda colgando la definición y el desarrollo legal ulterior de semejante acuerdo, o sea, para qué vale. Si las mascotas no son cosas, ¿se podrán seguir comprando y vendiendo? ¿Importándolos y exportándolos? ¿Usándolos como regalos? ¿Ofreciéndolos expuestos en escaparates? ¿Manipulando sus partos para resolverlos según el interés del «dueño»? ¿Habrá requerimientos básicos adicionales en cuanto a la cobertura individual de sus necesidades? ¿Cómo se definirá a la/s persona/s que los han acogido, o elegido, o recibido o, en la acepción más al uso, adoptado? Porque lo de «dueños» o «amos»... Pues se es dueño cuando se adquiere una propiedad y se incorpora al patrimonio individual. Se es amo cuando potencialmente se puede ejercer cualquier tipo de poder sobre una posesión privada. Y las cuestiones que planteo, en las preguntas, son en buena parte negocios patrimoniales.

Leyes de protección animal ya las había y las hay, casi siempre exclusivamente aplicables a la tenencia de mascotas. Tanto describiendo las bases mínimas de su acogida y residencia, como los requerimientos sanitarios y de deambulación social de los animales y de teórico respeto a sus vidas y bienestar. Nada de eso ha cambiado, en principio solo su definición legal (deficiencia que ya los «amos» respectivos habían sobrepasado por su propia lógica, sin considerar realmente que sus animales fueran sus «cosas muebles», por supuesto con lamentables excepciones, que en todo las hay) sin más novedades que modifiquen su rutina como mascotas.

Y, dado que los casos de tortura o abandono que han salido a la luz están sujetos, ya desde hace años, a penalidades judiciales, se entendería que también tal aspecto está cubierto. Y lo está, pero con penas tan absolutamente ridículas e ineficaces, que ni sirven de escarmiento ni de advertencia, por lo que es de esperar que esta decisión unánime (y consiguientemente tan apreciable y tan digna) implique una severa modificación de la medida de las penas y una intensificación del interés de las fuerzas del orden por perseguir a los desalmados que abusen o torturen a los animales calificados como mascotas, los más cercanos al género humano en el mundo, dado que dejan de ser una propiedad patrimonial.

Sí, lo sé: el resto de especies animales universales quedan fuera de cobertura. No puedo estirar por mi voluntad el alcance de la norma que comento, lamentablemente no puedo, cualquiera que fuera mi postura al respecto. No consigo dar soluciones, solo, como cualquiera, señalar situaciones y pedir, de ser posible, puntualizaciones y actuaciones civilizadas.

De hecho, me recuerda, salvando distancias humanitarias, esta concisa «liberación» patrimonial de las mascotas, a los esclavos manumitidos de la Roma clásica (excepciones de entre los muchos que continuaban sometidos en el patrimonio del dueño) o a la «carta de libertad» a los esclavos americanos (igualmente minoritarios entre la enorme cantidad esclavizada), hasta que se prohibió la esclavitud y se impuso la lógica y la justicia. Aunque no para siempre ni para todos, incluso en la actualidad.

No obstante, este acuerdo es un leve paso hacia una sociedad más justa, más lógica y, sobre todo, más **digna**. Bienvenido sea.

Que no se quede en una mera definición. He apreciado mucho la forma en que el representante de Ciudadanos ha presentado la cuestión, de un modo sencillo, claro y lógico, como debía ser todo a ese nivel. Por una vez, he mirado sin encono a quienes me gobiernan. A ver mañana…

Por favor, torturar a los más débiles es la forma más asquerosamente baja en que puede actuar un humano. Evidentemente, sin alma.

*Respeto absoluto para los indefensos. Los más débiles socialmente son los niños y los animales. Y no, no me griten, que no los comparo en igualdad, pero sí en su **indefensión**.*

Vigésimo noveno comentario:
Lectura de un día tonto

¿De qué se puede hablar en un día gris? *No news, good news*, perdón por la expresiva frase inglesa, que considera que ya es una buena noticia el no tener noticias, sociales o interpersonales. Claro, lo de que no las hay lo digo ironizando, dado el porcentaje de barbaridades o conflictos que se pueden encontrar en cualquier medio y cualquier día, por lo que, en contra de la admirable rotundidad de la frase, noticias hay siempre y del tenor de las mismas seguramente no serían «buenas», al menos en el área global. Otra cosa es lo que nos sugieran o nos interesen.

Y lo que hay en este día no parece que me impulse al comentario. Ya se sabe, cuestiones tensas de gobierno, algo de fútbol, algo de vida social, algo burdo, algo curioso, algo sobre comida, fama, moda… tarifas de la electricidad y/o del gas, alguien que duda (y yo también) de por qué apareció a lo bruto la crisis económica. Y, añado, de cómo la vida parece haber retomado un discurrir indiferente, «pasando» del recuerdo del período crítico, como si no hubiera existido más que en el terreno de los sueños…

Y ahí ralentizo porque ya he entrado en el tema precisamente por eso, por lo llamativo de la aparición y del discurrir de dicha crisis y por lo curioso de su aparente y alegre olvido actual a nivel social. Porque leo en la prensa y, vamos, es una cuestión argumentista, que un partido que ahora está en la oposición y antes estuvo en el gobierno pide que se establezca una comisión oficial para estudiar cuál fue «la génesis» de la crisis, situando el lapso a considerar justo en el período en que el otro partido gobernaba y dejando fuera algún «detallito» que pudiera afectar a su grupo propio. Claro que si la cuestión fuera al revés, el resultado sería el mismo y los argumentos también, dado que lo único que persiguen —*mutuamente*— es intentar desprestigiarse unos a otros, tratando solo de quedar bien y camelar al elector, al que luego ignorarán mientras les dure el mandato. Además, da igual puesto que si tal Comisión se estableciera por norma legal (y ahí sí que la escribo con la mayúscula «mayestática») tampoco nos íbamos a enterar del resultado. O, aún peor, el simple paso del tiempo haría que no nos importara más que un comino. Como solemos.

Mejor me parecería crear una Comisión antiolvido, que mantuviera las iniciativas de aparente **control** de actividades oficiales siempre activas, presentes, gestionadas e informadas pero, claro, tampoco haríamos el menor caso al resultado porque el transcurso del tiempo favorece la indiferencia y en alargar los plazos sin resolver, salvo que saquen dinero de la resolución, los organismos oficiales son maestros. Lo cierto es que, en esta materia de partidos políticos, especialmente cuando el sentido es bipartidista pero ligeramente ampliable a otros minoritarios, para disimular, no sé cuándo van a abandonar todos ellos el sistema de «riñas vecinales» en materias gubernamentales y pasar a poner por delante al ciudadano y su defensa (y a la vez tantas cosas de necesario interés), cuestiones que no consigo ver claramente en los políticos (y que prudencialmente no lo niego **por completo** para que no se me considere un radical, claro que si eso ocurriera, me iba a dar también **por completo** igual, como a ellos la mayoría de las cosas) ni tampoco en los sectores sociales y escasamente en el área individual.

Alguien me ha comentado ayer, y tiene por qué saberlo debido a su actividad laboral (sin ser miembro ni de la administración judicial ni de la policial) que, como muestra actual, en un pueblo de veinte mil habitantes, en una sola semana: nueve desalojos por impagos hipotecarios. Y, atención, que ya estamos entrados en el 2017… La crisis puede haber pasado pero el impacto del desastre sigue activo, a nuestro alrededor y especialmente en detrimento de algunos, tal vez muchos, de nosotros.

Y, mirando noticias en otro ámbito, y hablando de hecho de un mundo paralelo en paulatina disolución, veo otro nuevo candidato a especie en **extinción** en una información de Europa Press: el **visón** europeo español entra en la vía extintiva por quedar (información de WWF) menos de 500 ejemplares. Malvenido, amigo visón, a mi catálogo de naturalezas casi muertas. Sí, esas que, por previa **dejadez absoluta** de las autoridades políticas medioambientales (¿las hay?) luego vienen las prisas. Y aquí, ahora, habrá que recurrir a las prisas (si es que el/los gobierno/s se dan por enterados, que lo dudo), pues se pide que se establezca un plan de emergencia y un centro de cría como el que ya existe con el lince. Esos centros que promueven la progenie en cautividad para luego soltarlos… y que sucesivamente los atropellen los vehículos, si es que algún «genio» del gatillo no les pega un tiro —*lo primero ya pasa con el lince, pero en lo segundo aquí me refiero concretamente al visón*—, creyendo o no (que es que no, en el caso del visón europeo) que de ahí salen los abrigos de pieles del mismo nombre. Y (nota añadida al texto tiempo después de haberlo escrito) he leído en la prensa, a principios de octubre de 2017, el hallazgo, en algún paraje andaluz, de un lince muerto a tiros, ¡qué raro!...

Volviendo al criterio de WWF, en **España** al visoncillo le quedan cinco años de presencia (en palabras del artículo: de existencia). Yo nunca he visto alguno, salvo en foto. Seguramente habría sido mejor que nadie los hubiera visto, nadie hubiera traído visones americanos escapistas y expansionistas que compiten con fuerza por sus territorios, nadie hubiera contaminado los ríos y emponzoñado las fuentes, nadie hubiera tirado de gatillo para divertirse con animales inocentes, nadie hubiera presionado con construcciones artificiales que encostran campos, nadie... nadie...

Y, yéndome a un orden de cosas noticiosas muy distinto y siguiendo ya en la vía comentarista, para no dejar de sorprenderme: «**España** desplegará más de 300 militares y seis carros de combate... en **Letonia** en el marco de la OTAN... para disuadir a **Rusia**, según han informado fuentes de Defensa»... y «unos 15 vehículos blindados para reforzar la contribución española al batallón liderado por **Canadá**...». «La ministra... ha reclamado... que también se valore la aportación «cualitativa» que hacen países como **España** a la OTAN en términos de contribuciones a operaciones y misiones»... Información completa en Europa Press-Bruselas.

Aunque entiendo —*menos eso de la «aportación cualitativa»*— perfectamente (o quizá solo más o menos) el papel nacional, e incluso internacional, del país y de sus fuerzas armadas, por aquello de que haya que estar ahí, intentando que se nos tenga en cuenta por algo, cosa que raras veces ocurre y que, si sucede, nunca nos beneficia finalmente, debo de lamentar que —*como cerrándose el círculo vicioso, nunca mejor dicho*— se vuelva **de nuevo** —*y nosotros por medio*— a una especie de existente pero disimulada guerra fría, que tal pareciera por tales noticias. Y esa guerra, la fría, sí que la hemos contemplado muchos de nosotros, creyéndola cosa del pasado cuando finalmente cayó el Muro de **Berlín.** Se ve que nos habíamos equivocado. O que nos habían equivocado.

Pero, sin elucubrar más, simplemente quiero terminar este «toque» informativo con dos comentarios de los lectores a la noticia citada:

Uno dice: … ¿nos hemos vuelto locos, o qué? Enviar 300 soldados a **Letonia** para disuadir a **Rusia.** ¿Disuadirla de qué?…

Y otro lector: ¡Pues sí que los rusos van a quedar bien disuadidos!…

Y aquí, con una cierta sonrisa, me detengo dado que no he podido decidirme a leer ¡los 60 comentarios!

Pues es verdad lo que dije, que la buena noticia era que no encontraba noticias para comentar. Pues si llego a encontrarlas de primeras, no sé qué habría resultado…

Testimonial:
Las horas... de una historia

Y, porque siempre faltan, a una sigue otra y pasadas 24, vuelta a empezar...

La historia de una hora

Los días están compuestos de horas. ¡Vaya noticia! Pero, en realidad, no están tejidos con cosa alguna ya que el tiempo es el simple desvanecimiento de la luz, al deslizarse por las hebras del sol que sale y se pone (y vuelta a brillar hasta difuminarse) sin que tengamos nada que ver, efectivamente, en ese fenómeno. Esas benditas horas que nos acosan, y diariamente nos apacientan, nos las hemos inventado y elevado a categoría universal: así, se ha forzado la instauración de una entelequia (esto es, algo que uno mismo no puede comprobar físicamente) como instrumento alentador de un sistema de los que solemos llamar «convencionales» (haciendo de la hora el efecto; y siendo su causa el tiempo), convertida, de hecho, en la principal de tantas esclavitudes cotidianas aceptadas artificial e imperativamente como normas de implacable cumplimiento.

Por lo tanto, el discurrir horario resulta estar compartimentado en modo formulario, acordado, pactado y acatado por todas las generaciones transcurridas desde que alguien, vaya a saberse cómo o por qué, lo reglamentó…

… para forzarnos a adecuar a un ritmo rutinario nuestras actividades ordinarias que, de todos modos, habríamos realizado de una manera mucho más cómoda, sencilla y natural si el sentido de la obligatoriedad horaria no nos acosara.

Pero veamos: así es todo en el grupito biológico del que formamos parte, creyéndonos tan grandes y tan osados como para dominar el orbe entero, mas ¿nos hemos enterado de que **el Sol** —*para nosotros, con mayúscula*— es una estrella entre otros cincuenta o cien mil millones que conforman esta galaxia, además de tantas otras?

¿Y somos conscientes de que también hay (o puede haber) cien mil millones de galaxias, además de la Vía Láctea, la nuestra…? Así, hala, como si nada, tal cual si se contaran garbanzos de un puñado… ¿Dónde queda nuestra escueta hora? ¿Qué significa nuestro escuálido tiempo?

Pero, como estoy aquí, en el presente, dado que no soy responsable ni siquiera de la esencia de mi propia vida… cuánto menos me voy a preocupar del descontrolado número de lucecitas minúsculas que adornan el nocturno cielo…

Y sin embargo, mira qué importante lección implica la entronización de «**la hora**»: en un mundo habitado por los feroces administradores deterministas (de la vida de las demás especies), que es lo que somos, sin ponernos de acuerdo ni con nosotros mismos salvo después de luchas increíbles, destrucciones impactantes y matanzas indiscriminadas, pues se ha llegado, por excepción, a un gran acuerdo global pacífico: la medición universal de ese fenómeno tiránico que es el horario: no en vano cualquier «mindundi» como yo sabe que **el tiempo** puede parecer cortito pero que está en relación con **el espacio**, que es infinito… aunque, por relatividad, a mí me parece poquita cosa… al menos en lo que a mi entorno se refiere.

Así que cualquiera tiene, nada menos, la infinitud del Universo metida, de hecho, en la esfera del propio e imprescindible… reloj.

El cual ha sido entronizado como el gran Moloch de todas las existencias que conocemos en **la Tierra**, *¡original nombre para un planeta primordialmente oceánico!*

Ese convenio es el que **determina tu personalidad**: te califica en la inscripción de tu nacimiento, lo cual te diferencia de otros **Pepe Pérez** coetáneos —*dicho sea con el debido respeto a mi propio primo, y a otros*— que pudieran llamarse como tú pero que no es posible que hayan nacido en el mismo instante, con lo que te conviertes en el feliz precarista de un segundo de hora de la vida.

Determina tu situación: si eres primogénito o segundón, lo cual es francamente importante a los efectos del trato que recibes o las exigencias a las que te someten, haciéndote el afortunado usufructuario de una posición espacio-temporal azarosa.

Determina tu capacidad de obrar: es un momento supuestamente exacto e individualizado en el cual la sociedad, exigente y condicionante, se aviene a otorgarte carta de naturaleza para el arrendamiento potencial de beneficios vitales, aunque muchas veces tal donación solo represente tu sometimiento a las esclavitudes habituales de un apreciable trabajador-*contribuyente*, bien exprimido por las estructuras político-sociales.

Y todo ello transcurre al paso de alguna hora. Pues, a ver, cuando algún ignorante, que todavía los hay, o «despistadete», que seguramente también los hay, te pregunta «¿Qué hora es?», no le estás informando tú, te está mostrando gratis una relación completa sobre sí mismo: no tiene reloj, en la era histórica en que el mismo es el torque que a todos aprisiona, luego está privado de la propia temporalidad social, ha pasado a la marginalidad estadística. O bien, como no dispone de una información primordial, es siervo de la casualidad y, por consiguiente, un alienado grupal. Sin embargo, está tan duramente sometido a la tiranía horaria como tú, porque ella es la que le exige informarse inquiriendo sobre la hora corriente, lo que le conduce al callejón sin salida del sometimiento a la misma, incluso más que los portadores rutinarios de máquinas temporarias, esclavizados por el mecanismo horario diario, semanal, mensual...

—Arriba, rápido, que es hora de levantarse, ya vas tarde, se te va a escapar el autobús, a esta hora hay muchos atascos de tráfico, vas a llegar tarde a trabajar...

¿Eres o no una minucia sometida a la gran dictadura temporal?

La hora dicta la agenda horaria de cada jornada, hora tras hora, hasta que sea la hora de acabar y vuelta a empezar.

¿Y qué crees que pensaría de la convención temporal global el E.T. que llegara, bastante equivocadamente, a esta tierrecita granito de arenita cósmico en una galaxita de tres al cuarto de una nebulosita medianita?

¡Que ya es hora de cortar del todo con estos tíos liantes! ¿Pues no se creen que ellos solos hayan descubierto la relatividad, la mecánica cuántica o la teoría de cuerdas y la materia oscura, dando sentido al Universo?

¡Pero si no son más que un puñado de virus invasivos de una celulita térrea y anegada, perdida en el corpachón del espacio!

¡Mejor dejarlos solos, que ya van apañados! De eso mismo se estaba tratando en la timba de apostadores galácticos en el espacio de por ahí arriba, a la derecha, que andaban metidos en animada conversación:

Gurbicio.—Pero ¡**Salakatrof**, cacho burro!, mira lo que me acaba de descubrir el «Rebanador de noticias alienígenas», informativo gestionado por el **Gran Servidor de la Comunicación Cósmica** garantizada a plazos: ¿pues no has sido tú, so animal, quien se paseó hace **una hora** cósmica por aquella bolita de cieno resabiado a sembrar ideas que no les competen?

Salaka.—Sí, bueno, me hice un tour turístico que compré al **Operador Galáctico de la Izquierda** del Universo, según entras en el sector pequeño, ya sabes, el de los veinticinco mil millones de estrellas del primer piso del edificio ¿y qué?

Gurbicio.—Pues ¡demonio de cotilla! ¿Quién te mandó soplarle en sueños al indígena empleado de la agencia de patentes de la tribu de ahí abajo, al lado del sol pequeño, y endosarle las ideas que esos enanos han llamado «Teoría de la relatividad»?

Salaka.—No me culpes, estaba jugando a «Casualidad y Soplido» con **Jagasbundo** y si no encontraba un peón, perdía. Pero tuve suerte, seleccioné uno y a cambio le dí su premio ¡no me chilles! Así yo también gané la mano y ahora es mía la parcelita de **Rigel y Altair**. Me la apuesto contigo e iniciamos «Vuelve y Resopla».

Gurbicio.—¡Vete al agujero negro, **Salaka**! ¿Quién te manda estimular la inteligencia en esos bichejos pegados al suelo? Venga, vámonos, que tengo una partida de cartas en la galaxia trillónica del piso cuarenta. Eso sí que es serio y no esas apuestas infantiles…

Pues qué quieren que les diga, yo aquí, ahora, al día de hoy y **hora** a **hora**… Pues que estoy de acuerdo con los *aliens*. Y no me chillen también, que eso pasa mucho y, si yo consigo gustarles…

… *algo me darán que no tenga.*

Trigésimo comentario: *Oblivion...*

Acabo de ver la interesante película llamada así: **Oblivion** (*Olvido*) dirigida en 2013 por Joseph Kosinski. Otro film que mantiene largamente oculta la razón final de las cosas pero con un arranque —*con paisajes de gran belleza, aun estando arrasados*— que captura la atención. Sin embargo, es una historia que, durante mucho tiempo de desarrollo, tan solo presenta a dos personas como únicos habitantes legítimos, al parecer, en el planeta destruido que es **la Tierra**.

Son una pareja pero no están allí simplemente por serlo. Forman un equipo de reparación de artefactos actuantes en la atmósfera inferior del Planeta. Viven en un edificio futurista muy atractivo, a gran altura y situado en una plataforma que se encuentra por encima de las nubes y que luego se observa que está asegurada en lo alto de un largo y potente mástil con tensores metálicos rígidos que se anclan en la montaña. Entre la base en tierra de estos artefactos y la plataforma hay mucha distancia, así que, de hecho y literalmente, viven en las nubes.

Dentro, la plataforma tiene dos sectores arriba y abajo, uno es «la casa», un minimalista y precioso espacio común donde está la cama, sita en el medio de una enorme y despejada habitación con la zona de mobiliario en un lateral, todo rodeado de imponentes ventanales (que parecen estar blindados) y con una piscina exterior impresionante que está situada colgando en el vacío y es por completo transparente. En el piso superior, en cambio, hay un importante complejo de comunicaciones notablemente futurista. Ella, la chica, es la encargada de la coordinación del equipo y de las comunicaciones con la base. Él es el técnico de campo, que sale a diario a revisar y reparar.

En una pantalla se establece la comunicación coordinada con lo que es «el mando» en la base de operaciones, a su vez situada aún más arriba, en la órbita de **la Tierra**. Según se distingue y se escucha, el Planeta ha sido vaciado de habitantes. ¿Y qué ocurrió?

Pues que llegaron unos extraterrestres beligerantes que, primero, destruyeron **la Luna**. Y en efecto, a lo lejos en la imagen aparece el satélite quebrado, que solo conserva reconocible su parte superior y con detritus y restos formando una aureola alargada que brilla a ambos lados en el cielo. Como se sabe, **la Luna** ha conformado en buena parte a **la Tierra** en la que vivimos, tanto la continental como la oceánica. Por lo que, al romperse y alterarse su gravedad mutua, terremotos y volcanes arrasaron **el Planeta**. Y una vez provocado el primer destrozo, a continuación desembarcaron los *aliens*, para liquidar lo que aún quedaba.

Sin ser en sí misma esta situación el objetivo último de la película, se supone que se les pudo derrotar gracias a las armas nucleares terrestres, pero que eso provocó que el mundo quedase inhabitable. Sin explicaciones más concretas al respecto, la población restante pudo trasladarse en naves a **Titán** (satélite de **Saturno**). Pero, necesitando energía allí para desarrollar la colonización, los humanos dejaron en **la Tierra** la base de operaciones en órbita y en la atmósfera inferior unas enormes construcciones aéreas que succionan agua del océano para obtener energía que, a continuación, se reenvía a **Titán.**

Como al parecer, una vez derrotados, algunos contingentes de los *aliens*, a los que se llama indistintamente «carroñeros» o «scavengers» (nombre este último frecuentemente utilizado también en otras películas SF) se quedaron en la arrasada Tierra, amenazando las estructuras de succión, las mismas están defendidas por imponentes drones autónomos que, cuando se averían, son reparados por el técnico, interpretado por **Tom Cruise,** quien, por cierto parece que casi no envejece con el paso de los años, salvo que se le compare con las primeras películas, en que lucía muy jovencito, digo en la realidad tanto como en la ficción.

Hablaré de estos drones por lo que importan de forma incipiente en la sociedad actual: los de la película aparecen como enormes esferas autodirigidas y poderosamente armadas, con instrumental electrónico de reconocimiento e impresionante movilidad y potencia de fuego. Tienen un diseño circular, compacto, con cámaras de visión como ojos y cañones de retracción a ambos lados. Me han recordado, por su forma, a los drones —*estos otros más pequeños y no tan potentes en su armamento, pero igualmente operativos y eficaces*— que salen en **Guardianes de la Galaxia** (interpretada por **Chris Pratt** y **Zoe Saldaña**, él también visto en *Jurassic World* y ella como la Uhura que es novia del joven Spock en largometrajes de Star Trek), resultando todos estos drones muy creíbles como importantes componentes del futuro, dado lo que ya vuela en estos tiempos presentes y reales. Aunque los de *Guardianes…* son más pequeños, adoptan parecida forma circular básica, menos compacta que los otros citados primero pero en ambos casos llevan detectores de movimiento y de rastreo y armamento móvil. Parecen subrayar que, desde un punto de vista futurista, no necesitan alas ni complejidades de diseño exterior, especialmente porque sus «tripas» resultan quedar así perfectamente blindadas dentro. Claro que los referidos concretamente son drones de batalla o vigilancia, menudo futuro anticipado…

En cuanto a los dos protagonistas (la chica no sale nunca de la plataforma y el chico está todo el día fuera de ella) evidentemente comparten trabajo y relación personal, que es presentada como tranquila, amable y firme. El principal objetivo de ella, en las comunicaciones, es seguir por medios electrónicos a su pareja dondequiera que se encuentre en cada momento en el curso de sus tareas no tanto por razones personales como por la eficacia del trabajo a realizar. Y, a la vez, va informando de cada situación a su interlocutora Sally, que le habla e interactúa desde la base aérea supra-atmosférica, teniendo a la vista tanto la seguridad del técnico como la información que su actividad proporciona a la base y su trabajo de reparación, que resulta ser fundamentalmente imprescindible.

Tom Cruise resulta perfectamente adecuado al personaje. Es destacable que, ya vistas hace algún tiempo, *Misión Imposible III*, *IV* y *V*, me parece evidente que tiene su papel, al menos en esa serie, tan asumido e interiorizado que lo interpreta de una forma siempre creíble, autónoma y adecuada al personaje, dando al film un impulso cuasi personal constante. Pues aquí, aunque el personaje viva en el futuro —*y el actor también ha interpretado otros films* *de ciencia ficción*—, su actuación obedece a una excelente identificación con los mismos parámetros, adecuados a lo que se cuenta.

En cuanto a la muchacha que vemos como su pareja, no la conozco de otras intervenciones, cumple con su papel, que es bastante más limitado que el otro, salvo destacar que tiene unos ojos con unas pupilas tremendamente oscuras o a mí me lo parece aunque ciertamente no sé si son reales o son ficticias.

Hago un inciso para comentar el título original en inglés, que se mantiene en pantalla española y que consiste en una palabra (*Oblivion*) que ofrece un contenido semántico, a mi parecer, más concreto que la traducción española «olvido» que, por su amplitud, abarca todo, grande o pequeño, desde la falta de memoria histórica hasta un lapsus transitorio o una omisión sin trascendencia. En el título en inglés, define más bien un olvido profundo, un «borrado» de recuerdo/s trascendental/es, una amnesia —*en principio*— permanente y que, por tanto, desvía de su destino previsible la vida de quien lo padece. Por lo cual, mantener el título elegido por el film original es absolutamente expresivo y adecuado a la narración, dotado incluso como de un toque de nostalgia subconsciente y hasta de cierta poesía. Y que, por cierto, procede la palabra, en ambos idiomas, del históricamente lejano, y *no olvidado*, padre de algunas lenguas mediterráneas hoy habladas en muchos países actuales, el **latín**: *Oblivio/Oblivium* = olvido, en un caso y *oblivion*, en el otro.

La historia me ha parecido muy interesante pero no voy a dar demasiado seguimiento al transcurso de los acontecimientos, por aquello de quien quiera verla si no lo ha hecho previamente. No puedo afirmar con rotundidad que me haya arrebatado o absorbido profundamente dentro de la propia acción, pero me he comportado como un espectador muy pendiente de lo que se cuenta y cómo se cuenta y con especial atención a la recreación de un acontecimiento catastrofista tan perfectamente filmado y diseñado, incluyendo remisiones a la destrucción de lugares simbólicos de **EE. UU.**, en este caso el Empire State Building, ya abandonado y presentado en ruinas en el film.

Eso me recuerda otros casos similares, por ejemplo la estupenda y original **La fuga de Logan** (*Logan's Run*, y este Logan no tiene nada que ver con Lobezno), donde parte de la acción gira en torno a lo que yo supongo, sin seguridad plena, que era, igualmente en ruina casi total, la Biblioteca del Congreso, film naturalmente también catastrofista pero muy diferente, tanto en su anécdota guionística, que sitúa al remanente de la humanidad bajo el aislamiento de una cúpula, viviendo en una sociedad hedonista y despreocupada pero totalmente controlada hasta sus últimas consecuencias, como en la materialidad de la filmación que impresiona con un brillantísimo colorido, casi hasta la exageración, además de una infraestructura constructiva vanguardista muy bien diseñada, con elementos estructurales muy bellos y tremendamente originales. Dirigida en 1976 por Michael Anderson, se percibe el perfume nostálgico de la época porque, al rodarse en los años 70, rezuma la tendencia vestimentaria de aquellos tiempos con un suave, pero efectivo y reconocible, barniz de influencia *hippie*. Aunque una parte importante de la música de fondo de la misma me pareció, al visionarla, simplemente fastidiosa.

Tanto en un caso como en el otro, los restos destruidos de lo que se entiende haber sido timbre de gloria de siglos pasados (que en referencias de la película podrían ser concretamente los actuales) expresa perfectamente la fragilidad potencial de la civilización ordinaria en que vivimos, tanto como de la propia Civilización como tal, punto.

Pero, claro, no puedo terminar en este caso sin «subirme» a la primera parte de los comentarios hechos al inicio de esta obra, donde analizo los mensajes (inocentes-inocentes) enviados al espacio, con nuestra dirección y nuestras «caras» en ellos, con la idea de que algún alienígena los encuentre... y venga a curiosear, a aterrizar, a exigir o a saquear... precisamente a quien le ha llamado tantas veces.

*Pues mira qué guay... aunque el resultado esta vez sea —por suerte— **ficción**. Pero **científica**... y mucho.*

Trigésimo primer comentario: *Bandazos a diestro y siniestro*

Me refiero a bandazos políticos. Que, naturalmente, se convierten en trastornos sociales. Que, lógicamente, se expanden como líos globales. Que, miserablemente, acaban siendo amargas decepciones individuales.

Claro, a nadie —*o a pocos*— tiene por qué importarles las decepciones de otros, especialmente si no los conocen, o no les oyen, o no les interesan, o consideran que allá cada cual y a vivir que son dos días.

Pues yo también opino, acorde con la propia experiencia, que vivir son dos días o poco más. Pero que precisamente por eso, por la insignificante (en medida temporal) vida personal —*y está claro que el transcurso de la misma, aunque varíe mucho, varía muy poco en el lapso adjudicado*— pues más vale ser consciente de las cosas para asumir dignamente la dirección del presente vital y enfrentar, al menos con conocimiento y responsabilidad, el futuro ignoto, antes que pasar por la existencia como un pajarillo volandero cuya única misión es buscar comida ansiosamente y traspasar el hálito de la vida a otros, si es que lo logra, y adiós. Y ahí os quedáis pajarillos, con la irresponsable herencia que os dejamos…

Aunque una existencia aturullada pueda parecer divertida, solo es *pasar sin saber adónde*. Ni por qué. Ni para qué. Esto es, despreciar la principal característica humana, el salto evolutivo que supone el uso de la razón que expande la inteligencia hacia el conocimiento del Universo en que existimos, para impulsar lo mejor del conjunto, tanto del individuo como de la vida en sentido planetario. Esto implica también, necesariamente, defender y aplicar, en el ámbito posible, la justicia para todos.

El gorrión —*en disminución numérica*—, el visón —*al borde de la extinción*—, el lince —*casi como si no existiera*—, las abejas —*diezmadas y envenenadas*—, los lobos —*acosados*—, los elefantes —*masacrados*—, las ballenas —*víctimas siempre*—, los peces —*recurso brutalmente a la baja*—, solo hacen lo que tienen que hacer para sobrevivir, como el resto de los animales, sin disponer de opción para entender lo que pasa o por qué les pasa. Y sin tener capacidad para alterar los sucesos que sufren (dado que no pueden razonarlos), originados por la intimidación, la persecución, la caza y la muerte o la extinción causadas por situaciones incomprensibles a su nivel. Esto es, provocadas precisamente por nosotros que somos, en lo que a ellos respecta, inmisericordes *aliens* predadores, que más pareceríamos proceder del intimidante espacio profundo que ser en verdad sus compañeros de «piso», esto es, todos vida originaria del Planeta que es nuestra —*de toda la vida terrestre*— común y única casa.

Porque solo si nosotros fuéramos extraterrestres parecería entenderse por qué nos importa tan poco, más bien nada, ni la vida animal que nos acompaña, ni la propia vida de nuestros iguales ni, finalmente, la misma existencia personal, dado que no evaluamos —*porque no queremos*—hasta qué punto estamos perjudicando todo, en todas partes. Y me refiero a «todo» sin querer, siquiera, resaltarlo a mayúscula como debía ser para poder entenderse su amplitud existencial. Pero el hecho es que las amenazas actuales y futuras a ese todo comprometen la vida en **el Planeta**, que es la vida de todo lo existente, por desinterés individual, por indiferencia colectiva, por pasotismo gubernamental, por indefendibles apetencias mercantiles, por exceso poblacional, por sobreexplotación colectiva y por cuanto cada uno pudiera añadir a la lista.

Más que una inventada fotografía finalista de esa «nada» del «Todo», se me aparecería más bien como una pintura, indeleble ya, que estuviera permanentemente a la vista representando el torcido lugar que ocupamos en el mundo, mientras lo arrasamos sin prever que nos toparemos en un momento clave —*como en las naves viajando por el espacio*— con lo que será el «punto sin retorno». Hasta llegar a ese «punto» real, los navíos espaciales podrían dar la vuelta y regresar a casa. Traspasado el cual no hay posible vuelta atrás, solo cabe seguir hacia un ignoto final, si es que se llega a alguna parte. No hay más hogar, no hay más suelo ni atmósfera, no hay nada sino el vacío, encajonados en una cápsula finita. Y quienes vayan dentro lo habrán perdido todo, dejado irremisiblemente atrás lo que hubo, aislados en un enrarecido hábitat enano y robotizado dirigiéndose hacia ¿dónde? Porque lo que más hay en el espacio, es precisamente *lo que no hay…*

Pero a la humanidad presente no le valen artefactos espaciales, pues ya vivimos en uno: **la Tierra**. Y como la misma da vueltas en su órbita estable, no es en el espacio extremo donde tiene su «punto sin retorno». Sino que, como en la existencia terrestre todo tiene consecuencias, no podemos ignorar que también dependemos de un punto interior y sin retorno que es, como nosotros mismos, privativo del Planeta. Y será aquel que comprometa, en un grado no asumible, las leyes físicas del mismo, todas, varias o alguna, fallando como en un castillo de naipes.

Del potencial punto de no retorno saben mucho, en el plano de la imaginación más lúcida, los aficionados a la SF; y, en la práctica, los muchos científicos a los que, lo reconozcan o no lo hagan, seguro que no se les oculta la situación actual: los diversos profesionales de áreas sísmicas, volcánicas, climáticas, demográficas, sociales, sanitarias, asistenciales. Y otras muchas personas que son capaces de interpretar hechos y situaciones y sacar conclusiones, a su nivel. Esto es, cualquiera que quiera hacerlo... menos los políticos y gobernantes, por lo que parece. Las leyes físicas en relación con el medioambiente es lo último que les interesa: no rinden dividendos electoralistas, que ese sí que es su interés primordial. Sin aceptar que... el pan para hoy es hambre para mañana.

Así que el «territorio», a nivel nacional, regional o local es para la política un simple patio de vecinos, considerados esencialmente como *contribuyentes* monetarios a los que gobernar «en comunidad mercantil», sea la misma tan extensa en kilómetros como sea, que lo mismo da. Y ello ha requerido, por un lado, el imponer una estructura de control del «patio vecinal», mediante el/los gobierno/s y su interesada base de rendimiento económico, el Presupuesto, formado por el dinero que recaudan, una y otra vez, de nuestros esforzados y esquilmados bolsillos para su gestión exclusiva y que finalmente es lo único que manda a todos los niveles. Y esos dos intereses, ya históricamente viejos o, mejor, momificados, siguen rigiendo como una imposición no «reformable» ni «actualizable», o —*como en tantas otras cosas no evolucionadas*— por estar entronizados como una «tradición» inamovible, dada por supuesta, impuesta y no modificable. Pero lo peor es que tal sistema de control sobre la población y los recursos, troceado en multiplicidad de naciones, es la razón principal para que, ni quienes gobiernan ni quienes somos gobernados obligatoriamente en base a obsoletos valores ineludibles socialmente por falta de control directo, decidamos priorizar —*lo poco que se hace, es de forma lenta, dilatada, marginada*— el conjunto de la situación existencial, que es **el Planeta** y el entorno, ya. Por lo que nos importa, hoy. Y por responsabilidad ante el mañana.

Forzando la frase original, en la que *los árboles no dejan ver el bosque*, es como si miles y miles de bosques artificiales y manufacturados con su densidad global no dejaran ver la tierra. Entendiendo aquí que esos imaginarios bosques consistieran en ciudades, rutas de desplazamientos, explotaciones agrarias artificiales, administraciones hídricas con alteraciones de cursos, explotaciones mineras y de hidrocarburos, centrales nucleares, instalaciones militares, aeropuertos, torres de perforación, puertos, astilleros, fábricas de todo tipo, ciudades enladrilladas, todo aquello que no deja en modo alguno ver la tierra, esto es, el enorme artificio que la humanidad ha desarrollado alegremente sin arbitrar cómo y cuándo controlar o compensar las consecuencias negativas, sino impulsando a toda velocidad el desarrollo a corto plazo, acicateada —*claro*— por los poderes políticos, económicos, comerciales, financieros, que buscan sus propios fines, absurdamente inmediatos, indiferentes e inhumanos y los negocian sobre la base de dos herramientas: *la población*, como mercancía productiva que obedece consignas, paga tributo a las superestructuras, las mantiene, presta su fuerza de trabajo y vive como puede, y *el territorio*, como materia prima, al que se explota camino del agotamiento, tanto a nivel colectivo como individual. Y así, desde los primeros siglos de la humanidad hasta hoy y con pretensiones de seguir así mañana, cada vez con mayor profundidad; y con mayor velocidad; y con mayor exigencia. Caray con la tradición...

Porque de no realizarse modificaciones sociopolíticas profundas y honestas, la sobrepoblación y sus redundantes necesidades energéticas y sociales pueden desembocar, por imprevisión, por incapacidad, por indiferencia, en que «lo bueno» (que ya está muy arrasado y muy perjudicado) se acabe y que lo haga de golpe. O paulatinamente, pero el resultado final seguirá siendo el mismo. Punto sin retorno...

¿Vaya rollo? Aceptado, así que me voy a explicar —*si puedo*— mejor.

¿Recuerdan el comentario inicial, respecto a la Conferencia de París, en diciembre de 2015? ¿El complacido asombro de contemplar cómo prácticamente doscientos países del Planeta se ponían de acuerdo por una vez, en beneficio de todos y de Todo? Tanto en concluir oficialmente que la realidad del cambio climático es innegable, como sus previsibles consecuencias con alcance global y presentando, ya, protocolos de actuación nacional para impulsar el desarrollo de lo pactado e intentar contener en ciertos límites necesarios los grados de aumento de temperatura global, la cual afecta lógicamente a toda **la Tierra** y a la sistemática poblacional presente y futura. Se puede consultar directamente en la red todo lo referente a la Conferencia de París de 2015, concretamente en la documentación de la **Unión Europea**.

De esos 179 países, más la **UE**, participantes, que tenían un año (hasta el pasado abril del 2017) para ratificar el acuerdo, necesitándose que quienes lo hicieran representaran al menos el 55 % de las emisiones de gases invernadero, he leído que lo han hecho así unos 157 y entre ellos todos los «grandes» (menos Arabia Saudita y su petróleo), sobrepasando claramente el mínimo requerido para empezar a actuar. Es verdad que los que no ratificaron finalmente, alegaron —*salvo algún caso de fuerza mayor claramente explicable*— «dificultades de tipo interno». Dificultades seguramente reales pero que al ser países no punteros en emisiones, pudiera parecer que en poco oscurecería el contenido y alcance del acuerdo su minoritaria falta de ratificación final. Y teniendo en cuenta que el acuerdo incluso entró en vigor meses antes del plazo final, el 4 de noviembre de 2016, por estar ratificado con suficientes requisitos estadísticos de países participantes.

Pero ¿recuerdan igualmente mis comentarios, breves, sobre los gobiernos que «van de paso» llevados por revueltos vientos políticos y demás pequeñas-grandes dudas en la misma dirección?

Pues ya está, ya lo tenemos: la persona que los votantes americanos, en la proporción correspondiente, han elegido como su presidente, ya ha dado la nota. Un viento político se fue y otro llegó. Con tormenta incluida.

El caso es que el nuevo dirigente ha advertido que retirará a **Estados Unidos** del acuerdo en el que había participado, aceptado y ratificado, no un individuo particular sino un país soberano, que otorgó su compromiso para desarrollar territorialmente los acuerdos e impulsarlos hacia la moderación de emisiones a la atmósfera, como el resto de firmantes. Pues donde fue sí, ahora es no: tal es el albur de los gobiernos o mejor, de los «sistemas tradicionales de gobierno» y sus irresponsables bandazos de un lado o de otro… haciendo uso del poder «ganado» en votaciones repetitivas.

Pues en efecto esta es una —y *altamente llamativa e importante*— de las primeras decisiones que el señor electo ha tenido a bien anunciar… no sé si porque le gusta juguetear con **el Planeta**, divertirse mareando a sus iguales, o porque —*según dice*— las actuaciones acordadas irían económicamente en detrimento del sector minero de su país (¿el carbón, que es el más contaminante de los combustibles fósiles?). Sector que, supongo, le debe resultar tan trascendental económicamente como para que le importe más que la posible futura inundación de parte de sus territorios costeros e insulares, al este y al oeste, o que las cosechas puedan resultar trastornadas por el cambio climático, o el agravamiento de tormentas y tifones, que ya son visitantes habituales de su país… y que sí que afectarán a una gran parte de su población y no solo a un sector mercantil.

¿Recuerdan mis comentarios, breves también, sobre la economía y las empresas en el primer comentario? Y, advierto que al concretarse el acuerdo de París, muchas empresas y sociedades admitieron estar de acuerdo con sus postulados… Claro, si es que —*como este señor y con semejante ejemplo*— no cambian luego de opinión, a falta de control, más que de camisa…¿Y sobre los líos internos de los países?

Pues también hemos tenido muestra reciente en la «espantada» fuera de la **UE** de uno de los más importantes socios de la misma, aunque es de suponer que ello no afecte —¿o sí?— a su compromiso (ratificado como parte) de implantar los acuerdos de París. Pero es evidente que, incluso así, el clima, **el Planeta** y el futuro global no son precisamente ahora mismo objetivos trascendentales a nivel oficial. Y si estas defecciones ya han surgido nada más pasar pocos meses desde el plazo final y ya con el acuerdo oportunamente ratificado… el tiempo sigue corriendo y habrá que ver en qué afectará a lo pactado y en qué quedará todo finalmente. Pues en verlas venir, nosotros, como espectadores. Y como siempre.

Así que, al respecto, parezca que tenga o no relación con este Comentario, voy a referirme a lo que me ha sugerido el releer una obra de SF (del siglo pasado) que se basa, una vez más, en el hecho de que la humanidad —*en un momento determinado de su futuro*— ha huido al espacio por causa de la destrucción de **la Tierra** provocada por sus propios habitantes, pasando a vivir en comunidades cerradas de naves espaciales que buscan un lugar habitable (que no encuentran), en un universo hostil y sin razas (recuerden, en la realidad, al SETI buscando vida sin éxito).

Y que me lleva a referirme aquí, de entre los tres interesantísimos «Epílogos», que completan la brevedad de la obra leída, a una parte del comentario del Dr. **Robert L. Forward** (físico en materia de propulsión estelar y escritor) relacionado, como colofón de la novela, con la llamada Paradoja de **Fermi,** la cual plantea una pregunta: si hay tantísimas estrellas con una inmensa cantidad de planetas, susceptibles de tener o haber tenido vida inteligente pues esta ¿dónde está? Resumo lo que dice el Dr. Forward: que nuestro planeta orbita en torno a una estrella de segunda generación, de modo que lo lógico es que hubiera surgido vida inteligente en torno a las estrellas de primera generación millones de años atrás en el tiempo. Una especie tan antigua habría procedido a desarrollar técnicamente el proceso de exploración interestelar, y en solo unos cuantos millones de años habría conseguido explorar todos los planetas de la galaxia. Razón por la cual, actualmente y, en tal caso, hay que preguntarse: *¿dónde está?*... Pequeño resumen de su epílogo a *Jinetes de la Antorcha*, de **Norman Spinrad,** (escrita en 1974). Edición en español consultada, Editorial B - Grupo Zeta (Barcelona, 1987).

Y si la vida es, por el contrario, algo tan excepcional y único, la habitabilidad planetaria se convierte en una incógnita poco alentadora, cuando se vislumbra la posibilidad de que el desarrollo tecnológico extremo perjudique dramáticamente a nuestro propio mundo, sede de la única red de vida conocida y centrada en un Planeta que así resultaría igualmente excepcional, ¿y qué será entonces de la población y, en último extremo de la vida aquí? Pues confiar en **Marte**, pequeño, frío, lejano, asfixiado y muerto o en satélites de **Júpiter** o **Saturno**, muchísimo más apartados, oscuros, por completo helados, inhóspitos, o en inalcanzables exoplanetas absolutamente ignotos, situados a cientos de años luz en la nada sideral, más bien parece aconsejar que tomemos en serio, muy en serio, programas protectores del medio ambiente, el entorno y la atmósfera y entremos a iniciar su aplicación inmediata y rotunda. Queremos vivir «a lo grande» pero es posible que por demasiado grande se desplome, nos alcance y... más dura y rápida será la caída.

Y lo que tenemos *es lo único que tenemos*... Y eso debe de quedar muy claro.

Y dado lo excepcional que parece ser la «vida» en el Universo, al menos en el que ya conocemos en buena parte a fecha actual, es una responsabilidad enorme que debemos asumir, para conservarla, protegerla y administrarla con cuidado y con prudencia... Por razonamiento y convicción. O por la cuenta que nos tiene...

Y para ello, ineludiblemente, hay que preservar su matriz: el **Planeta Tierra.**

Trigésimo segundo comentario:
Ideas coincidentes

En la televisión, hoy, un domingo cualquiera: dos películas con anticipaciones catastrofistas. Sí, ya sé que he tratado de los catastrofismos antes de ahora, y muy concretamente de los rodados, como estos, en films de categoría B. Pero compruebo que las cadenas siguen programando más de esas realizaciones como novedad y hoy, curiosamente, con dos ofertas paralelas de menús distintos, en una misma tarde.

No puedo resistirme a mostrar interés por el catastrofismo cinematográfico. Aunque, a veces, lo filmado es tan soberbiamente irreal o —*en mi opinión, que es siempre relativa*— tan poco atractivo o creíble, por mal planteado en el guion o con deficiencias en la realización que apenas dan ganas de comentarlo pero el caso es que ahí están, de nuevo. Y, en efecto, la primera de las películas, me tentó por la «atracción» casi gravitatoria de su nombre, *Supernova*, esperando que pudiera enseñarme datos o propuestas dignas de un acontecimiento cósmico de los de altísima intensidad, para poder aprender algo interesante de la parte científica o social de su guion.

Sin embargo, más que centrar la narración en la explosión estelar correspondiente, se ha limitado a reproducir momentos sucesivos de los supuestos desastres terrestres, todos o en buena parte virtuales y centrados en repetir una y otra vez desplazamientos por carretera, con terremotos y fracturas artificiales por aquí y por allá, alternando con repetitivas caídas de rayos, de todo lo cual se salvan siempre, y ni siquiera *in extremis*, la pareja de féminas en huida del desastre que son la esposa e hija del protagonista.

En cuanto al protagonista, científico como es de recibo, pues el hombre trastea con aparatos electrónicos en instalaciones oficiales (se identifica a sí mismo como *project manager* de un programa de detección y defensa) donde se desarrolla un supuesto plan para llevar artefactos nucleares —*cuestión ya vista en muchas otras filmaciones respecto del uso de armas atómicas*— a la alta atmósfera para bla, bla, bla… y parar la extinción. Como novedad, y para darle un poco de variante al asunto, hay un saboteador disfrazado rulando por el organismo oficial correspondiente, tratando de interferir en el plan y dando mamporros a quien se le pone por delante. Total, para no extenderme, que el científico y otros dos más (una china y un ruso) se van en lanzadera al espacio, sin ser astronautas, donde tiran los artefactos nucleares que explotan en su sitio previsto, los compañeros mueren y todo parece indicar que el «prota» también. Su mujer e hija le lloran, todos están orgullosos de lo que ha hecho porque **la Tierra** luce rutilante como siempre… y finalmente aparece vivito y coleando, no me pregunten cómo…

Así que paso a comentar el segundo film, con algo más de interés por cuestiones diversas. De entrada, su título me recuerda, directamente, otro del que traté tiempo antes en algún comentario y que fue **Battleship** (Barco de batalla).

El que he visto hoy, por su lado, es **American Warships** (Barcos de guerra americanos), siendo ambos de 2012, dirigido el primero por Peter Berg y el segundo por Thunder Levin. Con una similitud de argumentos entre los dos que sorprende hasta el extremo de que uno se pregunta si es que las productoras se «pisan» los guiones entre sí, como en los asuntos de espionaje industrial e incluso a niveles tan similares como en este caso, o es que las empresas de cine promueven su propia competencia, con escasas variantes de realización, si es el caso.

Eso mismo percibí, hace tiempo, cuando salieron en pantalla simultáneamente dos películas con el mismo tema: *Robin Hood, príncipe de los ladrones* (*Robin Hood, Prince of Thieves*, dirigida por Kevin Reynolds en 1991) y *Robin Hood, el Magnífico* (*Robin Hood*, dirigida por John Irvin en 1991), en cuyo momento me hice la misma pregunta. Y lo mismo respecto a *Deep Impact* (dirigida como ya dije antes por Mimi Leder) y *Armageddon* (dirigida por Michael Bay), con historias distintas pero similares en la causa catastrófica, el primero de 1998 y el segundo, de 1998... solo dos meses después del otro.

El caso es que en el film que comento, igual que en el anterior, aparecen ante la Marina americana unos violentos atacantes por mar-aire que enseguida son identificados como aliens, dotados de armamento extremo, especialmente sistemas inhibidores de la electrónica, que —*naturalmente y sin remedio*— desarman y derriban a la Aviación, anulan las comunicaciones (y demás resto de cosas, supongo) y atacan a los navíos y los van destruyendo a todos. Menos al buque Iowa que, procedente de la segunda Guerra Mundial, aún participa en las maniobras y que no cae de primeras porque la base de su navegación y armamento es mecánica y solo parcialmente electrónica. En **Battleship** el que aparecía como navío salvador era el acorazado Missouri, igualmente como barco-museo procedente de flotas obsoletas.

Aunque el film y su realización no valen mucho y sus efectos bastante poco, lo «despego» del desinterés general de estas películas B solo porque se acerca en algunos puntos a mi criterio personal (que no es de ahora, viene de tiempo atrás) respecto de la potencial gravedad que esconde el hecho rotundo de que hemos pasado en pocos años a depender de modo absoluto, total y entusiasta de la electrónica y de cuanto la misma comporta, que es «todo». Lo que a la vez podría implicar que el punto «flaco» de la seguridad global, regional e incluso individual, es la dependencia generalizada de comunicaciones y redes informáticas que podrían estar sujetas a la casualidad (o paralelamente a la causalidad) de los pulsos magnéticos, las llamaradas solares, las supernovas, los *aliens* con apetencias territoriales… o los humanos con las mismas ganas.

Y, mira por donde, finalizando ya la floja película me encuentro con que termina con una batería de letreros, de esos que añaden explicaciones anexas finales. Y que, a tenor de algún «aviso» al principio del film, parecen ser una invención guionística de «impacto» final, es decir sin base real. Pero no obstante, me da lugar a meditar al leerlos, porque pueden valer como expresión tanto de la situación de dependencia global e individual de los sistemas electrónicos, como del peligro potencial que su eventual desplome comportaría. Por lo que, sin por ello creer que esos datos sean oficiales y efectivos en el país del rodaje, me valen como elemento de análisis aunque se refieran concretamente a elementos militares. Y que más o menos, dicen:

Que hay un claro riesgo al depender totalmente de la electrónica, entendida, en la película, en el área simplemente militar naval y referida en concreto al recurso de un barco de base mecánica reutilizado.

Que, a nivel operativo, sería necesario el mantener en activo buques «anticuados» con mínima electrónica pero con capacidad de maniobra y respuesta propia, por si fueran necesarios en caso de ausencia o pérdida de los modernos sistemas.

Que pertrechar estos navíos y sus viejos sistemas de armamento, comportaría mantener o incluso fabricar actualmente el tipo de proyectiles que estaban al uso en los mismos y mantenerlos en dotación.

Y, sin pretender con ello más que referirme a la eventualidad de la electrónica, en sentido general, entiendo, por pura lógica, que el contenido de esos mensajes finales, aunque sea a nivel de ficción cinematográfica, tiene cierta base anticipadora también fuera del área militar y se puede suponer que determinados organismos oficiales «sin concretar» ya habrán evaluado a su importante nivel si se debe disponer de sistemas alternativos que no resulten dependientes de la electrónica.

Pero la pregunta siguiente es si, de ser así, les importaría explicarnos a las áreas sociales civiles, que somos quienes pagamos y subvencionamos toda actuación política, militar y social, si se han planificado soluciones solo aplicables a los sectores militares y políticos, o habrán hecho simulaciones de qué ocurriría (u ocurrirá) en el plano de la población planetaria que, de advenir un caso así, quedaría privada…

pues prácticamente de todo. Una vez más, probablemente, lo que habrá, si es que hay algo, serán planes para salvarse algunos y los demás a verlas venir... como ya han tratado claramente, en el área creativa, distintos films extintivos, de los que ya mencioné a algunos. En los que, una vez más, nos contemplamos como siendo «mercancía barata», mejor dicho, prescindible.

Pues si lo que sale en pantalla tuviera realmente algo de verdad —*que no lo sé*—, me demuestra una vez más que no se informa nunca puntual, lisa y llanamente a una población que, quizá, tendría algo que decir, o que exigir. O, tal vez por eso mismo, los oficialismos tradicionales se guardan las informaciones —*por más que puedan explicar que se hace por evitar «la alarma» a la población*— para su propio beneficio. Claro que la película que vengo citando es norteamericana y en su territorio cabe todo, grande o pequeño. Tanto en el área de las realidades como de las anticipaciones. E igual que deben de disponer de un entramado inmenso de opacidades y confidencialidades a lo largo y ancho de su territorio y fuera del mismo, tal vez se pueden permitir liberar democráticamente, por vía de ficción, algunas informaciones que no comprometen a nada, especialmente en el área de tranquilizar al «personal» civil y que cada uno siga con su vida, según la misma vaya viniendo, sea lo que sea lo que venga.

Pero no veo yo intención, ni siquiera a pequeño o aun ínfimo nivel, en informar (y formar) a la ciudadanía de cualquier rincón de este pequeño mundo sobre asuntos que tengan alguna importancia trascendental para el ciudadano universal precisamente, por más que el *contribuyente* individual sea «el que paga todos los costes», multiplicado por millones de habitantes-pagadores. Antes bien mantienen la sistemática ausencia de información oficial veraz y sincera para el conjunto de la humanidad y así actúan todos los gobiernos respecto a sus poblaciones propias. Ya me gustaría a mí distinguir un poquito de claridad político-social especialmente en el panorama del país en el que escribo…

¿Hablo de sinceridad y de veracidad? ¿Me he despertado hoy o resulta que «creo que escribo» mientras que, en verdad, sigo soñando?

Sea como sea, ¡menos mal que conservo una heredada y anticuada máquina de escribir mecánica, de las de antaño! Claro que, si se me derrumba la electrónica y tuviera que utilizarla, cuando se me acabara la cinta entintada, a ver dónde encontraría otra…

Aunque, por suerte, aún dispongo de un par de olvidados y obsoletos lapiceros… que con un par de cuadernos… y una goma de borrar… y mientras aún sepa escribir a mano…

Trigésimo tercer comentario: *Recopilatorio*

Lo que tienen los comentarios, cuando dependen de los sucesos cotidianos, es que no hay un final predefinido ni predestinado, quedando a la elección de sus autores elegir el momento, salvo que alguna contingencia imprevista los interrumpa. O dicho más simplemente, en orden contrario, que o finalizan por acontecimientos sobrevenidos del exterior o, en un lógico orden de cosas, porque los autores de los mismos decidan terminarlos, ya que todo empieza y todo acaba.

Y el estar a punto de finalizar este volumen de comentarios radica en el simple hecho de que en algún momento hay que parar y, para hacerlo, es posible despedirse de dos maneras: elegir, o esperar, algún suceso impactante y comentarlo subrayando lo que el mismo tenga de potencia dramática finalista, con el consiguiente cierre a continuación, o precisamente al contrario, hacerlo de un modo sencillo y sin trascendencia, abriendo así la vía de lo cotidiano una vez más, esto es: y mañana saldrá el sol, como siempre, seamos mejores de lo que somos hoy.

Hay sucesos impactantes en la actualidad, claro que sí, y lamentablemente dramáticos. No voy a citar acontecimientos concretos pero, en cambio, expreso mi respetuoso recuerdo por todas las víctimas inocentes habidas a causa de enfrentamientos socio-políticos, en cualquier territorio que los mismos hayan ocurrido. Y, con sentimiento, por quienes igualmente fueron también víctimas inocentes en el desastre del avión de Germanwings, dado que hace algunos meses ha sido el aniversario. Mi lamento por todos los desaparecidos por estos y similares sucesos y mi condolencia a todas las personas relacionadas con los fallecidos y que sufren su ausencia.

Como despedida, por un momento pensé cerrar aquí la redacción considerando de nuevo el que hubiera sido el tema más tratado en los comentarios, desde el primero hasta el comentario final, que cerrará abajo el catálogo. O tal vez con una sencilla referencia, de nuevo, a algún capítulo de *Star Trek* o de *SG1*, que no exigen mucho compromiso y admiten casi cualquier opinión, analizarlo como se elija, o darle las vueltas que el autor precise o pretenda, dado que no son sucesos contemporáneos y no están sometidos a la realidad estricta. Ventajas infinitas, ya lo he comentado en algún o algunos momentos previos, de vivir un futuro que no existe más que en la creación imaginativa, al menos por el momento. Pero que es tan vívidamente anticipativo que uno puede obtener un reflejo presente de lo que promete ser un hecho por venir, ganando en conocimiento pero sin arriesgar nada.

Pero no. Lo que voy a hacer es remitirme a una noticia de prensa, publicada (a finales del pasado marzo, 2017), entre otros medios, en **20 Minutos** por César-Javier Palacios, en la que me baso para el comentario:

En algún lugar de este abandonado y mal-tratado territorio que es **España**, una compañía extranjera (no cito la nacionalidad, igual que lo he omitido otras veces, por vergüenza ajena) ha comprado terrenos y obtenido licencia para abrir ¡una mina de uranio! Que será a cielo abierto para lo cual se está cargando ya docenas de encinas centenarias y, en una foto que supongo que podría referirse a una de ellas, vemos a un enorme árbol caído, mostrando la abierta herida que separa el tronco de su tocón, con sus verdes ramas aplastadas contra la tierra que la alimentaba…

Y que ni ellas —*las encinas*— ni la tierra que las sustentaba ni la biodiversidad zonal serán ya cosa alguna salvo un montón polvoriento, removido, radiactivo y destrozado de lo que fue vida, por modesta que la misma fuera. Y todo, ¡por uranio!, al día de hoy y siguiendo con lo mismo ¡después de Chernobil y Fukushima! Y lo buscan reventando tierra en el país del sol por excelencia, al que no se le saca más beneficio que el turístico mientras que la energía más potente y barata del universo, la que regala uno de tantos soles, el Sol nuestro, la despreciamos absolutamente.

Además, aunque en este país, pobre de solemnidad en materias primas, exista tal producto radiactivo (y qué raro que no lo hayan «encontrado» hasta ahora), creo que a nadie se le oculta que su explotación no puede, subrayo, no puede ser saludable ni para personas ni para el medio ambiente y lo más lamentable es que determinados sectores se aprovechen del «hambre» de empleo y sueldo publicitando cuatrocientos cincuenta puestos de trabajo, como si los mismos fueran un premio de lotería y todos «en exclusiva» para el pueblo o entorno cercano, que sin lugar a dudas será que no salvo en lo más básico y sin que quienes obtengan algún trabajo marginal analicen antes lo que, para la salud de los trabajadores, han significado antaño las muchas minas tradicionales ya cerradas y tanto más esta nueva y especialmente peligrosa en varios sentidos. Pues el «aquí y ahora» es lo que tiene… que luego viene el mañana.

Hay que tener en cuenta que es una mina «a cielo abierto», que reventará el entorno con explosiones, las cuales lanzarán al aire libre tierra y polvo que están interrelacionados con un material radioactivo, con lo que ello comporta especialmente para la población y el medio ambiente rural de su entorno y cercanías. Y lo que tenga de «bueno» el uranio pues para la empresa extranjera, que se lleva el mineral y las ganancias… y deja, a los «indígenas», el polvo peligroso, el entorno contaminado y los problemas futuros.

Mientras tanto, habrá gente que ya «rueda su película» sobre el dinero que ganarán bares, alquileres y los que han vendido o vendan sus terrenos para la mina. Y me pregunto, una vez más, si las administraciones habrán «exprimido» hasta la última gota de las inspecciones-investigaciones-búsquedas-prospecciones-informaciones   y previsiones lógicas para conceder patente de corso para el derribo y revoltijo a una empresa, extranjera como casi todas, a la que el territorio, sus habitantes, su salud, su medio ambiente y sus encinares sin duda les interesan poco, cuando no es que los consideran sectores tercermundistas a los que se mira de paso: pues todo cae arrollado por el lucro a cualquier nivel, sea principal como si es marginal. Y que caiga lo que caiga, de momento las encinas. Desde luego, el paisano que obtenga algunos beneficios, a esperar a ver qué le depara el mañana… pero entonces, cuando los problemas hayan crecido, ya habrá otros dirigentes políticos que alegarán «que ellos no fueron los responsables»… y lo que se hubiera o no previsto, pasará, una vez más a costa del ciudadano y del medio ambiente.

Se lee en el artículo que la empresa promete repoblar con encinas jóvenes. No sé dónde pretenderá repoblar, dado que la mina será a cielo abierto, esto es, con máximo destrozo territorial... pero aunque pudiera en algún momento de un futuro dudoso y que va a ser que no, ¿y a mí que esta situación me sugiere de nuevo el recuerdo de los manifestantes de la película *Soylent Green*? No, matarlos no los mataban de frente, solo los retiraban de la manifestación mientras recordaban mejores tiempos, recogiéndolos mediante palas mecánicas para arrojarlos de nuevo a su vida de privaciones, carencias y mortalidad... Y la mayoría de ellos habían vivido previamente en una realidad como la nuestra, con servicios, dotaciones, propiedades y objetos, hasta que el sistema se desplomó, incapaz de seguir manteniéndolos...

De todos modos, la gente vivirá la vida, la que quieran o la que no quieran, que les haya tocado en suerte. Una vez más, *la suerte*.

Añado que el asunto fue tratado de forma amplia y en sus distintas variantes en el diario **El País**, el 4-04-2017, firmado el interesante artículo por Elena G. Sevillano («La amenaza fronteriza del uranio») y donde nos enteramos de que la **UE**, al parecer, ni siquiera ha sido informada previamente de la situación y condiciones de la explotación minera, ¡qué raro!, con lo «cumplidores» que son nuestros gobernantes, tanto que la **UE** «nunca» nos multa los incumplimientos por su causa (ironía, por si no se ha entendido) y será que nos sobra el dinero para cubrir, de nuestro bolsillo, sus gubernamentales errores... Y de que **Portugal** ha pedido explicaciones al Gobierno español, al temer repercusiones de metales pesados en su territorio a nivel aéreo y fluvial, porque podrían afectar tanto a la circulación de aire como, concretamente, al importante y común río Duero. Y, a pesar de algunos tropiezos legales de la empresa minera, los trabajos seguían y las encinas caían… pasando del respeto transfronterizo como pasan de la seguridad y salubridad de nuestra población y medio ambiente interior.

Ah, y al parecer he leído en algún sitio —*y si he entendido bien*— que se trata de la única mina a cielo abierto de **Europa**… aunque por la prensa consultada en la red, he visto también que hay otras en Extremadura y nada menos que buscando litio… y cualquiera sabe dónde más. ¿Así tratan los poderes locales, autonómicos y nacionales a su tierra (**la Tierra**) y a los habitantes (¿mercancía barata?) que les sirven sus sueldos a través de los insistentes y evanescentes impuestos?… ¡Dinero, dinero!

Pues esta es la historia, como podía ser otra similar, como son tantas. Aquí, y en muchos otros sitios.

Testimonial: *Andar sin saber a dónde*

En una ocasión del pasado no muy lejano, me fui a vivir a lo que parecía un pueblo tranquilo y sin atascos, sin grandes dotaciones ni centros comerciales, pero con una red básica de comercios y servicios suficientes. La última casa que quedaba de la promoción en la que —*por cercanía familiar*— tenía interés en residir estaba en la avenida principal, frente a una inmensa rotonda con una enrevesada fuente y, como había podido comprobar, con poca circulación de vehículos. Se accedía a la hilera de casas desde la propia avenida por un pequeño acceso, solo de entrada, por donde se llegaba a la escueta —*y sin salida por arriba*— vía de servicio interior de las viviendas, para salir de la cual había que rodear por abajo toda la manzana hasta llegar a la calle de atrás y así poder volver a la avenida principal.

Visto lo cual, allí me fui pero, al ser un pueblo modesto y poco conocido, solo consideré positivamente el mucho campo existente (especialmente la enorme parcela que había al otro lado de la avenida, frente a nuestras casas) por aquello de las vistas y demás aunque, poco después, seguían imparables construyendo más y más adosados, arriba y abajo, y la avenida tranquila que yo recordaba se hizo una vía importante para coches, camiones, autobuses. En fin, bastante desastrosa. Sobre todo porque el tráfico transcurría prácticamente por delante de mi casa.

Es cierto que la parcela de enfrente (convertida en vertedero popular) había despertado la curiosidad en un vecino, que preguntó en el Ayuntamiento por su planificación urbana. Allí se le dijo que estaba destinada a más adosados, nos lo contó a los demás, y nos dimos por enterados.

Dos años después, empezó en ella la construcción… de un enorme colegio, que culminó en pocos meses. Bueno, pensé yo —*que debía haberme empapado de «inocencia» angelical*— mejor eso que filas y filas de adosados aumentando la población…

Ay de mí, inocente-inocente.

Asumiendo la representación de los «afectados» de mi hilera de viviendas, presenté un escrito al Ayuntamiento, del que extraigo la mayor parte del texto, para demostrar el «descoloque» que un hecho así puede llegar a producir, si se mantiene y no se resuelve.

No incluyo aquí la presentación y verborrea consiguiente inicial y final de una solicitud, sino que paso a los

Hechos:

El colegio abrió puertas y curso, deprisa y corriendo, trabajando los operarios en días festivos y entrando los alumnos entre nubes de polvo de cemento y restos, con los trabajadores al lado y simples filas de vallas móviles de separación entre niños y obra. Vistas las luces nocturnas, también han debido de trabajar de noche. ¿Le han otorgado al colegio **licencia de apertura**, en medio de múltiples obras sin terminar? ¿El colegio **ha sido autorizado** a abrir por **la**

inspección de Educación? Agradecería contestación a ambas preguntas.

(Por supuesto quedaron sin respuesta en ambos casos.)

El viernes en que se inició el curso, el **caos fue absoluto**, a pesar de que solo pareció abrir en parte. Nubes de coches estacionaban por toda la rotonda, la avenida y calles aledañas. **Catorce de ellos entraron en la pequeña vía de acceso a nuestras viviendas, bloqueando hacia arriba y abajo con filas a ambos lados**, con lo que algunos, ya depositados los niños, tenían que esperar a que aparecieran otros y les desbloquearan el sitio para irse. En nuestras viviendas, quienes disponemos de vado de garaje señalizado (y pagado), quedamos atónitos al contemplar cómo —*estando como estamos al otro lado de la avenida*— los vados quedan colapsados por aparcamientos salvajes de entre tres cuartos de hora y veinte minutos: estacionan, se bajan, sacan los aparejos de los niños, ordenan los niños, pisan los jardines en manadas para acceder al único paso de peatones, cruzan la avenida, suben otro trecho hasta la calle del colegio (lateral a la avenida), caminan hasta las puertas, entran en el patio de acceso, atraviesan el mismo cuan largo es para entrar por la parte baja, despiden a sus niños y rehacen tranquilamente su camino, des-aparcando de delante mismo de las placas de prohibición con el desprecio más absoluto de la norma. Y esto durante dos, tres o cuatro veces al día. Que, sumando, representa entre dos y tres horas de no poder entrar o salir del garaje, si nos hace falta movilizarnos y, si ni siquiera podemos acceder a la casa o salir de ella, a ver cómo o dónde esperamos a la desbandada, porque sitio no queda ninguno. Eso fue el primer día, pero luego todo siguió igual.

La policía: El viernes inicial no apareció por la zona. Los demás días a partir de entonces, sí. El viernes citado llamé por teléfono indicando la situación, contestación: estaban haciendo un estudio del asunto. **El lunes** siguiente llamé para inquirir cómo solucionar la invasión de la vía de servicio: estamos ordenando el tráfico ante el colegio y no podemos atender a más, **¿y los aparcados en la rotonda?** Tampoco podemos. **¿Y el aparcado ante mi vado señalizado?** Tome la matrícula y nos la manda. Pero digo yo, ¿de qué sirve que un particular tome una matrícula? Supóngase que se equivoca al tomar los datos, o maliciosamente se los inventa. Claro, para eso estará incluir la marca o el modelo pero digo lo mismo, ¿qué valor legal pueden darle a esos datos particularmente recogidos? ¿En serio y a riesgo de error pondrían la multa? ¿O es que no tienen intención de tramitar nada, sino de «callar la boca» del que llama?

Hacer eso de tomar matrículas sería como actuar de controlador de tráfico sustituto pero no me puedo arrogar tal virtud en base a una pataleta o a un argumento telefónico. ¿Por qué no se plantea el municipio establecer una base de colaboradores gratuitos, como en otros países, que con su gorrilla y placa ordenan la zona del colegio (como los controladores de tráfico de las ciudades con estacionamiento vigilado, pero sin sueldo), con un mandato derivado del propio consistorio? Dado que los dos solitarios guardias que destacan al barullo de cada día lo que atienden son los pasos de peatones, luego no pueden inspeccionar u ordenar el entorno a la vez.

(Y que demostraron sucesivas veces que tampoco querían hacerlo…)

Varios días después, llamé a las cinco menos cuarto de la tarde a la policía. No contestaron. Volví a llamar a las cinco y cuarto. Tampoco contestaron. Momentos cumbre de la salida colegial. ¿Por qué la llamada? Una hembra de mastín famélica y esquelética, procedente del arroyo que hay junto a una vía pecuaria de la parte baja de la zona, cruzaba pausadamente una y otra vez desde la esquina de la calle hasta la enorme rotonda y viceversa, con lentitud y desorientada, animal a la que nunca antes había visto. Hasta que una vecina y yo conseguimos irla espantando poco a poco y a pie, una y otra vez, hasta dirigirla hacia el campo del que procedía (una vía pecuaria). Incidentalmente, como los guardias se habían ido ya, estuvimos moderando el paso de los coches por toda la rotonda y vía de servicio y aceras de la calle lateral con dicho fin. La policía, aunque tiene noticia de llamadas perdidas, nunca inquirió por qué llamé dos veces, aunque las llamadas que reciben, les constan.

Sin embargo, al día siguiente al citado, el equipo policial se manifestó muy efectivo, en lo que se refiere a impedir algunos estacionamientos increíblemente descarados, en la rotonda. Por supuesto, la vía de servicio, ni mirarla (tampoco lo hacen otros días u horas) ni tampoco las demás calles. Como ejemplo actual, una elegante madre **ha estacionado** hoy, bastante tiempo después de lo que vengo citando, su enorme coche tipo ranchera… ante el vado de un vecino y ha aparecido después de veinticinco minutos (pero a todos nos toca el nuestro, no digo el mío porque el correspondiente que me tocó «solo» estuvo quince minutos…) Ha sido la última «de los vados» en irse después de quedarse cinco minutos más aún sin salir de allí, en su terreno conquistado, hablando por su móvil dentro del coche… ante una salida cochera y bajo una placa de prohibición de estacionar. Tan ricamente. Por supuesto, ya ni llamo a la policía, puesto que es así de inútil como ocurrió en el episodio de la mastina, pero sí que he visto que la pareja de agentes que atiende la entrada al colegio, justo a las 9:15 han salido zumbando con las luces y la sirena. Se ve que a esa urgencia, hoy, sí le han contestado al teléfono ¿a tiempo?

(Podrá parecer que quince, veinte, cuarenta minutos no es nada llamativo. Ya, cuando eso ocurre tres/cuatro veces al día, todos los días no festivos de cada semana…)

Lo que ha originado que durante el tiempo ya transcurrido (varios meses) entre principio de curso y esta reclamación, lleve la vecindad una lucha estresante y desesperada (con enfrentamientos, discusiones, incluso estacionando un supuesto coche averiado para impedir al menos por una sola vez las entradas al bloqueo tumultuoso que sufren las viviendas) para intentar que se ordene el sector de esta vía de acceso a las casas, por sí misma complicada porque no tiene salida directa y hay que rodear la manzana después para irse, lo que no parece importar a conductores/as en tromba que estacionan bajo prohibiciones y ante vados, siendo personas ajenas a la propia vía de servicio y que tiran por lo fácil, en lugar de esperar un tiempo la cola de acceso controlado a la calle del colegio, que dirige uno de los guardias. Y esto es ahora, con buen tiempo. Cuando haga malo, el doble de coches accederá a la zona.

¿Cómo un colegio tan grande no tiene aparcamiento suficiente disponible? Que sí que lo tiene, en un campo cercano… bacheado y sucio, que se inunda de agua con la lluvia, por lo que a muchos no les interesa llegar al mismo. Quienes vivimos desgraciadamente en sector de una vía principal, además de patinazos, bocinazos, voces, frenazos habituales e incluso colisiones, ahora vemos aumentar las dificultades con una invasión vehicular desatada, invasora y despreciativa hacia los demás. Con lo que somos habitantes de segunda y tercera clase, a precio de primera.

Después de transcurridos meses de sucesivas peticiones y reuniones solicitando hasta el agotamiento la ordenación del sector, ¿me disminuirá el consistorio mis impuestos? Dado que estamos tratados como **ciudadanos de tercera fila** en comparación con los demás del entorno que gozan pacíficamente de sus propiedades y de los servicios, y algunos en exceso… Pero a precio «de primera» puesto que son más altos los impuestos por inmuebles sitos en vía principal.

Ahora que el **entorno se ha degradado enormemente** ¿me ofrecerá el municipio una vivienda digna, en lugar de este sitio infernal y trastornado? ¿El mismo **Ayuntamiento** que otorgó al constructor una licencia de obra (argumento del propio promotor para defenderse) que amparó la construcción de chimeneas que nos llenan la casa de humo cuando uno mismo o el vecino colindante las encienden, cosa que algunos hacen durante todo el invierno? ¿El que **tolera** las dobles filas por todos lados? **¿El que no puede controlar** las direcciones prohibidas holladas a diario por quien le da la gana? **¿Los bares y terrazas que no** han cerrado algunos días hasta las tres de la madrugada? **¿El que ignora que operarios** telefónicos dejen descuajeringados los armarios públicos de conexión y levantadas las tapas de las aceras? **¿El que ha ignorado contenedores** de sacos de escombros plantados durante semanas en la acera de una calle cercana de modo que carritos y personas han estado circulando por el asfalto, por la obstrucción? ¿El que permite que en zonas cercanas haya algunos **pasos de peatones** sin rebaje en la acera o que simplemente no existen durante un gran trecho? **¿El mismo que ignora** que a veces **árboles y columnas de señalización están tan juntos** que hay que irse todos al asfalto por no quedar suficiente acera en zonas del centro? **¿El mismo equipo que permite la invasión** de la avenida y varias calles por los vehículos que acuden al colegio (aceras, bordillos, pasos de peatones, dobles filas) **pero multa** a un vecino porque ha subido dos ruedas del mismo lateral del coche en la ancha acera ante su casa, pretendiendo no estorbar a nadie, mientras descarga la compra? **¿El que tarda meses en otorgar una licencia** de obra menor, mientras la gente despreocupada hace cuando quiere y sin espera obras importantes sin licencia? **¿El que tolera contenedores metálicos** de escombros en cualquier zona de las calles?, aún estorbando claramente, y en cambio amenaza con multar al mismo vecino (que es esquina y, claro, siempre se le ve perfectamente) porque en un extremo de su enorme acera le han descargado un moderado montón de tierra para el césped, que está entrando con su carretilla y la policía le da un aviso de multa y una hora para retirarla, por lo que tiene que pedirnos a todos los colindantes que nos llevemos parte de su tierra de regalo a nuestros jardines, para cumplir la orden a tiempo. Y enfrente del mismo vecino afectado por esas dos actuaciones sigo viendo entrar coches en dirección prohibida, aparcar en el paso de peatones a contramano, estar un buen rato y luego marcharse sin problema alguno…

(…y mejor no decirles nada porque ¡*fuck you*!…)

Gusten o no, las normas son la base de una existencia en sociedad y este pequeño esbozo torturado es un breve retazo de lo que pasa en ESTA sociedad: que muchos ignoran las normas (o que unos pocos ignoran las normas muchas veces) o se las pasan por el fondillo de los pantalones. A mí hay normas que no me gustan pero entiendo que sí le puedan gustar a otros o confío en quienes las han impuesto buscando el bien común, por lo que, aunque me joroben algunas, las respeto. Y como creo que en el hacer ordinario tanto profesional como social se puede trabajar y se puede actuar con la verdad y huir del disimulo y de la indiferencia, no hay nada que me enfade más (después de que se abuse o torture a niños o animales) que el que no se respeten las normas, expresión de convivencia ordenada. Pero es que no se respetan solamente por los administrados sino, muy especialmente, tampoco las respetan los administradores.

¿Por qué hace año y medio ya comenté a funcionarios del Ayuntamiento, incluido el centro de salud municipal, tiempo antes de toda esta rebatiña, que la situación de desarrollo del municipio iba a exceder vertiginosamente de los medios materiales y personales del consistorio? Pura y simplemente porque era perfectamente previsible... aunque, al parecer, lo era solo para mí, en base a la simple observación.

(Y hablo de una localidad que, al llegar yo tenía once mil habitantes y cinco años después, ya eran quince mil...)

* * *

Aquí termina el texto dirigido al Ayuntamiento, del que he salvado los respetos, las salutaciones y las despedidas... y con excusas por los párrafos inacabables, pero así se presentó a la corporación.

Ah, y respecto al asunto del colegio: en esa época quedó como estaba, en permanente permisividad municipal y general. Al menos, quienes llegaran a vivir a la zona posteriormente, ya sabrían lo que había…

… Porque me mudé y me fui a vivir a otro pueblo, bien aprendida la lección: no residir cerca de centros públicos, de la clase que sean.

Y, claro, ni frente o en proximidad a una parcela grande aunque en el Ayuntamiento te digan lo que está previsto porque igual no es ni parecido a lo que te hayan informado dado que, dos años después, te construyen cualquier otra cosa, incluido un colegio para mil alumnos… Olvidé señalarlo: **un colegio privado.**

Y esta situación aún podría haber sido peor, como un centro comercial apabullante, atascado, masivo y masificado o un casino de barrio con letreros exóticos y funcionamiento nocturno, con sus voces y sus ruidos y un continuo discurrir de gente bebida, adormecida, incluso arruinada, saliendo indebidamente a trompicones con sus coches o subiendo entre vapores de alcohol a un taxi de recogida, que después ni pagarán porque su dinero se vaporizó en el juego…

Ah, este pueblo concreto diré que está en alguna parte, a cierta distancia de una ciudad capitalina. Pero podía, y puede, estar en cualquier otro sitio…

Sin remedio…

Comentario final: *Hoy y mañana*

La Tierra, actualmente el lugar en el que vivimos todos, el género humano y una multiplicidad, a la baja, de especies naturales. Antes de los siglos modernos, estos del XIX al actual XXI, para entendernos, no había información como hoy la recibimos. La vida era rutinaria y centrada en un territorio cercano que —*como mucho*— se convertía en lejano para los viajeros de cada época que extendían su conocimiento sobre **el Planeta** simplemente hasta donde llegaran con su experiencia personal. Las presiones de una vida acosada por carencias y necesidades básicas no eran la mejor razón para preguntarse, a nivel ciudadano, por cuestiones teóricas y mucho menos planetarias, de las que apenas sabían. Salvo aquellas personas capaces de anticipar los posibles futuros, sacar conclusiones y avanzar conocimientos, siendo los que han impulsado, siglo a siglo, lo que es la vida, hoy.

La cuestión «teórica» de lo que es **la Tierra** actualmente es, por el contrario, una cuestión práctica y de conocimiento básico, gracias a la información. Su valor, en lo que tenga de veraz, es impagable por lo mucho que alienta la comprensión de las cosas a través del criterio individual, la opinión general y el conocimiento del entorno que nos sustenta, esto es el territorio y el medio natural del Planeta que nos soporta y que, conforme a lo que este último verbo significa, abarca dos conceptos:

Soportar:

1) Sostener o llevar sobre sí una carga o peso.
2) Sufrir, tolerar, padecer, aguantar.
(Definiciones del diccionario general VOX.)

Es evidente que todos nosotros y la inmensa mayoría de las cosas que producimos, desarrollamos o destruimos (excluyo lo que actualmente anda por el cielo y también lo que viaja por el océano) están situadas sobre la corteza del Planeta. Y, consecuentemente, nos sufre, nos padece, nos aguanta aunque, a cierto plazo, no sé si mantendrá la tolerancia puesto que difícilmente será de forma indefinida. Claro, dicho así, parece que hablo de un ser sensitivo dado que, probablemente, **la Tierra** es un cuerpo espacial que obedece a sus normas físicas y de funcionamiento, manifestadas en la manera en que sus componentes reaccionan o se alteran conforme a las reglas establecidas en su creación y que, desarrolladas naturalmente con el paso de los tiempos, siguen siendo las que rigen su actividad, impuesta por la superior estructura que es el Sistema Solar que, a su vez, forma parte de un Universo galáctico. Células interrelacionadas, por decirlo así, como las nuestras, hijas de la materia del espacio.

Entiendo que, actualmente, debería ser habitual preguntarse y meditar sobre el impacto que una sobrepoblación como la actual, y que sigue en descontrolado crecimiento, cambiando y reformando sucesivamente y cada vez más, la superficie de este Planeta único, repito, preguntarnos por el impacto que estamos produciendo y que no dejamos de maximizar sobre nuestra Tierra, sin entender que no es nuestra en sentido de propiedad (aunque lo pretendamos) sino que necesitamos aceptar que estamos aquí gracias a un préstamo con intereses, por entendernos. Préstamo porque el dueño de las mercancías (**el Planeta**) nos cede por un tiempo indeterminado sus recursos para el desarrollo de la vida en la que, de una u otra manera, estamos de paso a nivel individual y colectivo. Con intereses porque el «precio» de ese préstamo es simplemente la tolerancia que se nos conceda en la explotación de los recursos naturales, que será hasta donde decida el dueño de todo lo que hay, que de nuevo es el Planeta. Teniendo en cuenta además, si cumplimos o no dignamente con la obligación de conservar lo que se nos ha confiado, ¿hace falta definir si hemos cumplido?

Voy a concluir con un sencillo y rotundo homenaje final a la fuerza, la potencia, la capacidad de **la Tierra** cuando cumple sus funciones físicas intrínsecas, expresándolo mediante una modesta contemplación parcial retrospectiva de sus manifestaciones naturales:

Una breve mirada por la Tierra, de regreso al año en que comencé estas líneas y recordando también la Conferencia de París, en el 2015:

Erupciones volcánicas:
- Chile, mes de marzo.
- Chile, mes de abril.
- México, mes de julio.

- Ecuador, mes de agosto.
- Nicaragua, mes de diciembre.

Terremotos:
- Colombia, escala 6,6, mes de marzo.
- Nepal, escala 7,9, meses de abril y en mayo.
- Oriente Medio, escala 7,5, mes de octubre.
- Japón, escala 7,2, mes de noviembre.

Alteraciones climáticas:
- Ciclón en la isla Vanuatu, mes de marzo.
- Tifón en China, mes de julio.
- Ciclón en el Pacífico, mes de octubre.

Alteraciones territoriales:
- Se forman cráteres en Rusia, mes de febrero.
- Alud de tierra en Colombia, mes de mayo.

Manifestaciones espaciales:
- Un asteroide pasa cerca del Planeta, mes de enero.

* * *

Así que te expreso las más merecidas gracias, **Tierra**, por *soportarme* y sustentarme.

Y a quienes me aceptan, tal y como me han conocido por lo que he comentado, así como a quienes han tenido la paciencia de llegar hasta aquí, también gracias por su interés.

El futuro es el que dirá lo que tenga que decir. Que sea positivo y mejor en todos los sentidos.

No importa dónde estemos, en qué lengua hablemos, de dónde procedamos, tenemos dos destinos: uno, el involuntario, cuando dejamos colectivamente que el presente nos aborde y zarandee como individuos, sin saber cuál será nuestro final; otro, el voluntario, quizá solo en intento, pero tratando de ordenar un porvenir conjunto y actuando con sentido común, ese que debía ser el más común de los sentidos. La mejor suerte para todos.

S. T-T.

Comentarios redactados en una localidad de La Sagra (Toledo), iniciados el segundo semestre de 2015, continuados durante el año 2016 y terminados a finales de 2017.

A **Yam** y a **Peque**, *in memoriam*

Índice por secciones y páginas

1. TERRITORIOS / CIUDADES

3. PELÍCULAS – SERIES

4. ACTORES

5. DIRECTORES

6. PERSONALIDADES, CIENCIA Y CULTURA

Finalizado en diciembre de **2017**.